全国应用型院校学前教育专业新形态规划教材

总主编 李姗泽 孙亚娟

学前教育研究方法

主　编　王晓曦　唐　敏

副主编　沈爱祥　马瑞敏　胡　娜　何　莉

编　委　何舒亭　俞先茹

西南大学出版社

国家一级出版社 全国百佳图书出版单位

本书配有丰富教学资源

图书在版编目(CIP)数据

学前教育研究方法 / 王晓曦,唐敏主编. -- 重庆 :
西南大学出版社,2022.6
ISBN 978-7-5697-1334-3

Ⅰ.①学… Ⅱ.①王… ②唐… Ⅲ.①学前教育-研究方法 Ⅳ.①G612

中国版本图书馆CIP数据核字(2022)第097955号

全国应用型院校学前教育专业
新形态规划教材

学前教育研究方法

XUEQIAN JIAOYU YANJIU FANGFA

王晓曦 唐敏 ◎主编

责任编辑:雷 刚
责任校对:谭 玺
书籍设计:汤 立
排 版:陈智慧
出版发行:西南大学出版社(原西南师范大学出版社)
地址:重庆市北碚区天生路2号
网址:http://www.xdcbs.com
邮编:400715 市场营销部电话:023-68868624
经 销:全国新华书店
印 刷:重庆新生代彩印技术有限公司
幅面尺寸:185 mm×260 mm
印 张:17
字 数:333千字
版 次:2022年6月 第1版
印 次:2022年6月 第1次印刷
书 号:ISBN 978-7-5697-1334-3
定 价:58.00元

总序

学前教育是每个儿童接受集体教育的开始，是每个人终身学习的开端，是国民教育体系的重要组成部分。进入新时代，人民群众对优质教育的需求不断提升。实现幼有所育，成为满足人民群众日益增长的优质教育需求的重要举措。党的十八大、十九大明确要求“办好学前教育”。2018年，中共中央、国务院发布了《关于学前教育深化改革规范发展的若干意见》，强调把发展学前教育摆在更加重要的位置，明确要大力加强幼儿园教师队伍建设，办好一批幼儿师范专科学校和若干所幼儿师范学院，支持师范院校设立并办好学前教育专业，扩大有质量教师供给。2021年，教育部等九部门印发《“十四五”学前教育发展提升行动计划》，提出要全面提升保教质量，提高教师专业素质和实践能力。由此可见，教师队伍是提高保教质量的关键，是保证学前教育质量的基石。

推动普通本科高校向应用型转变，是党中央、国务院的重大决策部署，是教育领域人才供给侧结构性改革的重要内容。创新应用型技术技能型人才培养模式，建立以提高实践能力为引领的人才培养流程，是实现应用型高素质人才培养的关键。2011年10月，教育部颁布《教师教育课程标准（试行）》，并发文要求各地按照《教师教育课程标准（试行）》的学习领域、建议模块和学分要求，制定有针对性的幼儿园、小学和中学教师教育课程方案。幼儿园教师职前教育课程要帮助未来教师充分认识幼儿阶段的特性和价值，理解“保教结合”的重要性，学会按幼儿的成长特点进行科学的保育和教育；理解幼儿的认知特点和学习方式，学会把教育寓于幼儿的生活和游戏中，创设适宜的教育环境，保护与发展幼儿探究、创造的兴趣，让幼儿在愉快的幼儿园生活中健康成长。

为了适应我国学前教育大发展的改革趋势和高素质应用型人才培养的要求，我们坚持培养实践性、应用型人才的理念，立足于学生学习与发展的需要，增加了学科相关前沿研究以及社会热点问题的讨论，将理论知识与实践案例相融合，同时加强了实训内容；实现理论体系向教材体系转化、教材体系向教学体系转化、教学体系向学生的知识体系和价值体系转化，使教材更加体现科学性、前沿性，以进一步增强教材的应用性和实效性。在开展充分调研的基础上，我们组织了一批业务能力强、理论知识和实践经验丰富的专家、一线教师开展教材编写和建设工作。丛书包括《学前教育学》《学前儿童心理学》《中外学前教育史》《学前教育研究方法》《学前儿童游戏》《学前教育评价》《学前教育管理学》《学前儿童卫生学》《学前儿童体育与健康教育》《学前儿童语言教育》《学前儿童社会教育》《学前儿童科学教育》《学前儿童艺术教育》《幼儿园环境创设》《幼儿园玩教具设计与制作》《幼儿行为观察与评价》《幼儿园课程》《学前儿童文学》《学前教育政策法规与师德修养》等。

本套教材紧密结合《教师教育课程标准（试行）》《3~6岁儿童学习与发展指南》《学前教育专业师范生教师职业能力标准（试行）》等国家政策文件精神，立足于应用型院校学前教育专业高素质人才的培养，涵盖学前教育专业的核心课程、基础课程、学科课程和拓展课程。本套教材除了满足内容充实、完整，结构清晰、合理，语言得体、流畅等基本要求外，还力求克服国内已有教材的不足，努力打造自己的优势和特色。

第一，课程思政与育人为本相结合。本套教材的编写注重主流价值观引领，挖掘和拓展课程的育人价值，充分体现了不同课程的特色与优势，形成了特色鲜明、优势突出、交叉互补的教材内容体系，实现了课程思政与立德树人的结合。

第二，理论与实践相结合。本套教材强调深入落实《教师教育课程标准（试行）》"实践取向"的精神，以学生发展为根本，以学习产出为导向，注重实践性教学内容，关注解决教育实践问题。在板块设计上，除了正文的理论阐述，还辅以案例破冰、拓展阅读、人物介绍、经典研究介绍、思考与实训、专题探讨等实践板块，引导学生将理论运用于实践。

第三，基础性与时代性相结合。本套教材吸纳教育学、心理学、学科教学的最新研究成果，坚持呈现各学科领域的基本知识、基本原理，为学生搭建一个全面而扎实的知识体系；及时跟进社会及行业的最新发展动态，将最新、最权威、最具代表性的成果引入教材，实现了基础性与时代性的结合。

第四，学术性与应用性相结合。本套教材既注重学术性，也注重应用性，为支持"立体化”教学，教材编写团队立足于学前教育专业应用型人才培养的需求，注重资源的应用性和实用性，形成了以知识图谱、教学计划、多媒体课件、案例库、习题库、教学视频、教学动画、微课等构成的课程教学资源体系，打造了“纸质教材+数字化教材+在线课程”协同互补的新形态教材体系；形成了教材、文本和网络技术相互交叉、相互融合、相互支撑的立体化、网络化、互动化教学方式，能有效提升教学质量，以期成为学前教育专业学生喜读、乐读的学习素材。

本套教材的编写人员较多，教材的编写与出版是一项艰巨的工程，能顺利付梓得益于所有参编人员的辛勤工作，也得益于西南大学出版社编辑的积极协调与沟通。在此向所有参与此次编写与出版工作的作者及编辑人员表达我们的敬意。由于编者的学术视野及学术能力的限制，本套教材难免存在不足之处，我们将在使用中进一步总结反思，不断修订完善，欢迎广大学界同人和读者朋友不吝赐教，多提宝贵意见。

李姗泽　孙亚娟

2022年6月

前言

为促进幼儿园教师专业发展，建设高素质的幼儿园教师队伍，教育部2012年出台了《幼儿园教师专业标准（试行）》（〔2012〕1号文件）。《幼儿园教师专业标准（试行）》指出，幼儿园教师是履行幼儿园教育教学工作职责的专业人员，需要经过严格的培养与培训，具有良好的职业道德，掌握系统的专业知识和专业技能。2018年11月中共中央、国务院发布的《关于学前教育深化改革规范发展的若干意见》指出，学前教育是终身学习的开端，是国民教育体系的重要组成部分，是重要的社会公益事业。办好学前教育、实现幼有所育，是党的十九大做出的重大决策部署，是党和政府为老百姓办实事的重大民生工程，关系到亿万儿童健康成长，关系到社会和谐稳定，关系到党和国家事业的未来。党的十八大以来，我国学前教育事业快速发展，资源迅速扩大，普及水平大幅提高，管理制度不断完善，"入园难"问题得到有效缓解。同时我们也要看到，由于底子薄、欠账多，目前学前教育仍是整个教育体系的短板，发展不平衡、不充分问题十分突出。其中，建设高素质的学前教育师资队伍是当前急需解决的关键问题。

对学前教育具有一定的反思与研究能力是当代幼儿教师必须具备的能力，本书按照从论文选题、进行研究（包括研究的各种具体方法：文献查阅、观察法、问卷法、访谈法、实验法、个案法、教育行动研究、质性研究）、研究材料的分析到论文撰写的逻辑组织了内容。本教材为研究方法类课程，其主要课程思政目标是培养学生严谨求实、实事求是的研究态度，培养他们理论联系实际的科学思维方式，让学生养成诚信科研、诚信做人的良好作风。课本中侧重选择中国优秀的学前儿童研究人员的研究案例，侧重展示我国学前教育研究的成果，把对家国的爱、对教育的爱、对学生的爱融为一体，培养学生的教育情怀，旨在把学生培养为有理想信念、有道德情操、有扎实学识、有仁爱之心的“四有”好老师。

教材的撰写者包括高校学前教育专业的教师及幼儿园一线专家。本书由昆明学院的王晓曦、唐敏担任主编。本书第一章、第四章、第十一章由王晓曦编写；第二章和第五章由云南民族大学的沈爱祥编写；第三章和第十章由昆明幼儿师范高等专科学校的俞先茹编写；第六章和第七章由昆明学院的马瑞敏编写；第八章由昆明学院附属幼儿园的何舒亭编写；第九章由昆明学院附属幼儿园的何莉编写；第十二章由昆明学院的胡娜编写；王晓曦和唐敏对全书进行了统稿。

本教材的适用对象为普通高等学校、职业技术院校的学前教育专业以及幼儿师范院校的学生。

由于编者水平有限，书中存在的疏漏和不足之处，敬请各位同行和读者批评指正。

目录

第一章　学前教育研究方法概述 ……1

第一节　学前教育研究的内涵与意义 ……2

第二节　学前教育研究的发展与类别 ……5

第三节　学前教育研究的原则 ……13

第四节　学前教育研究的步骤与方法 ……16

第二章　研究问题的选择及确定 ……23

第一节　研究问题概述 ……25

第二节　研究问题的范围与来源 ……30

第三节　研究问题的形式与研究假设 ……37

第三章　文献查阅 ……43

第一节　文献查阅的含义及其意义 ……44

第二节　文献查阅的基本方法与步骤 ……49

第三节　文献的阅读与整理 ……55

第四节　撰写文献综述 ……59

第四章　观察法 ……63

第一节　观察法概述 ……64

第二节　叙述性观察法及其应用 ……71

第三节　取样观察法及其应用 ……75

第四节　观察资料的分析 ……79

第五章　问卷法 ……89

第一节　问卷法概述 ……90

第二节　问卷的编制过程及其要求 ……94

第三节　抽样及问卷发放 ……102

第六章　访谈法 ……111

第一节　访谈法概述 ……112

第二节　访谈的程序与技巧 ……116

第三节　访谈法在学前教育中的应用 ……124

第七章　实验法 ……127

第一节　实验法概述 ……128

第二节　实验法的基本过程与设计 ……133

第三节　实验法在学前教育中的应用 ……142

第八章　个案法 ……147

第一节　个案研究概述 ……149

第二节　个案研究的方法 ……153

第三节　个案研究的基本过程 ……160

第九章　教育行动研究 ……171

第一节　教育行动研究概述 ……172

第二节　教育行动研究的过程与方法 ……177
第三节　教育行动研究在学前教育中的应用 ……185

第十章　学前教育中的质性研究方法 ……191
第一节　质的研究概述 ……192
第二节　质的研究的基本程序 ……198
第三节　质的研究中资料的收集整理与分析 ……206

第十一章　研究资料的整理与分析 ……213
第一节　文字资料的整理与分析 ……214
第二节　描述性统计 ……221
第三节　推断统计 ……225

第十二章　学前教育研究结果表述 ……235
第一节　学前教育研究结果表述的内涵 ……236
第二节　研究结果表述的方法 ……240
第三节　研究报告表述的方法 ……242

参考文献 ……256

第一章

学前教育研究方法概述

学习目标

- 理解学前教育研究方法的意义与价值；
- 了解学前教育研究方法的类型；
- 掌握学前教育的原则；
- 能够初步把握学前教育研究的步骤与方法。

学习重难点

- 重点:理解学前教育研究方法的意义与价值;
- 难点:学前教育研究方法的原则、步骤与方法。

案例破冰

孩子会什么会撒谎?

长久以来,我们都认为撒谎是一件非常不好的事情。但是幼儿什么时候开始撒谎?成年人是否可以判断幼儿撒谎?幼儿又为什么会撒谎?这些问题引起了研究者的注意,来自多伦多大学的李康教授团队在过去的20年中一直在研究幼儿撒谎的问题,他们的研究发现,幼儿在2岁左右就可以学会撒谎,其次通过调查研究,他们发现成年人不能够判断幼儿是否撒谎。而且他们提出了与以往固有观念不同的观点:那些说谎越早、说谎越好的孩子情商越高,自我控制能力越强。在研究中,李康教授通过“藏糖游戏”发现小孩子学会撒谎的重要原因是为了赢得竞争。

参考文献:李康.小朋友是怎么学会撒谎的?[J].当代教育家,2018(6)

李康教授演讲视频地址:https://open.163.com/newview/movie/courseintro? newurl=MDPF5OI3H

第一节 学前教育研究的内涵与意义

一、科学研究的概念

(一)科学研究的含义

在探讨学前教育研究方法之前,我们需要先了解科学研究的内涵。科学研究是人们探索自然现象和社会现象的规律的一种认知过程。它是人们有目的、有计划、有意识、有系统地在前人已有认识的基础上,运用科学的方法,对客观事实加以掌握、分析、概括,揭露其本质,探索新规律的认知过程。

科学研究起源于问题,问题又有两类:

一类是经验问题,关注的是经验事实与理论的相容性,即经验事实对理论的支持或否证,以及理论对观察的渗透,理论预测新的实验事实的能力等问题;

另一类是概念问题,关注的是理论本身的自洽性、洞察力、精确度、统一性以及与其他理论的相容程度和理论竞争等问题。科学研究提供的对自然界做出统一理解的实在图景,解释性范式或模型就是“自然秩序理想”,它使分散的经验事实互相联系起来,构成理论体系的基本公理和原则,是整个科学理论的基础和核心。

(二)科学研究的特征

(1)探索性。科学研究就是不断探索,把未知变为已知,把知之较少变为知之较多的过程。这一特点决定了科研过程及其成果的不确定性,要求科研的组织计划具有一定的灵活性。

(2)创造性。科学研究就是把原来没有的东西创造出来,没有创造性就不能成为科学研究。这一特点要求科研人员具有创造能力和创造精神。

(3)继承性。科学研究的创造是在前人成果的基础上的创造,是在继承中实现的。这一特点决定了科研人员只有掌握了一定的科学知识,才有资格和可能进行科学研究。

(4)连续性。科学研究是一项长期性的活动,必须连续不断地进行。这一特点决定了在科研组织管理中,要给科研人员指供充分必要的条件,才能获得较高的效率并取得成果。

二、教育科学研究的含义

教育科学研究是科学研究的组成部分，因而与科学研究具有同质性。由于强调的侧重点不同，学者们对教育科学研究也存在着不同的界定。有学者侧重从目的的角度来定义，认为教育科学研究是旨在对教育工作者所关心的事情形成一种有机的科学知识体系的活动；有学者侧重从过程特征的角度来分析，认为教育科学研究是为了解答某种特定的问题，由非常精通某种思维方式的人所进行的系统而持续的探究；有学者侧重从方法的角度来界定，认为教育科学研究是教育中经验的和实验的研究，是在采用定量或科学调查方法范围内进行的研究。①

由于教育是一种客观的事实存在，因而教育现象和自然现象之间并不存在本质的差别，教育科学研究无疑具有科学研究的性质。综合上述学者的观点，我们认为教育科学研究就是以教育问题为对象展开的科学研究。所谓教育科学研究，就是以教育科学理论为基础，遵循一定的研究程序，采用科学的方法，对教育现象进行观测、分析、预测和控制，从而发现或发展教育科学理论和知识体系，探索教育规律，获得问题解决策略的活动。

三、学前教育研究方法的含义

学前教育研究方法指研究者在学前教育研究过程中所使用的一整套完整的方法体系，是为实现研究目的而采用的所有计划、策略、手段、工具、步骤以及过程的总和，是学前教育研究的思维方式、行为方式以及程序和准则的集合，包括方法论、研究方法方式、具体技术和技巧三个层面②。

从本质上讲，学前教育科学研究是探索学前教育科学的认知过程，其目的是通过揭示和发现学前教育领域内各种现象的客观规律，不断丰富和完善学前教育科学的知识体系，进而更有效地指导学前教育实践。学前教育研究的对象是0~6岁的儿童，该阶段的儿童有其特殊的生理、心理特点，他们处于身体迅速成长的时期，他们认知发展尚不成熟、语言表达尚不够明晰、情绪易冲动、他们的学习方式与成人有巨大差别，这也就决定了该阶段的研究方法也具有一定的特殊性，需要从幼儿身心发展的实际出发来对幼儿进行研究。③

① 陈时见．教育研究方法．第2版．北京：高等教育出版社，2016.

② 徐琳．“学前教育研究方法”概念的静态语义分析及其动态生成[J]．学前教育研究，2011(1)：6.

③ 孙泽文，叶敏，程远志，等．教育科学研究的特征、层次与价值思考[J]．教学与管理：理论版，2016(27)：11-14.

四、学习学前教育研究的意义

（一）提升学前教育工作的专业素质，提升科研能力

系统地掌握学前教育科研方法有助于提升学前教育从业者、研究者的专业素质。学前教育工作是一项专业性的工作，和医生、律师一样具有专门的研究方法和研究路径。人们往往觉得学前老师的工作是简单而准入门槛很低的，而随着教师专业化程度的不断提升，学前教育从业者的专业性经常受到职业，以及时代快速发展带来的各种各样的挑战，要求我们学前教师必须越来越专业，在其专业化发展过程中，进行学前教育研究就是其必备的核心能力。

（二）关注现实问题，提升学前教育质量

学前教育是一项充满挑战的工作，相对于义务教育阶段的规范性，学前教育过程中随时都可能出现突发的问题。面对6岁以下的儿童，没有固定的教材、统一的进度，这样的教育活动就更需要学前教育从业者有更多的智慧来面对挑战。

（三）丰富和完善学前教育科学体系

一个学科是在研究与实践中不断地丰富和完善的。通过不断研究和积累，我们可以深化对学前教育规律的理解和认识。通过对古今中外学前教育研究的梳理才能去伪存真，构建起具有中国特色的学前教育科学体系，同时又在新的研究中不断完善这套体系。

（四）通过学前教育研究，推进幼教实践的深入

教改的目的是为了使得教育事业更符合教育发展的规律，更适合我国经济和社会发展的需要。学前教育改革必须以学前教育研究的成果为指导。例如，为了全面保障学前教育质量，社会各界广泛呼吁，出台一部专门针对学前教育的法律，在经费投入、教师队伍建设、管理规范等方面予以保障。2018年9月7日，学前教育法被纳入全国人大常委会立法规划的一类立法项目，拟在十三届全国人大常委会任期内提请审议。9月7日，教育部官网发布关于《中华人民共和国学前教育法草案（征求意见稿）》公开征求意见的公告，向社会各界广泛征求意见。立法的内容、具体的要求以及法律的执行都有赖于一系列相关的研究，以此来保证立法的公正、科学、可执行。

第二节　学前教育研究的发展与类别

一、幼儿教育实验的开端

(一)西方幼儿教育实验的开端

赫尔巴特在1806年出版了《普通教育学》,这本著作一般被认作教育学形成独立学科的标志。他努力使教育从形而上学中解脱出来成为一门独立的科学并激起这一领域的革命性变革。他是最早将心理学与哲学、生理学分开,并明确宣称心理学是一门科学的人;他也是最早明确强调教育学必须以心理学为基础的教育家;他还试图依据心理学的知识来揭示教育和教学的规律。冯特1879年在莱比锡大学创立了世界上第一个专门研究心理学的实验室,这被认为是心理学成为一门独立学科的标志,他首次将实验法引入了心理学研究,这也为教育学研究奠定了科学的方法论基础。

随后,德国生理学家和实验心理学家普莱尔于1882年出版了《儿童心理》,标志着科学儿童心理学的诞生。瑞士心理学家皮亚杰通过临床观察法对儿童进行研究,创立了发生认识论,系统地揭示了幼儿认知发展的过程。1972年,皮亚杰撰写了《教育的权利》一文,主张教育学的根本任务是在于让儿童得到全面性的发展,使每个儿童都能有完善的人格。

德国儿童教育家福禄贝尔于1840年创立了第一所幼儿园,并创立了幼儿教育理论体系,逐渐让学前教育从教育学中分化出来。蒙台梭利于1907在罗马平民区创办了"幼儿之家",开始对儿童的教育进行探索。蒙台梭利利用科学的观察研究儿童,了解儿童,进而采取适宜的教育方法。她运用自己独创的方法进行教学,结果出现了惊人的效果:那些普通的、贫寒的儿童,几年后心智发生了巨大的转变,被培养成了一个个聪明自信的、有教养的、生机勃勃的少年英才。1909年,蒙台梭利写成了《运用于儿童之家的科学教育方法》一书,1912年这部著作在美国出版,同时很快被译成20多种文字在世界各地流传;100多个国家引进了蒙台梭利的方法,欧洲、美国还出现了"蒙台梭利运动",1913—1915年,蒙台梭利学校已遍布世界各大洲。到20世纪40年代,仅仅美国就有2000多所。蒙台梭利在世界范围内引起了一场幼儿教育的革命。蒙台梭利教育至今仍然是幼儿教育领域的重要方法,并被全球大多数国家广泛采用。

(二)我国教育实验的开端

陈鹤琴是中国幼儿教育实验的开创者。1923年秋,陈鹤琴在南京鼓楼自家住宅内开办鼓楼幼稚园,试验科学化、中国化的幼稚教育。1925年秋,鼓楼幼稚园新园舍建成,定名为东南大学教育科实验幼稚园,请助教张宗麟协助工作,全面开展实验,陈鹤琴被誉为“中国的福禄培尔”。同年,出版《儿童心理之研究》和《家庭教育》。1927年2月,与陶行知、张宗麟一同发起中国最早的儿童教育团体——幼稚教育研究会,创办《幼稚教育》并任主编,发表《我们的主张》,提出适合中国国情的15条办园主张。3月,受邀担任晓庄师范第二院(幼稚师范院)院长兼指导员;与张宗麟等一道创办中国最早的乡村幼稚园——燕子矶幼稚园。陈鹤琴提出了“活教育”理论,重视科学实验,主张中国儿童教育的发展要适合国情,符合儿童身心发展规律;呼吁建立儿童教育师资培训体系。陈鹤琴编写幼稚园、小学课本及儿童课外读物数十种,设计与推广玩具、教具和幼稚园设备。他 一生主要从事一系列开创性的幼儿教育研究与实践。

陈鹤琴对幼儿园保教内容进行了长期实验研究,确定了幼儿园保教内容体系和五指教学法,即健康活动、社会活动、科学活动、艺术活动、语言活动。陈鹤琴在长期的教育研究和实践中总结出幼儿园课程编制的十大原则:1.课程的民族性;2.课程的科学性;3.课程的大众性;4.课程的儿童性;5.课程的连续发展性;6.课程的现实性;7.课程的适合性;8.课程的教育性;9.课程的陶冶性;10.课程的言语性。陈鹤琴修订并形成了新的课程结构:节日、五爱教育、气候、动物、植物、工业、农业、儿童玩具、儿童卫生。陈鹤琴还提出了三个具体的课程编制方法:圆周法、直进法和混合法①。

在教学方法上,他提出用“整个教学法”来进行教学,即把儿童所应该学习的东西整个地、有系统地教儿童去学。幼儿园当前正在实践探究的“主题综合教育”就是以“整个教学法”为理论基础的,是陈鹤琴“整个教学法”思想的继承和发展,并被赋予了鲜明的现代特色。在教学方式上,陈鹤琴倡导活动的游戏教学。他认为:“儿童的生活可以说就是游戏。”

陈鹤琴教学法既不是全盘照搬国外幼教理论,也不是从概念到概念、从本本到本本,以“做人”为核心的活教育目的论、以“做”为中心的幼儿园活动论、四步(观察实验→阅读指导→发表创作→批评研讨)学习法、“五指活动”(健康、社会、科学、艺术、文学活动)课程、“十大课程编制原则”(民族性、科学性、大众性、儿童性、连续性、现实性、适合性、教育性、陶冶性、盲语性)、十五条幼儿教育主张,十七条教学原则等构成的“陈鹤琴教学法”是一整套幼儿园课程教学思想体系,不仅具有强烈的时代感、民族性和科学

① 虞永平,田燕. 论陈鹤琴的幼儿园课程思想[J]. 山东教育,2003(18):3.

性，而且来源于他长期的幼儿教育试验，符合中国幼儿园教育实际，具有很强的操作性。

陈鹤琴的教学法思想蕴涵并开了当代先进幼儿教育理论与幼儿园课程与教学实践结合研究(譬如美国加德纳多元智能理论、意大利瑞吉欧教学法等)的先河，是我国现代儿童教育思想中最有价值的部分，对当前幼儿园课程教学改革具有操作性很强的现实指导价值。①

(三)教育研究方法的发展

早期的学前教育研究者较多采用以观察为主的方式进行研究，自然观察的方法具有较高的生态效度，但是也存在着一定的局限性。例如难以量化，以及难以明确因果关系。随着数学和统计学的发展，后来的研究者开始尝试使用实验的方式来进行研究。20世纪50年代以来，实验研究逐渐取代自然研究成为儿童研究的主要方法。

随着技术的发展，生理多导、近红外、脑电等技术也逐步引入了幼儿的相关研究中，研究者发现，实验研究也存在着自己的局限，例如实验研究关注某几个选定的因素之间的关系，可能会忽略其他的因素。在幼儿发展的研究中存在很多无法准确定量的因素，这些因素本身并不适合使用实验法来进行研究。儿童发展研究中有较为严格的伦理要求，可能伤害到研究对象的问题并不适合设计实验来进行研究，如华生对小阿尔波特的研究受到很多后来研究者的诟病。20世纪70年代左后，受到布朗芬布伦纳生态学理论的影响，研究者对自然观察的研究有了新的认识。很多研究者都意识到，自然观察法是能较好地对幼儿进行研究的方法，因此，在研究实践中尽可能吸取自然研究方法和实验方法的优点，通过创造一种相对自然的环境，将两者的优点相结合，逐渐形成一种具有生态化倾向的研究倾向。研究的生态化倾向强调在真实、自然的情境中研究人的心理活动规律和教育规律，提高研究成果在真实生活、工作和教育事件中的可应用性和普遍适应性。

(四)教育研究方法的未来发展趋势

1.定量研究与定性研究相结合

教育问题是复杂的问题，影响教育的因素往往不是单一的。所以，单纯依靠定量或者定性研究很难对教育问题进行深入的研究。尤其是对幼儿的研究，需要大量的观察性、描述性的研究方法。例如，对幼儿园课程开发的研究，我们既需要儿童身心发展的数据支撑，也需要与对幼儿、对教师的观察、访谈等资料相结合。

---

① 张传燧，戴文静．陈鹤琴教学法特色研究[J]．学前教育研究，2006(3)：16.

2.多学科交叉融合研究

学前教育研究本质上是与人相关的研究，因此，也需要通过多种学科交叉合作来进行研究。例如，学前儿童发展研究就依托于心理学、医学的研究，而学前教育的课程开发除了教育的相关理论支持之外还需要哲学、民族学、汉语言文学等学科的支持。而在研究方法上，更需要借助物理学、生物化学等学科的支持。当前的时代是学科交叉融合发展的时代，学前教育的研究也需要与其他学科交叉融合，相互支撑。

3.开放协作的教育研究方式

随着交通的便利和互联网的发展，地区之间、国与国之间的合作研究越来越丰富。跨区域的合作能够让研究者们共享资源，交流技术，发现研究问题的一般性与特殊性，探索研究结果的适用性和局限性。

二、学前教育研究的类别

（一）依据研究目的，可以分为5个层次

1.基础研究

基础研究的目的在于扩大认知，发现普遍规律，形成和发展教育最基本的理论。例如皮亚杰对儿童认知发展的研究，埃里克森对人格发展的研究就是教育研究中最一般的理论基础，是所有儿童相关课程开发的最基础的理论，对幼儿教育相关课程制定、教材开发具有普遍的指导意义。

2.应用研究

应用研究是运用基础研究得出的一般原理、原则，针对某个具体实际问题，深入考察某一局部领域的特殊规律，即将基础研究具体化，提出较强针对性的应用理论和方法。例如，根据陈鹤琴的“活教育理论”有一系列的幼儿园课程，依托于蒙台梭利的教育理论有完整的课程体系。

3.开发研究

开发研究是根据基础研究和应用研究得到的结果，为教育实际工作提供能够直接运用的教育产品。例如，依据蒙台梭利教育理论有大量的教具开发，目前蒙台梭利的教具大量投入到幼儿园的教育活动中。依据陈鹤琴的“活教育”理论也有大量的课程、教材以及教学资源的开发，目前也是在各大幼儿园被广泛使用的。

4.评价研究

评价研究是对教育机构、课程、教育计划方案等的价值做出评定判断而展开的研

究，是为政策分析和决策提供依据的一个重要工具。研究的目的在于收集能够帮助做好决策的资料信息。研究包括获取信息、赋值判断、制定决策三个要素。评价研究是教育研究的重要组成部分，在学前教育领域需要对儿童发展、教师发展、幼儿园办园质量等进行科学的评价，借助评价结果有效诊断教学问题，从而反馈到教学中，提升教学质量。

5.行动研究

行动研究，是指以某些行动对组织系统的影响为主要对象的研究活动。行动研究是实验社会心理学的一种研究方法，1946年由勒温正式定名，包括诊断性研究、参与性研究与实验性研究三种方式。前者侧重于对行动本身的研究，以探索某项行动在实践中运用和可能收到的效果；后两者主要是解决问题式的研究工作。行动研究主要是适用于教育实际问题而不是理论问题的研究，单个教师的行动研究的特点是规模小，研究问题范围窄，具体易于实施，但力量单薄，很难从事深入的、细致的、说服力强的研究。协作性行动研究的特点是可以发挥多个教师的集体智慧和力量，但可能在理论的指导方面较欠缺。

行动研究案例

多元文化背景下民族地区幼儿园地方文化 课程的行动研究

以内蒙古BT市的一所公办幼儿园——M幼儿园为例，选取该幼儿园的小月亮班作为研究对象。小月亮班共有31名幼儿，男生14名，女生17名，均为全日制。其中有16名幼儿的民族为汉族，15名幼儿的民族为蒙古族，这些幼儿当中，有4名幼儿的籍贯为非内蒙古籍，其余27名幼儿的籍贯为内蒙古籍。该研究将民族文化融入幼儿园日常教育当中，既有主流文化因素，又有民族文化的因素，兼容并蓄，以使幼儿更加适应其所处的社会文化环境，培养幼儿接纳、尊重与关怀多元文化的价值观，使儿童学习适宜他们文化背景的幼儿园课程。

为设计出地方文化课程教学活动方案，研究者做了大量的前期准备工作。首先是对小月亮班的课程现状进行了调查，其次围绕开展文化适宜性教学这一主题对家长及教师进行了访谈。在此基础上，综合儿童现有身心发展水平以及文化适宜性理念，设计了教学实施计划。与此同时，征求家长、幼儿园关于在小月亮班增设蒙古族文化教学活动的意见，以推动文化适宜性理念的落实。最后，以幼儿园课程的5大领域为基础整合教学活动，将课程分为5个维度，每个维度设计一个单元，每单元有4个主题，每一主题至少设计2个活动，综合起来共设计了20个主题，并利用一个学年进行教学实施。通过教学活动的开展增强幼儿园课程的文化适宜性，帮助幼儿更加深入地了解主流文化，增加儿童对民族文化的认同感和自豪感，形成尊重、理解、认同、接纳多元文化的价值观念，以更加积极、健康的态度生活，努力拥有精彩丰富的人生。

研究中使用了幼儿比较熟悉的“草原英雄小姐妹”“掷沙游戏”“蒙古族的红食与白食”来融入幼儿的日常教育活动。通过民族地区幼儿园地方文化课程的行动研究检验了幼儿园课程文化适宜性理论的合理性，并与教师不断反思、改进教育教学，旨在教育儿童形成一种理解、尊重、赞赏不同民族地区人们的价值观念、生活方式、风俗习惯的态度，符合民族地区儿童的内在心理诉求，推动幼儿园课程的文化学研究更加丰盈。①

(二)纵向研究和横向研究

根据研究时间的延续性和研究对象所处状态的不同，学前教育研究可以分为纵向研究和横向研究。

纵向研究是指在一个相对较长的时间里对学前教育中的某个教育现象或问题进行系统的研究。例如，皮亚杰对幼儿认知发展的研究是从婴儿时期一直贯穿到青少年时期。纵向研究往往能看到比较完整的发展过程和发展过程中的一些关键转折点，例如儿童某种能力发展的关键期。但纵向研究耗时较长，长时间的追踪研究比较困难，可能发生被试流失的情况，这就会影响被试的代表性和研究结果的概括性；由于纵向研究需要对同一批被试重复进行研究，有时可能出现练习效应或疲劳效应。

横向研究，也叫横断研究，是指通过在同一特定时间内比较不同年龄组的被试来研究发展倾向的一种方法。横向研究与纵向研究相对，可在短期内找出不同年龄的心理发展所达到的不同水平和特点。与纵向研究相比，它可选取较多的被试，较少受重复测量的影响。由于同时研究不同年龄组的被试，取样时的等组匹配有一定的困难，研究的结果可能因此掺入一定的误差。事实上，不同年龄组的被试在同一年龄时所处的时代是不同的，而不同时代的教育的质和量、生活方式、经济条件、技术发展等因素也可能不同，这些因素本身对个体的发展就有影响。若在研究取样时不能控制这些因素，它们便会最终干扰对研究结果的解释。

(三)定性研究和定量研究

定性研究是根据社会现象或事物所具有的属性和在运动中的矛盾变化，从事物的内在规定性来研究事物的一种方法或角度。它以普遍承认的公理、一套演绎逻辑和大

① 周智慧. 多元文化背景下民族地区幼儿园地方文化课程的行动研究[J]. 民族教育研究，2019，30(1)：7.

量的历史事实为分析基础，从事物的矛盾性出发，描述、阐释所研究的事物。进行定性研究，要依据一定的理论与经验，直接抓住事物特征的主要方面，将同质性在数量上的差异暂时略去。定性研究有两个不同的层次：一是没有或缺乏数量分析的纯定性研究，对研究内容的分析往往具有一定深度，注意事物的发展变化过程，具有较好的整体性，但要求研究者有较深厚的理论修养，否则便难以排除研究活动中主观因素的影响。二是建立在定量基础上、更高层次的定性研究。定量研究是与定性研究相对的概念，要考察和研究事物的量，就得用数学工具对事物进行数量的分析，这就叫定量研究，也叫量化研究。

（四）个案研究和成组研究

根据研究对象选取数量的不同，学前教育科学研究可以分为个案研究和成组研究。

个案研究是研究者选取一个特殊个体或典型案例进行全面而深入的考察的研究。在儿童心理学领域很多著名的心理学家都采用过个案研究来探讨儿童心理发展的特征与规律，如普莱尔、皮亚杰、陈鹤琴等。个案研究一般是采用多种方法进行的综合研究，多种研究方法的使用有助于研究资料的丰富。个案研究的优点是便于对研究对象进行全面深入考察，取得可靠的资料。缺点是研究对象数量少，且往往是具有某种特殊意义的个体或案例，因而对同类个体或案例的代表性较差，研究的结果不具有普遍意义，在一定程度上会影响科学性。

成组研究是研究者选取较多的研究对象组成若干被试组，对被试组中的每个个体都进行系统考察的研究。一般来说，研究者是根据研究的目的和内容范围，运用一定的方法，从可能的所有研究对象中选取一部分直接的研究对象，并组成若干小组来进行研究，根据抽取的研究对象数量的多少，成组研究又分为大样本研究和小样本研究，大样本研究因为样本数量比较多，可以做统计处理。大样本研究对总体的代表性较好，因而研究的结论可推广性程度较高。小样本研究由于数量少，对总体的代表性比大样本低，其研究的结论可推广性程度也相对低一些。

如将这两种研究结合起来，进行集体性、成组性的个案研究，则可充分发挥两者的优点而克服各自的不足，方法是按成组研究的需要进行抽样和研究方案总体设计，然后对样本中的每一个被试进行个案研究，研究结果再按总体设计进行定量和定性分析，做出规律性结论。①

---

① 张宝臣，李志军．学前教育科学研究方法［M］．上海：复旦大学出版社，2007：14．

三、学前教育研究方法的分类

对教育研究方法的分类多种多样，从不同的角度可以分为不同的方法。

依据研究有无控制性，将方法分为两大类，即经验法与实验法。例如，美国的J.D.尼斯比特在《教育研究法》一书中，依据对变量有无人为控制，将研究分为实验法与经验法，后者包括谈话法、问卷法、测量法等调查方法以及观察方法、个案研究。

又如，依据研究场所的不同，将研究方法分为实验室研究和自然研究。自然研究是指在日常生活中随自然进程进行的研究。

还有依研究所描述的状态，将方法分为三类：历史法是研究过去的方法；描述法是研究现在的状况；实验法是说明预测未来的状况。

另外，还有依收集事实材料的途径，将方法分为历史法（或文献法）、观察法、调查法、实验法。

方法的划分是相对的并有交叉重叠的情况存在，而非绝对的。特别是在实际的教育研究中，由于教育现象总是错综复杂的，进行教育科学研究，在大多数的情况下常需几种方法综合运用，才能有效地解决问题。①

① 张燕，邢利娅．学前教育科学研究方法[M]．北京：北京师范大学出版社，1999：15.

第三节　学前教育研究的原则

学前教育科学研究的原则是指研究者在研究过程中必须遵循的基本要求，是研究工作的基本规范，是学前教育科学研究规律的反映和学前教育科学研究实践经验的概括与总结。这些原则指导着研究工作的各个方面及整个进程，对研究方案的制订、研究方法的选择、研究结果的整理具有很强的指导作用。学前教育工作者必须将这些基本原则贯穿于整个研究过程的每一个环节之中，根据学前教育研究对象的特点，综合教育研究的原则以及发展心理学的原则，形成学前教育研究的原则。

一、客观性原则

客观性要求研究者尽可能地把握所揭示的现象的客观性和对现象进行解释的客观性标准。首先，从研究课题的设计、方法的确定到结果的处理等，整个过程中都要坚持科学性和严格要求。其次，从研究者本身来说，必须坚持科学态度，严防从主观期待和主观印象出发进行推论，更不允许根据研究者个人对结果的期望而故意删改数据。再者，所得的材料也可能渗入研究者的主观成分，从而使结果受到人为的污染。以上各方面都是遵守客观性原则所必须注意的。

二、能动性原则

学前教育研究的对象包括幼儿、教师以及教育现象，这些研究对象都是在不断地发展变化的，尤其是人类研究对象，他们要做出自己的选择，接受外来的影响，并主动地加以反映。这种反映包括被试积极地配合、努力地自我表现，也包括接受暗示或接受别人影响的从众心理。同时，要注意在研究过程测试者和被试之间的相互影响、相互作用的互动关系。

三、系统性原则

系统性原则要求研究者在学前教育科学研究活动中，以系统论为指导把研究的问题或对象放在系统的形式中，注重从整体上、联系上、结构的功能上考察整体与部分之间、部分与部分之间、整体与外部环境之间的关系，从而找到解决问题的有效途径。

四、教育性原则

学前教育的研究一定要符合教育的要求,不应该采取任何对被试身心发展不利的措施;不允许向被试出示跟教育目的和任务相矛盾的问题、作业和图片材料;更不允许有与道德教育相违背的各种形式的现象出现。因此,选择学前教育学研究方法、设计研究都要考虑到是否有利于被试的身心健康、有利于被试的心理发展、有利于教育这一重要原则。

五、伦理性原则

伦理性原则要求研究者在学前教育科学研究过程中,遵循基本的社会道德准则和法律法规,不侵犯研究对象或研究参与者的权益,避免给他们造成身心伤害。需要直接以幼儿为研究对象的研究必须事先征得幼儿家长或其他监护人的同意。在研究报告中不能直接使用幼儿的真实姓名,不能随意将关于幼儿个人特征的任何研究结果,比如智商得分等公布于众。

学前教育科学研究的对象往往是幼儿、幼儿家长和教师,他们都是独立的社会个体,在社会生活中享有多方面的个人权利。在研究中不恰当的研究方式或对研究结果的不恰当处理都可能会妨害他们的正常生活,伤害他们的身心健康或侵犯他们的某些权利,并由此带来不良影响。因此,一些西方国家的相应机构颁布了有关“研究准则”以规范这些以人为研究对象的研究活动,以保证研究对象的权益不受侵犯。

学前教育科学研究是以完善幼儿的性格、品质,促进幼儿身心发展为目的的科学研究。但幼儿有其自身特有的生理、心理特点,如身体正在迅速发育生长、心智尚未成熟、语言表达和理解能力差、缺少辨别是非的能力、情绪冲动等。这些特点意味着幼儿更容易受到不良影响和伤害,也意味着学前教育研究更具有特殊性,更应关注研究的伦理性,避免对幼儿身心造成不良伤害和影响。①

小艾伯特的恐惧实验

小艾伯特实验(Little Albert experiment)是一个显示人类经典条件反射经验证据的实验。这项研究也是一个刺激泛化的例子。它是在1920年由约翰·华生和他的助手罗莎莉·雷纳在约翰斯·霍普金斯大学进行的。约翰·华生在野外观察儿童后,有兴趣寻求对他的儿童反应观念的支持,此外,他推断这种恐惧是天生的,或由于非条件反应。

约翰·华生和罗莎莉·雷纳从一所医院挑选了9个月大的艾伯特进行这项

① 李冬.学前教育科学研究的伦理问题及对策分析[J].教育导刊(下半月),2015(7):4.

研究。艾伯特的母亲是哈里特巷Harriet Lane Home残疾儿童的奶妈。“艾伯特是华生和雷纳进行实验的巴尔的摩约翰斯·霍普金斯大学斐马克诊所一名雇员的儿子”。在实验开始之前，小艾伯特接受了一系列基础情感测试：让他首次短暂地接触以下物品：白鼠、兔子、狗、猴子、有头发和无头发的面具、棉絮、焚烧的报纸等。结果发现，小艾伯特对这些物品均不感到恐惧。

大约两个月后，当小艾伯特刚超过11个月大时，华生和他的同事开始进行实验。开始时，他们把艾伯特放在房间中间桌上的床垫上。他们将实验室白鼠放在靠近艾伯特处，允许他玩弄它。这时，儿童对白鼠并不恐惧。当白鼠在他周围游荡，他开始伸手触摸它。在后来的测试中，当艾伯特触摸白鼠时，华生和雷纳就在艾伯特身后用铁锤敲击悬挂的铁棒，制造出响亮的声音。毫不奇怪，在这种情况下，小艾伯特听到巨大声响后大哭起来，并表现出恐惧。经过几次像这样将两个刺激配对后，白鼠再次出现在艾伯特面前。这时，他对白鼠出现在房间里感到非常痛苦。他哭着转身背向白鼠，试图离开。显然，这名男婴已经将白鼠（原先的中性刺激，现在的条件刺激）与巨响（非条件刺激）建立了联系，并产生了恐惧或哭泣的情绪反应（原先是对巨响的无条件反射，现在是对白鼠的条件反射）。

这个实验导致如下一系列的后果：

巨响（非条件刺激）出现，引起恐惧（无条件反射）。

白鼠（中性刺激）与巨响（非条件刺激）同时出现，引起恐惧（无条件反射）。

白鼠（条件刺激）出现，引起恐惧（条件反射）。在这里，学习发生了。

这个实验让人疑惑的是，小艾伯特似乎扩展了他的反应，在实验的17天后，当华生将一只（非白色的）兔子带到房间，艾伯特也变得不安。对于毛茸茸的狗、海豹皮大衣，甚至华生戴上有白色棉花胡须的圣诞老人面具出现在他面前，他都显示出相同的反应。[①]

该实验结论的可靠性和准确性有争议。录像显示该婴儿有痴呆和发育残疾的迹象。因此，小艾伯特不是正常儿童，这会影响实验的结论。还有实验伦理的争议，因为该实验完成后，实验者并未去除婴儿的条件反射，扭曲了婴儿的心理，被后来的人认为违反学术道德。2009年，Beck、Levinson和Irons想调查该实验对小艾伯特后来的生活的影响，他们发现该婴儿已经在6岁的时候死于脑水肿，因此该实验对其后来的发育的影响无从知晓。[②]

---

① Fridlund A J ,Beck H P ,Goldie W D ,et al. Little Albert: A neurologically impaired child.[J]. History of Psychology,2012,15(4):302-327.

② Beck H P ,Levinson S ,Irons G . Finding Little Albert: A Journey to John B. Watson's infant laboratory.[J]. American Psychologist,2009,64(7):605-614.

第四节 学前教育研究的步骤与方法

一、选题

(一)选题的原则

选题是研究的第一步,一个好的问题是一个好研究的基础。在进行选题的时候需要注意以下原则。

1.需要性原则

学前教育研究的选题必须体现教育实践的需要,从本园的实际需要、本人的实际需要出发选择和确定课题。例如,有的老师非常困惑于“幼小衔接”要怎么进行,幼儿园已经说了不能小学化,但是幼儿园又需要为孩子上小学做准备,所以就以“幼小衔接”为主题进行研究。

2.创新性原则

创新性原则是指所选的课题在本研究领域里必须具有新颖性、先进性,要解决前人没有解决过的问题。例如,在国家鼓励生育的背景下,对学前阶段的教育模式进行何种创新能够鼓励生育,为年轻父母解决后顾之忧,这就是很有创新性的研究。创新是较为困难的,对于新手来说不必图新,尤其是对于刚开始学习做研究的本科学生来说,可以从模仿前人的研究开始入手学习,不必一味求新。

3.价值性原则

第一,选择一些与社会生活有关,和科学事业有密切关系的并且需要解决的问题。例如安置特殊幼儿的“学前融合教育”问题就是与社会发展密切相关且价值巨大的研究课题。对于特殊儿童来说,越早干预,康复效果越好,如何让有条件的普通幼儿园接收特殊幼儿,并让特殊幼儿与普通幼儿一起融合发展就是很有研究价值的问题。

第二,应该把对教育改革实际工作起指导、参谋、咨询、决策作用的课题作为研究的对象。如“探索型主题活动与教师专业化成长研究”。

第三,研究的课题要符合社会发展的需要,要有利于促进教育事业的发展,有利于提高教育质量。选题要从教育发展的实际出发,选择被普遍关注的课题,如“不同年龄班级探索型主题活动的内容、开展方式、途径和策略的研究”。

4. 可行性原则

研究选题的时候需充分考虑完成选题的主客观条件。主观条件,主要是指研究者自身的条件,包括研究者的能力、兴趣、专长、知识结构、精力等。客观条件,主要是指幼儿园具备的条件,如:设施、设备、场地、研究经费等。例如,如果本科生毕业论文要研究我国学前教育发展现状,这显然就是不现实的,这个选题对于本科生来说太大了。如果一个连运动场地都缺乏的幼儿园,要研究幼儿户外体能活动也不太现实。所以,选题的时候需要考虑到在自己已有的条件下是否可以开展研究。

拓展阅读

好课题的特征

1. 问题能被清晰、准确地陈述;
2. 问题能概括与研究有关的一系列具体问题;
3. 问题具有理论背景或基础;
4. 问题与一个或多个研究学术领域相关;
5. 问题具有一定的研究文献供参考;
6. 问题具有潜在的意义和重要性;
7. 问题能在一定的时间范围内和经费预算内完成;
8. 能够获得或收集到足够的资料;
9. 研究者采用的方法适合于这个问题;
10. 问题是新的,还没有令人充分满意的答案。

(二)选定研究课题应注意的问题

1. 选定的研究课题必须是一个有待解决、验证或回答的问题

如果问题根本不可能解决验证或回答就不应选为研究课题。例如,有人把“对幼儿园课程建设的几点思考”作为研究课题,由于这个题目本身不具有问题性,因此也谈不上对问题的解决、验证或回答,也就不能作为研究课题。

2. 研究课题不能太大、太笼统

对于学前教育一线的教师来讲,选题宜小不宜大,宜易不宜难;要小题大做,不能大题小做。课题越大往往就易导致研究越空。如“如何在幼儿园开展自然教育”,这个课题就比较宏大,在具体的研究中需要进一步分解,子课题还可以再分解成一些更小的子课题。如“如何在幼儿园大班利用绘本进行自然教育”,课题具体化了,研究范围缩小了,就容易操作。

3.课题的表述要准确

首先，研究课题的表述一般包括研究的问题、研究的对象、研究的方法三个部分。如“新入职幼儿园教师职业适应对职业认同的影响：职业发展支持的并列中介效应”研究的问题是“教师职业适应对职业认同的影响”，研究的对象是“新入职幼儿园教师”，研究的方法是“并列中介效应”分析。有的课题表述中可以不写研究方法，如“0~3岁婴幼儿母亲育儿压力现状与影响因素”，但研究的对象和研究的问题必须表述清楚。其次，研究问题要将具体研究对象的总体范围表述清楚。如“幼儿课外阅读的现状调查”就不合适，总体范围是全世界的幼儿，无法调查。研究对象的总体范围不仅关系到研究对象如何选取，也关系到研究结论的适用范围。再次，研究课题要有可行性，用语要严谨。

二、查阅文献

确定了研究课题之后，就需要围绕研究课题查阅文献。一般来说，在确定研究课题的基础上，研究者应该对该课题有一定的了解，有一定的理论和经验的准备。在此基础上，需要通过文献阅读来夯实自己的研究基础。文献查阅需要明确以下问题。

(一)进一步明确研究课题

通过文献的查阅需要明确相关领域的研究者做了什么研究，用了什么方法，取得了什么样的成果，弄清楚问题的来龙去脉。总结前人的经验教训，在前人的基础上开展自己的研究，可以避免重复研究。同时，通过梳理以往的研究来进一步明确自己的研究思路。

(二)界定核心概念

对关键概念进行界定，就是给出明确的定义。在学前教育科学研究和实践中，许多概念说法不一，观点各异，不下明确定义就无法显示研究目标。对关键概念进行界定就要查阅文献资料，尽量引用权威的定义。有了明确的定义不仅可以使课题研究在确定的范围内开展，思路明确清晰，具有可操作性，而且也可以使课题研究成为一个有确切含义的问题，具有科学性；同时，明确的定义也便于别人按照研究者规定的范围来理解研究结果和评价该研究的合理性。

(三)借鉴研究方法

通过查阅文献资料，可以从相关研究成果中得到启发，找到课题研究的线索，从而为科学论证自己的观点提供丰富的、有说服力的依据，使研究建立在可靠的基础上。

通过查阅文献资料，研究者还可以学习借鉴他人在研究中所运用的方法，这不仅有助于设计自己的研究方案，也可以汲取他人的教训，少走弯路。

（四）提升教师的科研素养

查阅文献是丰富理论知识，拓宽学科眼界的过程。无论是对于学前教育专业的研究者、学生，还是幼儿园一线教师，文献的查阅能够帮助他们更加全面、系统地掌握学前教育的理论，了解研究的热点问题，掌握该学科的研究方法，在不断阅读中有所累积，提升科研素养。

三、确定方法

确定研究方法是学前教育研究中的重要步骤。研究方法的选择直接关系到研究的成败。在选取研究方法的时候至少需要考虑以下几个方面。

（一）研究方法与研究目的的契合性

研究方法是需要与研究目的相契合的，例如我们要研究“家庭教养方式与幼儿情绪稳定性的相关”这类课题的时候，就需要使用相关分析的方法，需要通过调查明确家庭教养方式，需要通过观察明确幼儿的情绪稳定性，然后对两方数据进行相关分析。

（二）研究方法的可行性

选择研究方法的时候要根据研究目的、研究对象以及自己的能力和实际条件来确定研究方法的可行性。如问卷法是被广泛使用的方法，但是幼儿不识字，并不适合使用问卷法。访谈法用在对幼儿的研究中也不太合适，幼儿对问题的理解可能会有误，回答的逻辑可能也不够清晰。在选择研究方法的时候，也需要考虑自己的能力，不能一味求新求异，如选择了自己无法驾驭的方法也会直接影响研究的完成情况。

（三）研究方法的综合使用

学前教育研究的对象和内容都是复杂的，往往需要结合多种研究方法来进行。例如，研究自然教育对幼儿身心发展的影响的时候就需要结合观察法、心理测量、教师访谈等多种方法才能对该问题进行比较全面的考察。

四、制订计划

研究计划是开展研究的纲领性文件，完整的研究计划需要覆盖从研究开始到结束的全流程，对研究的全部要素都要进行相关的安排。在所有课题申报中，都需要有相对完整的研究计划,以国家社会科学基金项目为例,至少应当包括以下几个方面。

1.题目及学科分类等信息。

2.项目组成员。

3.选题依据:国内外相关研究的学术史梳理,本课题相对于已有研究的独特的学术价值和应用价值等。当提出一个科学假说时,首先一定要在理论上有充分的依据支持你的假设。其次,要从事实上找到充分支持你假说和问题的依据,前人做过同样的试验吗?如果有,文献有哪些?如果前人没有做过同样的试验,类似的有哪些?

4.思路方法:先对研究方案、试验步骤和标准操作程序进行详细描述,然后对试验需要的仪器设备及关键技术参数进行描述。要尽可能搞清研究的关键步骤和最容易出现的失误,以及自己打算如何解决。

5.创新之处:阐明自己的研究与前人相比有哪些创新之处,包括理论的创新、实践的创新以及方法的创新等。

6.研究进度:在研究计划中最好以月为单位推进研究。

7.预期成果:说明研究结束后将获得何种成果,如论文、专著、研究报告等。

8.参考文献:参考文献需要注意研究的时效性,一般来说应该以近5年的文献为主。

9.经费预算。

五、资料收集与分析

(一)资料收集

收集研究资料就是按照某项研究的内容和目标,研究者使用一定的研究工具获取所需要的事实材料或数据。研究资料一般有数据资料、文字资料、实物资料等,收集资料时研究者要注意以下两个方面。

1.保持客观性

研究者应当尊重事物的客观规律,收集客观资料,禁止主观臆造研究资料,也要防止研究者把自己的假设暗含在研究资料中。例如,在研究儿童撒谎现象的时候我们不能主观臆断撒谎的孩子就是有人品问题。

2.注重系统性

收集研究资料时要根据研究对象和内容的系统性特征,整体有序地考虑问题。研究活动本身就是一个系统,要研究的现象和问题也是一个小系统,在收集资料的过程中同样不能忽视系统性原则,不仅不能错过研究中任何有意义的资料,而且必须全面地、整体地考察研究对象的特点和属性。研究者所使用的研究工具(这里主要是指收集资料的工具)一定是能够满足研究需要的工具,是一个能够充分收集到研究者所需要的资料的工具。除了运用事先选定的研究工具以外,研究者在收集资料的过程中要尽可能灵活地从各种与研究对象相关联的因素中获取对研究问题有价值的信息。比如,一个研究者要调查某地区幼儿园游戏材料的提供情况,他所设计的调查表既要涉及幼儿园每个班级内游戏材料的数量、种类、价格,教室外部游戏场所和公共活动室等各个班级共享的游戏材料,也要考虑所有游戏材料的费用支出在整个幼儿园的经费预算中所占的比例、教育活动中对游戏材料的使用频率、教师对使用这些材料的满意度等,这些因素无疑将使研究者的研究结论更为丰满。①

(二)资料的整理和分析

整理研究资料是指研究者根据研究需要,对研究活动中已收集到的各种资料进行汇总、归类,使之系统化和条理化。分析研究资料是指研究者在对原始资料进行整理的基础上,对研究资料的性质和特点以及研究资料之间的相互关系进行具体分析,以发现各种教育现象之间的关系并探索出一定的规律性特征。二者合一,构成了研究者反思已经进行的研究活动,通过发现和解决问题进一步完善研究活动的过程。

研究者在这个过程中首先需要对已有研究资料的可靠性和有用性进行分析和判断,删除无用的研究资料,再补充进新的有用的研究资料。而后借助在研究设计时确立的分析手段,比如定量研究中必不可少的统计分析、质的研究中常用的编码分析等,逐步对资料进行分析。这项工作的质量直接影响研究结论的科学性水平,因而在整个研究进程中是至关重要的一步,同时,它也是一个相对艰辛的过程。面对一大堆庞杂的数据(特别是在质的研究中),试图从中理出若干清晰的脉络,再把它们按照一定的逻辑组织起来以求获得对研究问题最贴切的解释,这对于任何一个研究者来说都不能不说是一个挑战。研究者不但要投入足够的精力,而且要尽可能细致、谨慎、有耐心。

六、成果表述

任何一项成果的表述都直接关系到研究结果的准确性和科学性,正确而完整的表述是教育科学研究的一个重要环节。教育科学研究的成果表述形式有专著、译著、工具书、计算机软件、论文、研究报告等。无论是撰写研究报告还是论文都有严格的格式要求,相关内容会在本书的最后一章详细介绍。

---

① 刘晶波.学前教育研究方法[M].北京:人民教育出版社,2006:12.

本章小结

本章是学前教育研究方法概述，核心内容总结如下：

1.科学研究的特征是探索性、创造性、继承性和连续性。

2.学前教育科学研究是探索学前教育科学的认识过程，其目的是通过揭示和发现学前教育领域内各种现象的客观规律，不断丰富和完善学前教育科学的知识体系，进而更有效地指导学前教育实践。

3.学前教育研究的原则包括客观性原则、能动性原则、系统性原则、教育性原则、伦理性原则。

4.学前教育研究的步骤包括选题、查阅文献、确定方法、制订计划、资料收集与分析、成果表述。

思考与实训

1.查阅一篇学前教育相关研究的论文，仔细阅读论文，尝试说明该研究的意义与价值。

2.结合书中小艾伯特的例子谈谈如何在进行学前教育科学研究时把握伦理原则。

专题探讨

学前教育是重要的民生问题，2022年的"两会"中教育界代表对学前教育发展的热点问题建言献策，其中全国政协委员邰丽华提出要为残障儿童学前教育提供政策保障。"残障儿童是一个特别需要关爱的群体。"全国政协委员、中国残疾人艺术团团长邰丽华在接受记者采访时表示，希望有关部门能出台更多政策措施，推动学前融合教育发展，提升特殊需要儿童入园保障水平，为残障儿童顺利接受义务教育做好准备。

"新时代，我国儿童发展还面临着诸多新问题和新挑战，特别是残障儿童的特殊教育，特殊需要儿童在3~6岁阶段接受学前教育的状况不容乐观。"邰丽华委员认为，教育部门应主导建设学前融合教育发展的专业支持体系。相关部门要积极配合，协同建立特殊需要儿童学前入园的台账登记管理系统。

邰丽华委员建议，尽快完善相关政策，参照针对残疾儿童在义务教育阶段的"零拒绝"政策，所有幼儿园应当承担接收本社区内特殊需要儿童入园的主体责任，保障适龄特殊需要儿童就近入园。

针对邰丽华委员的建议，如果让你思考如何安置学龄前的特殊儿童，你会如何进行研究？尝试开展头脑风暴，与同学讨论或者小组学习，结合资料查阅，对这一问题进行研究吧。

第二章

研究问题的选择及确定

学习目标

- 了解研究问题与问题意识的关系；
- 理解学前教育研究问题的范围与来源；
- 掌握学前教育研究问题的形式及研究假设。

学习重难点

- 重点：学前教育研究问题的选择与确定；
- 难点：学前教育研究对象及研究方法的选择，学前教育研究问题的形式及假设。

案例破冰

某男孩，4周岁，在幼儿园一整天的活动中，几乎不开口说话。在教学活动中，他从不举手发言，即使老师向他提问，并进行语言及动作的引导，他也一声不吭；在自由游戏中，他很少与身边的小朋友进行互动，从不参与其他小朋友的游戏活动，一些小朋友悄悄地对观察者说："老师，他是哑巴，从来不说话的。"观察者试探地问："你们一起请他玩游戏，好吗？"小朋友说："以前我们请他一起玩游戏，但是他每次都不理人，现在我们都不喜欢跟他玩了。"这位观察者尝试跟他接近，主动跟他一起玩，逗他说话，小男孩没有怕生的表现，没有排斥的表现，甚至有时会抬头对观察者微笑，但从来不说话。班里的老师说，这位小男孩说话模糊不清，刚进幼儿园的时候，不但不说话，不听老师的指令，不会用语言表达自己的要求和愿望，想上厕所的时候也只是发出哼哼的响声。

在老师的指导与帮助下，现在小男孩可以老教师的指令行动，还可以用简单的单词进行表达，但很少成句。

如果你是这位介入观察者，你选择的研究问题是什么？你为什么选择这个问题？你主要想解决什么问题？在幼儿园的一日生活中，我们会经常遇到各种各样的问题，我们应该选择怎样的角度，采取怎样的措施？本章内容会给我们带来一定的启示，帮助我们解答上述问题。

第一节 研究问题概述

诚如陈鹤琴先生倡导的“活教育”理念所讲，大自然、大社会皆是幼儿学习与发展的养料，学前教育研究同样如此，也必须回归“活研究”的本然立场。因此，学前教育研究要成为“活研究”，既要体现幼儿园场域中的生命鲜活性与多维交互性，又要坚守科学探究与严谨论证的本然初心；要真正成为“活研究”，需要从问题的本质出发，重新认识问题的本然要义及研究问题的意义。

一、问题与问题意识

从词源上来看，“问题”(problem)的希腊语单词“proballein”由一个词根和一个词缀组成：“pro”的意思是“向前”，“ballein”的意思是“投掷”。其本意为“被向前投掷的东西”，后引申为现实(是什么)和理想(应该是什么)之间的相差的结果，而且需要现在或将来采取行动。

回首既往的生命历程，我们会发现每一个人的生命历程都是不断产生各种各样问题的过程。可以这么认为，生活就是遇到问题和解决问题的过程，人生就是持续探寻不确定性的过程。正如泰戈尔所云，世界上使社会变得伟大的人，正是那些有勇气在生活中尝试和解决人生新问题的人！因此，面对生活中的种种问题，我们既要坦然与从容，也要积极主动地去观察与探究，时刻保持对问题的敏锐和解决问题的坚定决心。然而，生活世界中的问题和科学世界中的问题截然不同，科学世界中的问题往往更具有科学性、创新性、严苛性、技术性与验证性。我们每个人都活在生活世界与科学世界的共生场域中，生活世界孕育科学先机，科学世界反哺生活智慧。因此，在学前教育科学世界中，我们既要保持生活世界中的温情，又要激发勇攀科学高峰的激情。爱因斯坦说：“提出一个问题往往比解决一个问题更重要……提出新问题，新的可能性，从新的角度去看旧的问题，却需要有创造性的想象力，而且标志着科学的真正进步。”因此，好的问题是学前教育研究的重中之重，如何提炼一个科学的研究问题，往往取决于研究者的问题意识。

所谓问题意识，就是人们在考虑任何问题时都要把这些问题放在一定的历史的、社会的背景下，都要分析无数个人是怎样主动参与和“共谋”一定的行为规范，用什么样的理论才能诠释人们的行为或观念。研究者的问题意识往往是其个人综合素养的体现，是其对社会场域中人的行为及现象的“敏感”，以及其背后多元社会主体及其多层社会因素杂糅交互的“分析框架”。因此，研究者的问题意识往往彰显的是研究者的“社会意识”“社会格局”以及“社会责任”。

如何培育和修炼个人的问题意识？涂尔干的社会事实论启示我们，每一个人都不可能是一个绝对独立的个体，他的行为和观念都是和一定的社会背景有关的。因此，每一个学前教育领域中的生命个体时时刻刻都受到特定场域的社会、经济、文化和技术因素的影响，学前教育研究就是研究生命个体的行为及其背后多元社会因素的交互作用及其过程；米尔斯的社会学的想象力理论也进一步鼓励我们要增强自我理性看待社会现象和问题的心智品质，面对特定生活场域中的个体行为及问题，我们不能妄加猜测，只有置身于其所处的周遭世界之中，才能够理解他们自己的经历并把握自身的命运；此外，加芬克尔的常人方法论也警醒我们，不轻易把现实中的“理所当然”当作“理所当然”，而需要敢于打破常规，揭示常规背后所隐藏的潜在的社会事实。因此，面对现实场域中的司空见惯的现象，我们要敢于打破常规束缚，借鉴多元化的学科理论重新审视与透视其背后的社会事实，以增进人们的认识。

二、研究问题

正如陶行知先生所言，创造始于问题，有了问题才会思考，有了思考才有解决问题的方法，才有找到独立思路的可能。因此，学前教育研究始于研究问题，而研究问题往往在特定的问题意识孕育下才能提出。学前教育研究要成为“活研究”，首先需要保障的是研究问题的鲜活性，即关注研究问题在实践场域中客观存在的现实矛盾。其次，需要关注研究问题的科学性，即关注研究问题在学术场域中的重要性与创新性。因此，学前教育研究最核心的一个要件是研究问题的科学分析与提炼。

研究问题是指研究者依据一定的研究目的，通过对研究对象的主客观条件进行分析而确立的需要具体解决的问题。学前教育领域中的研究问题，是一个可以通过研究来进行回答的问题。学前教育研究问题是学前教育领域内的现实矛盾，需要通过研究路径加以解决。然而在学前教育领域中存在很多问题，并不是所有的问题都可以成为学前教育科学研究的对象，因为有许多问题靠常识、经验可以得到很好的解决，学前教育研究的问题都是靠人类已有的认识和实践经验至今尚未解决的问题，是需要进一步探索的问题，如：入学难、学前教育小学化等问题。

此外，学前教育研究问题是具体化的问题，研究问题应界限清楚，其研究对象、研究内容、研究方法等应清晰明确与科学适当，若指向性与针对性不清晰，研究问题的科学性会受到较大的影响。例如，在学前教育阶段，每一年龄阶段幼儿的特点存在较大差异，在研究问题时应明确具体年龄段，依据此年龄阶段的问题选择研究方式。

三、研究问题的意义

确立研究问题是指应当选择有价值，并且原则上是正确的，从而有可能实现的科学问题来研究，是科学研究的起点及方向，意义十分重大。

（一）研究问题决定了研究的方向

教育现象和过程错综复杂，研究的问题很多，但是，并非每一个矛盾都是有价值的科学问题，也并非每一个科学问题都值得我们去展开研究，在人力、物力和时间条件都有限的情况下，应该选择带有全局意义的规律性问题，抓住教育内在的关系和联系，才能真正发挥学前教育研究的价值。

研究问题是贯穿于整个研究工作中的主题思想，是指导科研工作的主线，选择及确立问题是研究活动的起点，直接决定了研究活动的目标和方向，包括研究范围、研究对象、研究内容等，如：学前专业学生就业期望调查研究，可以清晰明了地了解到，研究内容为就业期望的相关内容，研究对象为学前专业学生。

（二）研究问题的确立反映了研究者的研究水平

能否独立地判断和正确地选题是衡量科学研究者研究水平的一个重要标志。研究问题的确定意味着研究者要善于处理从理论与实际间、现状与社会发展需要之间种种矛盾的深度分析，发现、提出和形成一个有价值、有创新的问题。一个研究问题的确立可以直接反映出研究者不同方面的水平，如：研究者素质、专业理论知识、研究方法和操作技巧、个人对教育现象的观察及反思、个人对教育问题的洞察力等。

首先，确立一个有价值的科学问题，是研究者基本素养的充分展现，研究者只有具备良好的研究素质才能正确确立一项研究问题。科学研究始于问题，一方面，具备敏锐的问题意识才能源源不断地发现问题，敢于开拓正是突破研究领域的重要精神，也是研究者的必备素质；另一方面，广博的学识才华能使研究者选择真正具有价值的研究问题，研究问题的确立也是对研究者素质的充分衡量。其次，确定研究问题是科研工作者对学术领域的某一问题的选择，是对专业理论知识的深刻认知、剖析及概括，是经过充分的思想酝酿和实践准备之后提出来的，因此，研究问题的确立集中地体现了研究者的专业理论知识，如：只有经过学前教育专业知识的系统学习，才能在此学术领域确立一个有价值的科学问题。再次,确立研究问题是研究者综合考虑各方面条件后最终确立的,其中研究者对于研究方法的选择及操作技巧是研究者在确立问题时至关重要的考量,同时也从侧面体现出研究者在研究方法和操作技巧方面的重要能力。最后,它是研究者对教育现象的观察及反思、敏锐的洞察力、对形势的判断力以及胆识的综合体现,有的基层教育工作者在长期的教育实践中积累了丰富的资料,但缺少提炼问题的能力以及对教育问题的深度反思,研究成果仅仅是对于一般经验的总结;有的研究者,不善于捕捉日常教育现象并缺乏对其的深度反思,又缺乏问题意识,不会提问题,盲目跟着"热点"走,或满足于"初探""争议"的水平。因此,正确确立研究问题充分展现出研究者对教育现象的深度反思及敏锐洞察。

拓展阅读

佩里学前教育研究计划

佩里学前教育研究计划是一个已经获得实践证明的重要的教育项目,旨在通过"高质量的幼儿教育",让那些学业成绩可能会较差的孩子拥有一个更美好的未来。具体实施方法是将出身贫困家庭的非洲裔美国孩子随机分入实验组和对比组,介入其幼儿教育。实验组的孩子每周5天上午去幼儿园,每周2天下午由教师实施家访,就孩子在学校和家庭的表现和如何促进孩子的身心发展与孩子家人交流沟通。结果,无论是5岁时入学准备的情况,14岁时的学校出勤率和成绩,19岁时的高中毕业率,27岁和40岁时的收入,还是犯罪率、拥有住宅的情况等,实验组的孩子均明显优于对比组的孩子。佩里学前教育研究计划的倡导人、教育专家戴维·韦卡特表示,"接受高质量的幼儿教育,是使孩子们的人生更美好、更成功的极其有效的方法"。

佩里学前教育研究计划这样的研究选题立意高远,通过实验研究的方式充分地证明了学前教育的意义与价值,这样的研究值得我们参考与学习,但是其耗时长久,研究资金消耗巨大,不是一般的研究者可以完成的,我们可以参考其高远立意,但是在自己选题的时候应当注意量力而行。

(三)研究问题的确立决定其研究的过程和方法

研究方法众多,不同的研究方法有其特定的作用,所有的研究方法、研究内容都内生于研究问题,研究问题的聚焦就决定了其特定的方法及路径,研究方法的选择依据最重要的来源是研究问题,研究方法最终是为研究问题所服务,研究问题的选择就确定了其研究方法的实施。因此,研究问题的确立极大程度地影响着研究过程和方法的选择。如:“缓解小班新生幼儿分离焦虑研究”,此研究问题的聚焦就确定了行动研究的研究范式;“幼儿园新手教师音乐技能现状研究”,研究方法也就依据现状研究一般选取调查法。

(四)研究问题的确立直接影响到研究的质量和研究的结果

研究质量及研究结果会受到多方面的影响,如:重复研究、研究现实性、研究者能力素质、客观条件等。然而,研究问题的确立是否合适,在一定程度上影响着此类问题的产生,确立研究问题就是确立一项研究的内容、方向、目标,这是具有战略意义的问题,是每项科研工作的起点和关键。科学研究的实践表明,选题恰当与否,对科学研究工作的效果大小、成功与失败起着决定性的作用,直接影响到研究的质量及结果。

一方面,确立研究问题是基于梳理大量文献进行的,很大程度上可以避免重复研究、避免不现实研究等问题的发生;另一方面,研究问题确立不恰当,可能会导致研究问题因各种原因,如研究者自身能力素质、研究的客观条件等等而产生相应的问题,从而直接影响研究的质量及结果。因此,研究问题的确立在极大程度上直接影响着研究的结果及质量。如:“彝族学前教育现状研究”,若研究者不能深入彝族地区,将直接影响此研究的结果及质量。

第二节 研究问题的范围与来源

生活中到处都存在着教育的痕迹,任何一项科学研究都始于对问题解决的渴望。可以说,问题是科学研究的起点。学前教育研究也是同样的道理,其教育活动是一项复杂的社会活动,教育系统是个复杂开放的社会系统,有自身的要素、结构与功能。因此,学前教育研究问题的范围比较广泛,来源也较为丰富。

一、学前教育研究问题的选择范围

(一)学前教育的价值与功能

教育的价值与功能研究是学前教育研究的一项重要内容,它涉及教育的地位与作用、教育与社会的关系,以及教育与人的关系等内容。教育功能研究既可以研究教育的社会功能(教育的政治功能、经济功能、文化功能等)和育人功能(教育在儿童身心发展中的作用),也可以研究教育的正向功能和负向功能、显在功能与潜在功能。例如,学前教育对幼儿个体发展的作用研究、学前教育对社会发展的作用研究、学前教育的潜在功能研究等。

(二)学前教育政策

教育方针、政策对学前教育的发展起到重要作用及影响,既包含教育方面的方针与政策,也包括与教育相关的其他领域的方针与政策。教育政策也是学前教育研究的内容,比如,学前教育体制改革研究、学前教育投入体制改革研究、学前教育管理体制改革研究、农村学前教育发展政策研究、城乡学前教育一体化发展政策等。

(三)学前教育组织

教育组织是教育系统中的一个重要构成要素,也可以以此为主题,形成学前教育研究中的重大课题,它涉及教育中的各级各类组织及其管理,在学前教育领域,具体聚焦到幼儿园的组织与管理、幼儿园班级的组织与管理等相关研究。

(四)幼儿与教师

教师与学生是教育活动中两个核心的构成要素,教师的专业发展、自身素质、生存状态、自我认同都可以成为我们研究的切入点;其次,教师的类型,如新手教师、经验丰富型教师也可以作为研究的切入点；同样，我们也可以从学生出发，寻找自身感兴趣的研究问题，比如，幼儿教师生存状态研究、幼儿园新手教师音乐技能研究、学前儿童气质研究、家庭教养方式对儿童的性格影响研究等。

（五）幼儿园教育内容

教育内容设计的范围极其广泛，包含了人类社会各领域的知识、经验以及技能，可以从不同的视角对教育内容进行研究。目前，学前教育阶段并没有明确规定的教材，不同的幼儿园引进的课程与教材都有所不同，这就可以成为我们研究的问题。例如，通过对不同地区幼儿教育教材进行研究，可以从中发现各地教育观和儿童观的异同；对幼儿教材中的男女性别角色进行研究，分析其对儿童性别社会化的影响，等等；幼儿园的教学活动主要集中在集体教学活动、区域活动、游戏等，集体教学活动又具体展开到五大领域，每一领域都有其存在的研究问题，区域活动从开展到实施，每一环节都有可研究的问题，如：开展区域的数量、教师在区域活动中的指导、幼儿园区域活动材料的投放等，游戏运用到教学活动中的研究、幼儿园游戏开展现状的研究、民间游戏的融入研究等。

（六）教育方法与技术

教育方法与技术是为达到教育目的所采用的手段与方法，主要用于辅助教学内容，一方面，从教育方法的角度，它既可以研究某一群体的教育方法与技术，比如智障儿童的教育方法研究、自闭症儿童的教育方法研究等；也可以研究某一细小行为问题的教育方法，如：如何处理儿童的攻击性行为、如何培养儿童的合作行为、如何处理幼儿入园焦虑的问题等。另一方面，从教育技术的角度，可以从远程教育、多媒体在教学活动中的运用等出发进行选择。

除了以上几方面的研究内容之外，学前教育研究还可以从不同文化背景出发，对其进行比较研究等，具体到每一分支，都有其丰富的研究对象，比如关于幼儿心理发展的研究，可以具体到认知发展研究、情感发展研究、社会性发展研究等多个方面；社会性发展又涉及个性发展、自我意识发展、性别角色发展、亲社会行为发展、攻击性行为的策略等。由此可见，学前教育研究问题的范围是比较广泛的，内容也是较为丰富的。

二、学前教育研究问题的来源

学前教育研究问题从何而来是学前教育研究的新手面临的首要问题，也是教育新手必须了解的。其实，学前教育研究问题的来源是多方面的，主要有以下几个方面。

(一)从教育理论中选题

学前教育研究的主要功能之一就是提出更多的教育理论。经过长期的发展,学前教育研究已经积累了大量的教育理论,对既有理论的分析、评价、验证可以帮助研究者发现和提出新的问题。

1.在原有研究基础上进行深化与拓展

任何一项科学研究都建立在前人的研究成果基础上,研究者可以密切关注当前学前教育研究的趋势,在已取得成果的基础上,对其进行深化与拓展,以此为生长点,生发出新的研究问题。

2.对原有研究观点进行质疑与批判

对待同一个问题,往往会产生有争议的不同观点,这种争议本身就为我们提供了一种观点冲突,为我们提出新的研究问题提供了参考,例如,对儿童是否有必要进行双语教学、能否进行早期识字教育的争论等。我们站在观点的对立面,以不同的方式来思考问题,会让研究者产生不同的有价值的问题,比如,当人们研究如何避免学前教育小学化的倾向时,我们就可以考虑对学前教育小学化的表现进行研究。

3.发现原有研究的薄弱点与空白处

由于受到不同社会状况及研究方法等的影响,一些研究问题的某些方面往往会被人们所忽略,这正是研究者可以发现研究问题的领域。相对于其他教育学科而言,学前教育研究领域仍有许多未开垦的领地,学前教育研究者可以在学习和工作中发现问题,不断开拓新的研究领域,完善相关研究。

4.在不同学科的交叉之处进行寻找

在学科发展大分化、大综合的趋势下,不同学科之间的交叉与融合带来了大量值得研究的新问题,学前教育也同样适用,如:学前教育与小学教育的交叉融合,会为研究者提供研究的新问题,从学前教育的视角去思考小学教育的问题,产生新的研究方向。

5.对国外理论进行本土化研究及比较研究

引进国外先进的教育思想和理论是发展与完善我国学前教育的重要措施,对引进的国外理论,针对中国的国情进行本土化的研究,使其成为适合本土化教育实际的理论,例如:瑞吉欧项目的中国化研究、蒙台梭利教学法的中国化研究、奥尔夫音乐教学法的中国化研究;或者对国内外的相关研究理论与实践进行比较,讨论不同背景下教育的共同规律与差异等,如中美学前教育发展的比较研究。

(二)在教育实践中选题

教育在其本质上是有目的地培养人的一种社会实践活动,日常生活实践就是研究问题的最主要的来源,要善于从每时每刻发生的、“司空见惯”的,甚至是“熟视无睹”的现象中发现要研究的问题。学前教育实践活动存在的问题是学前教育研究的基本研究问题来源,来源的实践问题往往以解决某种教育现象为目的,紧跟国家教育方针与政策,将学前教育实践中突出的迫切需要解决的热点与难点转化为研究问题,比如,农村学前教育发展问题的研究,入园难、入园贵问题的研究,农村留守儿童学前教育的研究等。

幼儿园教师可以观察一日生活中实际发生的问题,通过对日常生活的反思以及亲身经历,凭借深刻的感悟、生动的素材、深透的理解,选择当前存在的实际问题开展研究。教师可以从自身教育教学的实际情景出发,总结需要解决的问题,进而选题,如:幼儿攻击性行为的研究、区域活动中幼儿行为的研究、幼儿亲社会行为发展的研究、幼儿动手能力与创造力的培养研究、教学过程中的师幼互动研究、幼儿的经验与其在游戏中表现的关系、中班角色游戏中教师指导行为的调查研究、幼儿积木游戏的发展特点与指导策略等。

(三)在科研中选题

在学习他人的科研成果时,联系实际,积极思考不同的方面,可以从其研究问题中得出新的值得研究的问题,有的研究报告及论文提出的进一步研究的建议就会成为其他研究者发现问题的良好来源;前人在已有研究中提出的新问题,也可以成为选题的重要来源,通过梳理前人已完成的研究,能发现遗留的问题;各级教育行政部门、教育科研机构、学术团体、期刊,往往根据社会发展及学科发展的需要,定期对教育科研的发展做出规划,推出教育科研的指南等,既贴近时代前沿,又符合国家发展要求。因此,从过去的教育科研中,可以得到一定的启发,发现有价值的新问题。

(四)从个人兴趣指向中选题

学前教育研究的主体是研究者,教育问题的确定在一定程度上带有研究者的主观色彩,研究者基于自身的知识储备并结合自己的兴趣,可以在日常教学生活中选择自己感兴趣的点进行研究,或通过其他的途径去选取适合自己的研究问题,如:选修相关课程、和同学开展讨论、实地观察教学现象、总结体验、整理学习笔记。

某幼儿园老师对于建构区的活动非常感兴趣,因此,在区域活动时间,特别留意建构区幼儿的活动及问题,并从中选取适合自己的角度,提出研究问题,从而展开研究。

三、一个好的研究问题应有的特点

(一)价值性

选定的问题不仅对本学科研究领域具有一定的价值,包括理论上有新突破,时间上对于教育改革能起到重要的指导作用,而且对于相关领域也具有高的外部价值。问题的价值是确立研究问题的重要依据,它决定着研究问题的根本方向。

衡量研究问题有无意义及意义的大小,可以围绕两个基本方面:一是选择的研究问题是否符合社会发展、教育事业发展的需要,是否有利于提高教育质量,促进幼儿全面发展,在此方面研究问题应具有一定的应用价值,从当前的教育发展的实际出发,选取具有代表性、普遍关注、争论较大、急需解决的问题;二是选择的研究问题应依据教育科学本身发展的需要,为创新和发展教育理论,建立科学的教育理论体系的需要,学前教育研究问题应强调应用价值与学术价值。

(二)科学性

选题的现实性,主要表现为研究问题有科学性,指导思想及目的明确,立论依据充实、合理。选题的科学性,首先表现在具有一定的事实依据,是在实践中产生的,体现出较强的针对性;其次表现为以教育科学基本原理为依据,也是研究问题的理论基础,它对于研究问题起到定向、规范、选择和解释的作用,没有一定的科学理论依据,研究问题必然起点低、盲目性大,因此,需要对其进行实践基础与理论基础的充分论证。

(三)明确性

研究问题一定要具体化、界限清晰,范围宜小,不能过于笼统,只有对问题有清晰、深度的了解,才能为建构指导研究方向的参照系提供重要依据,例如,学前教育研究,在年龄阶段方面可具体到小龄段、中龄段、大龄段;区域活动可以明确到具体的区域,这样研究问题才更有针对性。

(四)创新性

选定的问题应是前人未曾解决或尚未完全解决的问题,研究选题应有新意和时代感,要做到选题新颖,就应把研究问题放在总结和发展过去的有关学科领域的实践成果和理论思想主要遗产的基础上,没有基础,新发展、新突破都是不可能的,纵观科学上的任何重大成果,几乎都是科学工作者在前人、别人工作成就的基础上一步步取得的,即使是被人认为新的、第一次开辟的新领域,也同样是在前人的工作基础上进行的。因此,要广泛深入地查阅文献资料和进行调查,搞清楚研究问题在国内外已达到的水平和已取得的成果，在此基础上重新确定自己研究的着眼点，只有在原有研究成果的基础上有所突破和创新，才具有研究的意义。可以从以下三方面着手：理论创新，如园本培训与教师专业发展研究、学前教师档案袋评价研究、幼儿探索型主题活动中教师支持性行为的研究、幼儿园课程改革中教师角色的转变研究，幼儿园综合课程方案的个案研究；方法创新，如榜样和移情对幼儿分析行为影响的实验研究；研究对象创新，如西南边疆少数民族地区学前教育现状研究等。

（五）可行性

可行性，指的是问题能被研究，存在现实可能性，可以从以下三方面进行衡量。

1.客观条件

除必要的资料、设备、时间、经费、技术、人力、理论准备等条件外，还要有科学上的可能性。有的选题，看起来是从教育发展的需要出发的，但违背了基本的科学原理，也没有现实的可能性。

2.主观条件

主观条件是指研究者本人原有的知识、能力、基础、经验、专长，所拥有的研究问题的材料以及对此研究问题的兴趣，如调查者的性别、年龄、语言、调查技术、社会资源、知识结构、研究能力、组织能力、生活经验等方面的条件，因此，要学会权衡自己的条件，寻找结合点，发挥自己的优势。例如，有的人擅长实践操作，有的人擅长理论思维，就可以依据自己的优势选取适合的研究问题。在教育一线的教师，可以从实践工作中选择研究的问题，发挥自己的优势，更容易发挥创造性。

3.时机问题

选题必须抓住关键性时期，什么时候提出该研究课题要看有关理论、研究工具及条件的发展成熟程度。提出过早，问题会攻不下来。如前几年有人曾尝试从生理学角度，通过对脑电图的研究来考察人的认知规律，由于各方面条件还不具备而不得不调整。提出过晚，又会被认为是亦步亦趋，毫无新意。在教育科学研究中经常出现以下选题不当的情况：一是范围太大，无从下手；二是主攻目标不十分清楚；三是问题太小，范围太窄，意义不大；四是在现有的条件下课题太难，资料缺乏；五是属于个人的经验感想之谈，不是科研题目。因此，正确的选题要求研究者既要有科学的教育理论指导，又要坚持唯物主义观点，从实际出发，通过对事实材料的分析比较，善于发现和抓住重要问题；不仅要把握该领域理论研究的全局，而且要对教育实际有深入的了解；有问题意识，了解和掌握选题的有关知识和方法，不断提高自己的选题能力和创新、判断、评价等综合能力。

研究问题的可行性主要从研究者本身出发，可以围绕这几方面进行衡量：研究问题是否适合研究者的个人特点、是否符合研究者的研究兴趣、研究者对研究问题相关的社会生活领域的熟悉程度、研究者与研究对象之间的相似程度以及研究者所具有的社会资源、条件与研究问题的要求相符合的程度，应根据上述情况选择最适合自身的研究问题。如：开展少数民族幼儿的合作行为研究，如果研究者无法深入少数民族地区获得第一手资料，研究者所具备的社会资源与研究问题在一定程度上并不符合，将无法进行研究。

第三节　研究问题的形式与研究假设

一、研究问题的形式

学前教育领域是一个囊括诸多教育主体、教育组织及交互方式的杂糅系统。不同的研究者关注的研究对象及其问题各不相同,由此导致学前教育研究领域的多样杂糅的生态属性。因此,学前教育领域的一师一幼、一花一草、一班一园、一游戏一活动等皆为研究对象,都是需要我们后续研究者持续投入其中的重要研究问题。然而,研究问题的表述是其研究目的、研究内容、研究对象的集成表征,研究问题如何具有科学合理性还需要遵守特定的规范与准则,通过对大量学前教育领域的研究问题的梳理,我们可以梳理出学前教育领域基本的研究问题类型。

不同的研究者关注的研究对象及研究内容不同,由此导致每一项研究的研究目的都不同;研究目的是学前教育研究的核心灵魂,直接影响和制约研究所聚焦的研究内容及方法路径。其次,研究目的不同将直接导致研究问题表述的形式不一样。依据研究的目的来区分,学前教育领域的研究问题可以区分为描述性、解释性与预测性三种形式的研究问题。

(一)描述性研究问题

其主要目的是对自然呈现的现象、事实、案例的描述与总结,进而导致其研究内容主要聚焦的是特定研究对象的客观(行为)属性及其发展状态,其获取研究数据的方式往往诉诸实证主义的研究路径。如“中班幼儿分享行为研究”,该研究主要目的是反映中班幼儿在特定的情境中是否出现分享行为,出现分享行为的频次以及每一次分享行为交互中幼儿的性别,年龄,分享行为的动机、形式以及行为后果等内容,最终解释中班幼儿分享行为的现状特点及其规律。

此外,该类研究还适用于对已经研究的问题用新的理论进行解释和分析的问题情境,如“情境学习理论视域下幼儿园游戏模式研究”,该研究问题企图借用情境学习理论来分析与透视幼儿游戏的本质及交互过程,基于其“知识情境性”“人际交往性”“社会角色转化性”三个核心点构建幼儿园游戏模式,其意图在于揭露特定研究视角下幼儿园游戏的本质属性及其独特价值,进一步构建其系统要素及其交互作用过程的课程模式,为同类研究提供较好的参照,进而推动实践的变革。

(二)解释性研究问题

其主要目的是解释现象之间或变量之间的相互关系。由于其核心目的在于解释变量之间的相关关系、交互效应及其过程。因此,该类研究往往倾向于从复杂的生命场域中抽取特定的变量,摒除其他潜变量的影响,进一步探求其变量之间的相互关系。如"亲子关系的类型对幼儿入园焦虑的影响研究",该研究核心聚焦的两个变量是亲子关系和幼儿入园焦虑,意在探寻不同亲子关系的类型与幼儿的入园焦虑之间的相关关系。此外,更为复杂的研究不仅探寻双变量之间的相关关系,还进一步探寻多变量之间的相关关系,引入了中介效应或者调解效应,以及中介调解效应混合模型的分析方法,科学分析多变量交互情境下的具体交互作用。如"母亲抑郁焦虑压力对其身体虐待幼儿风险的影响——亲子冲突的中介作用与社会支持的调节作用",该研究表明,母亲的抑郁焦虑压力水平与其身体虐待儿童风险呈正相关;亲子冲突在母亲抑郁焦虑压力与身体虐待风险之间起部分中介作用;母亲感知的社会支持在抑郁焦虑压力对身体虐待风险的影响中起调节作用。

(三)预测性研究问题

其主要目的在于对某一领域进行试探性、探索性的研究。该研究往往适用于学前教育领域里较新的现象或者问题,正是其问题情境的相对陌生导致学界对该现象或问题的关注比较少。因此,研究的目的就是尝试去揭示其行为属性及其潜在规律,进而引起同行的关注。如"'双减'政策背景下幼儿教师的职业压力研究"。此外,归类研究同样适用于新情境下的老问题研究,即曾经进行的研究和现实生活相比已经发生比较大的变化,需要再次收集资料,客观描述这一问题新的基本状况以及解释和分析;如"改革开放以来幼儿园课程改革与发展研究"。

二、研究假设概述

(一)研究假设的含义

假设就是对两个或多个变量之间的关系或某些现象的性质的推测。学前教育研究假设是根据一定的科学事实对所研究的教育问题的规律或原因做出的一种推测性论断和假定性解释,是在进行研究之前先设想的、暂定性的理论。

对各种教育问题和现象所做的且尚待证明的初步解释都属于假设性质。事实上,教育假设也就是研究问题的暂时答案,研究者通过对疑问进行思考,根据自己的理解,或查阅相关资料,然后提出假设,对自己的问题做临时性回答。假设是有待证实的定理或结论，定理或结论是已被证实的假设。例如，“玩暴力电子游戏会增加儿童出现暴力行为的概率”；“父母撒谎的孩子更容易出现撒谎行为。”

（二）研究假设的作用

假设的功能主要在于它是理论的先导，起着纲领性作用。假设能帮助研究者明确研究的内容和方向，通过逻辑论证使研究问题更加明确，并按所确定的目标选择研究方法和收集相关资料，指导学前教育研究的深入发展。

研究问题必须通过科学理论的指导，然而科学理论在经实践检验之前只具有科学假设的性质，学前教育研究是探求教育现象之间的因果关系、教育内部结构及其起源和发展规律，进行研究假设，研究者就能依据研究目标的要求，在限定的范围内有计划地设计和进行一系列的观察研究、实验研究；假设得到观察、实验的支持，就会发展成为建立教育科学理论的基础。恩格斯曾高度评价理论假设在研究工作中的作用，进一步的观察资料会使研究假设纯化、修正一些，直到最后构成定律。因此，研究假设是教育科学探索的必经阶段，是建立和发展科学理论、正确认识客观规律的正确途径与手段。例如当我们要研究“暴力电子游戏与儿童暴力行为的关系”这一课题的时候，会建立“玩暴力电子游戏会增加儿童出现暴力行为的概率”的假设，随后把这个假设中的自变量——玩暴力电子游戏，和因变量——儿童暴力行为分解出来，随后建立各种专题、操作流程、操作规范，建立评价指标，最终转化成为成果。

三、研究假设基本类型

依据不同的标准，研究假设可划分为多种类型。

（一）按性质和复杂程度

依据此可将研究假设分为描述性假设、解释性假设、预测性假设。

1.描述性假设

描述性假设是科学的最初阶段，描述认识对象的结构，提供关于事物的外部联系和大致数量关系的推测，是关于对象的大致轮廓的外部表象的一种描述，如“幼儿教师从教年限越长，教学水平越高”。

2.解释性假设

解释性假设是试图解释事物的内部联系，指出事物本质的特征，说明事物原因的假设，是比描述性假设高一级的形式，如“民主型家庭教养方式下的幼儿情绪控制能力更好”。

3.预测性假设

预测性假设是对事物未来发展趋势的预测，是在对现实事物更深入、更全面了解的基础上做出的更复杂、更困难的一种假设，适合于综合性研究问题，如“在乡村地区普及学前教育能够帮助减轻贫困”。

(二)按形成过程

依据此可将研究假设分为归纳假设、演绎假设和研究性假设。

1.归纳假设

归纳假设是人们基于一些教育的个别经验或事实材料的观察、调查、反思，得到启示，进而概括、推论后提出的假设。例如，对比上过幼儿园和没有上过幼儿园的孩子，研究者发现上过幼儿园的孩子在小学适应更好，从而提出假设：“幼儿园教育能够帮助孩子适应小学阶段的教育”。

2.演绎假设

演绎假设是从教育科学的某一理论或一般性陈述出发推出的新结论，是通过理论综合和逻辑推演而提出的理论定律和原理的假设。如，当我们了解了皮亚杰的认知发展理论，知道幼儿思维具有具体形象性的特点之后可以从该理论出发提出假设：“幼儿园数学教育中形象性越高，其效果越好”。

3.研究性假设

研究性假设是依据理论和以往研究对本研究结果的叙述，呈现出方向性假设和非方向性假设两类。方向性假设预示了结果的方向，期待其指向有关联性的发展方向，指出相关或差异的特点。例如，“幼儿接受活动幻灯与图片教学比接受语言教学效果好”。非方向性研究假设是当研究者对所研究对象的内容在关系上不甚了解，凭借已有的知识经验只能肯定研究对象内在诸变量之间的相关，但不能肯定是何种相关。例如，“家庭教育对儿童智力发展影响的研究”。

四、研究假设表述的规范性要求

(一)一个研究假设只能涉及两个变量

研究假设陈述的是变量之间的关系，涉及的主要变量包括自变量、因变量和无关变量，研究假设必须揭示两个变量之间的关系，如果学前教育研究涉及多个变量之间的关系，研究者应将变量一一对应地分成几组假设。

(二)研究假设要设想两个变量的期望关系

研究假设是对研究问题涉及的主要变量之间的相互关系的设想，在一个研究假设中必须就两个变量的关系明确提出某种推测。如果研究假设虽然涉及两个变量，但没有预测彼此之间的关系，这样的研究假设表述就不符合规范，如"问题幼儿的家庭教育与其心理异常之间的关联性""以园为本，以教研为基础的教师教学研讨制度能有效促进教师的专业发展""儿童的智力与语言发展水平的关系"。

(三)研究假设之间的关系是可检验的

假设是通向理论的桥梁，学前教育研究设计中提出假设是为上升到理论做准备的，因此研究假设必须是针对变量之间关系的大胆设想，具有创新意义，如"多媒体动画方式呈现有利于幼儿语言能力发展研究"，在此研究中，多媒体动画方式与幼儿语言能力这两个变量之间是可以通过实验进行检验的。

(四)研究假设必须用陈述句形式，明确具体

研究假设是研究者对研究结果的预先设想，是一种可能的解释和说明，因此表述研究假设必须使用陈述句，而不能使用疑问句，如"正向激励能促进幼儿交往的频次"。

本章小结

本章作为学前教育研究方法的章节，重点界定了关键概念、重要理论。核心内容总结如下。

1.学前教育研究问题的来源主要有：教育理论、教育实践、科研、个人兴趣；

2.好的研究选题有以下特征：问题有价值、问题有科学现实性、问题具体明确、问题新颖有独创性、问题有可行性等；

3.研究问题表述的三种形式：描述性、解释性与预测性；

4.研究假设表述的规范性要求：一个研究假设只能涉及两个变量；研究假设要设想两个变量的期望关系；研究假设之间的关系是可检验的；研究假设必须用陈述句形式，明确具体；

5.研究计划的内容分为：研究题目、研究目的及意义、研究主要内容、研究方法、研究已具备的条件、研究预期成果、研究时间表。

思考与实训

1.结合本章所学知识，试拟定一个合适的研究题目，并说明选题原因。

2.提出一个研究假设,指出是何种假设,并说明原因。

3.寻找一份已成功申请的研究计划书,根据本章所学知识进行评析。

4.根据自己感兴趣的研究课题,设计一份研究计划书。

专题探讨

背景资料:截至2020年,全国共有幼儿园29.17万所,其中,普惠性幼儿园23.41万所,比上年增加3.12万所,占全国幼儿园的比例为80.24%;与此同时,全国共有民办幼儿园16.80万所,占全国幼儿园的比例为57.59%,民办幼儿园入园儿童819.32万人,在园幼儿2378.55万人。这组数据充分说明,民办幼儿园仍然占据我国学前教育事业的半边天,民办幼儿园是我国学前教育事业中不可忽视的重要组成部分;“公办民办并举”的办学体制仍然是并将长期是我国学前教育发展的重要现实。因此,广大幼教机构的异质共存性既是我国学前教育的现实样态,也是推进建构学前教育公共服务体系的现实依据。由于我国学前教育财政资源供给不足,政策保障体系不完善以及监管机制不健全等客观因素限制,广大民办幼儿园在区域间、区域内以及城乡之间存在着突出的质量差异,特别是我国广大乡村地区的民办幼儿园,其办园行为亟待规范,办园质量亟待提升。

探讨:民办幼儿园是我国学前教育事业的重要组成部分,引导民办幼儿园的持续健康发展历来是学前教育研究的热点。结合上述背景,你想关注哪些研究主题?聚焦哪些研究问题及研究对象?能否从问题的三种形式中自主选择一种提炼出符合科学性、创新性、重要性、可行性的研究问题?该研究问题的研究假设又是什么?

第三章

文献查阅

学习目标

- 了解学前教育研究文献的含义以及文献的分布；
- 理解文献查阅在学前教育研究中的作用与意义；
- 掌握学前教育研究文献查阅的方法；
- 掌握学前教育研究文献综述的撰写。

学习重难点

- 重点：学前教育研究文献查阅的方法；
- 难点：学前教育研究文献综述的撰写。

案例破冰

该不该开展研究？如何开展？

邱静是一名入职不久的幼儿园教师，在一次教研活动上，教师们提出应该丰富幼儿园的课程建设。小邱老师想到自己家乡有丰富的民族文化资源，是否可以将这些文化资源运用到幼儿园课程当中？老师们对邱静的想法表示赞同，但有老师提出疑问，是否已经有类似这样的课程存在？也有老师说，文化资源那么多，是不是都可以用到课程中？对于老师们的提问，邱静陷入了沉思，究竟要不要开展这项课程建设的研究呢？如果决定开展，又该如何获得资料，明确自己的方向，少做无用功呢？本章内容会给邱静老师带来一定的启示，帮助各位老师们解答上述问题。

第一节 文献查阅的含义及其意义

一、学前教育研究文献的含义

在教育科学研究过程中，文献资料占有十分重要的位置。在开展研究选题时，我们需要大量查阅与选题相关的背景资料；在研究过程中，需要及时了解与课题有关的研究的进展情况，以免重复研究；而在对研究结果进行分析时，还需要用文献资料来充实论据。因此，学前教育科学研究文献的查阅是每一位学前教育研究者都应掌握的重要技能。

(一)学前教育研究文献的含义

1.什么是文献

文献是用文字、符号或图形等方式记录人类活动或知识的一种信息载体，是人类脑力劳动成果的一种表现形式。

文献有三个基本要素。一是要有一定的知识、内容。没有记录任何知识内容的物体，如空白纸张、空白磁带、空白胶卷等，就不是文献。二是要有一定的物质载体。没有记录在一定载体上的知识，如人们头脑中的知识、口头传递的知识等，就不能称为文献。三是要有一定的记录手段。如文字、图像、符号、音频、视频等。

2.学前教育科学研究文献的含义及其特点

学前教育科学研究文献是指记载了和学前教育研究相关的信息和知识的典籍，包括各种手稿、书籍、报刊、录音、录像、幻灯片、软盘和光盘等，它是对人类从事教育活动，尤其是学前教育科学研究的客观记录。随着人们研究工作的不断深入，教育科学文献资料也显示出了许多新的特点。学前教育科学研究文献有以下三个方面的特点。

第一，教育科学文献的数量急剧增加。随着社会的发展，学前教育近年来受到广泛的关注，有关学前教育科研的书籍大量出版，专业杂志日益增多，研究领域不断扩大，研究报告和论文数量成倍增加。

第二，各种教育科学文献的内容交叉重复、互相渗透。这也印证了当下科学研究跨学科发展的趋势。如教育学研究中经常与心理学、社会学、民族学、人类学等学科发生交叉。

第三，文献的分布分散。这主要体现在收藏储存的分散、内容的分散上，属于同一学科、同一专业的文章往往分散在其他许多学科的杂志上；而属于某一学科、专业的杂志有时又刊登许多其他学科的文章。除此以外，翻译而来的文献增多，出现术语不统一，文章发表迟滞，文献来源情况复杂，记录手段和载体多样化等情况，也是当代学前教育研究文献的一大特点。

（二）学前教育研究文献的分布

学前教育研究文献的分布呈现出异常分散的特点，且形式多样。常见的学前教育文献分布于书籍、报纸和期刊、教育档案中以及网络上。

1.书籍

书籍是形式多样的文献中品种最多、数量最大的一个门类，包括教科书、专著、资料性工具书和通俗读物等。它是教育科学文献中品种最多、数量最大、历史最长的一类文献来源。(1)经典著作。经典著作指一个时代某一学科或流派最有影响的权威性著作，它们是开展研究的基础，是从事学前教育科研的教育工作者的必读书。例如，马克思主义经典作家的教育论著，古今中外著名教育家、哲学家的教育著作等。又如，我国最早的教育专著《学记》，捷克教育家夸美纽斯的《大教学论》，德国教育家赫尔巴特的《普通教育学》，美国教育家杜威的《民本主义与教育》，法国思想家卢梭的《爱弥儿》等。(2)研究专著。研究专著是指就学前教育领域的专门问题进行系统、全面、深入论述的著作(包括论文集)。在研究专著中作者往往系统地阐述和讨论某一问题产生和发展的历史、研究的历史进程、研究的方法与成果、不同学派的观点和争论，分析问题的现状及其发展趋势，并结合大量新颖的材料，反映学术研究的最新进展。它们大都是作者多年研究的心血，其中往往包含了学者独到的见解和新颖的材料，因此其参考价值大于教科书。此外，研究专著中还经常附有大量的参考文献和书目，可以为研究者提供较为明晰的参照。例如，欧新明的《学前儿童健康教育》(教育科学出版社，2003年)、石筠弢的《学前教育课程论》(北京师范大学版社，2001年)、虞永平的《学前课程价值论》(江苏教育出版社，2002年)、霍力岩的《学前教育评价》(北京师范大学出版社，2000年)、刘占兰的《幼儿科学教育》(北京师范大学出版社，2000年)、黄亨奎的《韩国学前教育》(吉林人民出版社，2005年)等。(3)教科书。教科书是供教学用的专业性书籍，内容一般包括教育科学基本理论、基础知识以及学科领域内的科研成果和有待讨论的问题等。教科书追求学术上的稳定性，名词术语规范，结构严谨，可读性强。(4)科普读物。科普读物是为了普及学前教育科学知识而编写的通俗易懂的读物，一般而言，科普读物内容浅显，文字易懂。科普读物的理论知识较少，更多的是实用类信息，研究者可以从这些信息中了解大众对某一类知识的需求。

2.报纸和期刊

报纸和期刊是连续性的出版物，出版周期短，更新速度快，内容新颖，论述较为深入，能及时反映当下研究活动的动向，是教育科学研究者重要的参考文献。而且，报纸和期刊的数量大、种类多。目前，我国出版发行的有关教育方面的专业性报纸有几十种，如《中国教育报》《教育文摘周报》《上海教育报》《教育时报》《教育导报》《教师报》《德育报》等。这些报纸荟萃了国内外各类教育信息，反映了教改动态和教育科研动态，对教育科学研究具有重要参考价值。期刊是定期出版的刊物，如周刊、月刊、季刊等。期刊出版周期短，内容新颖，论述深入，发行量大，影响面广，反映的是学术界最新成果，而且便于借阅，是查阅文献最有效、最简便的途径。所以，它是科学研究的主要参考资料。其中又以学术杂志对研究更具参考价值。学术杂志主要刊载科研工作者撰写的科研论文、各种形式的研究报告，对问题的讨论和阐述较充分、深入，理论色彩浓厚。研究者应该主动阅读与自己研究方向有关的学术杂志。目前，在学前教育领域中较有影响的学术杂志有中国学前教育研究会主办的《学前教育研究》。此外，还有一些兼容理论研究与实践指导的专业综合性杂志也值得一读。对学前教育研究影响较大的有《学前教育》《幼儿教育导读》《幼儿教育》《幼教园地》等。

3.教育档案

档案资料是在各种社会实践中直接形成的，并具有保存价值的原始文献资料，其种类和内容都极为丰富，包括教育年鉴、教育法规集、教育统计、教育调查报告、学术会议论文、学位论文等。

4.网络

随着信息化时代的到来，从网络上获取资料变得轻而易举，信息的交流突破了时间和空间的限制。网上的资料丰富多彩，研究者可以通过网络浏览各大数据库，随时进入国内外著名大学研究机构以及图书馆的信息系统获取信息，这些信息往往都是当下最新、最前沿的资料。对研究者而言，这些资料具有非常好的参考价值。例如，教育研究者可使用EBSCO检索多个数据库，比如ERIC（包括最新版教育刊物论文索引和教育资源在内的全部条目）、PsycINFO（包括心理学文摘条目）、SocINDEX（包括社会学文摘条目）。①

① 伯克·约翰逊，拉里·克里斯滕森．教育研究：定量、定性和混合方法[M]．马健生，等，译．重庆：重庆大学出版社．2015：62．

二、学前教育研究文献查阅的意义

文献查阅是从各种文献中迅速、准确地找出研究者所需要的文献信息的过程。这一过程能够帮助研究者区分已经做了什么和需要做什么，综合文献从而获得新的研究视角，确定主题或问题的背景，发现研究主题中的重要相关变量，获得研究的方法，做出自己的研究设计。对研究者而言，进行文献查阅意义重大，主要体现在以下几个方面。

（一）缩小研究范围，确定研究选题

研究者一开始往往会对某一课题有兴趣，但范围过大，无从下手。通过查阅文献资料，就能够为研究者提供科学研究选题的依据。在进行选题的过程中，可以了解前人或他人关于该课题的主要研究成果，所达到的研究水平，研究的重点、方法、经验和问题，以及哪些问题已经基本解决，还有哪些问题有待进一步修正和补充，从而明确课题的价值、研究的突破口。要达到上述目的，必须查阅有关文献，收集现有的与研究相关的背景资料。只有掌握了研究课题领域的文献资料，才能了解这个问题的研究成果、研究动态、发展历史和现状，以选定最有价值的前沿课题。通过查阅文献资料，有助于全面准确地掌握所要研究问题的情况，这在很大程度上直接影响研究工作的质量水平。

（二）有利于建立科学合理的研究设计

受过良好训练的研究者也难以在确定选题后就能马上构建出科学合理且完善的实验设计。研究者进行研究设计时，必须从整体上把握所研究领域的发展历史与现状、已取得的成果及其水平、研究的最新动向、争论的焦点、被人们忽视的地方、其他研究者提出的建议等，了解他人对该问题的研究所达到的程度，以及所采取的方法，才能够对自己的研究进行合理的设计，避免掉坑。查阅文献的过程是总结过去相关研究工作的过程，它有助于研究者建构研究的概念或理论框架，把握在研究中可能出现的差错。如果仅靠个人的冥思苦想，研究是难以有所提高和突破的，研究者若能参考前人研究的方法手段，分析其得失成败，则会使自己的研究超越前人，取得较好成果。

（三）有利于研究者进行结果解释，撰写论文

研究者开展研究后得到结果，必须要对它进行科学合理的解释。而此时，研究者不仅要从自己的研究中所得到的具体数据出发，还需要依据一定的理论，引用他人关于该项研究的成果来阐述自己的研究结果。这就需要通过大量的文献阅读，对研究主题的有关背景资料进行了解，了解得越多，对自己研究结果的解释和分析越贴切和恰当，越容易让别人看到自己研究结果的理论价值。

(四)避免无效劳动

科学研究的本质特点是创新。学前教育研究同样需要有创新性。要想有所创新,就要通过大量查阅文献资料,了解前人在相关领域已经做了什么,还有哪些没有做,从而避免完全重复性的研究。科学研究需要花费大量的人力、物力,大量重复性的研究不仅会造成巨大浪费,而且会导致一些领域的科学研究长期处于低水平状态。文献资料是所有科学研究者的一扇窗,它包含了大量的学术思想和最新成就,可以让我们从过去和现在的有关研究当中受到启发,冷静、科学地论证自己的观点,用丰富的事实和数据资料为自己的研究打下可靠的基础。

第二节　文献查阅的基本方法与步骤

一、学前教育研究文献查阅的过程

（一）学前教育研究文献查阅的基本流程

如前面所述，学前教育科学研究文献的分布是极其广泛的。研究者要从众多的文献中准确迅速地查找出符合特定需要的文献，不仅是资料的查找、收集过程，也是分析、研究过程。查阅学前教育科学研究文献一般由以下三个主要步骤组成。

第一，分析和准备阶段。分析研究课题，明确自己准备查阅课题的要求与范围，进而选定检索工具，确定检索途径。

第二，搜索阶段。搜索与所研究问题有关的教育科学文献，然后从中选择重要的和确实可用的资料，按照适当顺序阅读，并以文章摘录、资料卡片、读书笔记等方式收集材料。

第三，加工阶段。剔除假材料，去掉相互重复、较陈旧的资料，保留那些全面、完整、深刻和正确阐明所要研究问题的一切有关资料，以及含有新观点、新材料的资料，对选定材料进行分类编排，编制题目索引或目录索引。

在进行文献查阅时，为了能够在有效时间内高效获取有用信息，可以参考以下流程图进行：

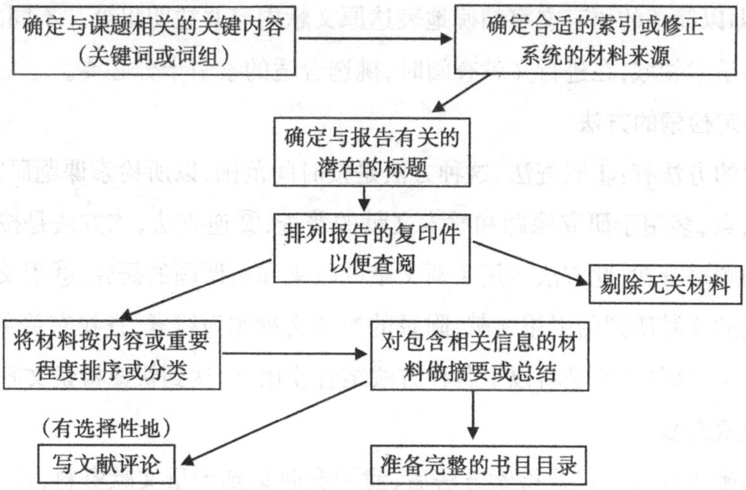

文献查阅流程图[①]

① 袁振国. 教育研究方法[M]. 北京：高等教育出版社，2000：37.

具体而言,我们应该从以下几个方面来进行文献的检索和查阅。

1.构建问题,明确主题词引导文献检索

在进行某一教育科学专题研究时,我们最常见的问题不是缺乏相应的文献资料,而是不知该如何选择合适的资料内容。面对如此繁多的教育文献资料,我们要有效地进行文献检索研究,很重要的一种方法就是要学会反思,并努力寻求解决问题的着眼点。

因此,清晰的问题意识能为我们的研究开展奠定基础。在不同的研究条件下,构建问题意识的方法也不同。一般来说,对于我们比较明确的问题意识,我们可以采用确定主题词的方法:先在所研究的问题中将我们认为最重要的词或短语画一横线,然后在有关的主题词表中查看是否有相应的词或短语。如果找不到自己所需要的资料,则可能是主题词或所选的索引不对,需要更改相应的主题词。有时可能是用于描述自己的问题的术语与索引所用的主题词有些出入,这就需要扩大主题词的范围。当不知该如何构建自己的问题意识时,我们可以询问有关方面的专家或查阅相关的综述性文章。①

2.挑选合适的索引

教育文献资料包括了数以千计的出版物、书籍、期刊文章、技术报告、专业会议报告、课程指导等。各种书目索引的出现为研究提供了极大的便利。一本书目索引往往是对某一领域中文献资料的分类归纳。主要包括:①书目,即统计和反映某一时期内全国出版的图书总目、期刊目录、报纸目录以及其他文献目录;②索引,它是将书籍或报刊中的内容或项目摘记下来,编成简括的条目,按一定顺序排列并注明出处;③检索性文摘,即以简练的语言文字精确地表达原文献内容并注明出处。不同的书目索引针对不同的学术领域,在进行文献查阅时,挑选合适的索引十分必要。

3.确定检索的方法

检索的方法有:①顺查法,这种方法是按时间范围,以所检索课题研究的发生时间为检索始点,多用于研究课题和学术文献的普查;②逆查法,该方法是按由近及远、由新到旧的顺序查找,此方法多用于新文献的收集和新课题的研究;③引文查找法,即借助已掌握的文献所列的引用文献、附录的参考文献作为线索,查找有关主题的文献;④综合查找法,这种方法是将以上各种方法结合使用,以达到快速检索文献的目的。

4.检索文献

在明确主题内容以及检索方法后,我们会收集到大量文献资料,这时就有必要仔细研读文献中的相关摘要,因为摘要中包含了足够的信息帮助我们鉴别它是否与我们

① 姚霞.教育科学研究的文献资料检索流程[J].四川教育,2001(11):2.

所需要的内容相关。我们需要着重去关注这样一些内容:①问题陈述及已有研究成果;②阐述研究问题或需要证实的假设;③对研究方法的描述,包括研究对象以及具体的研究方法;④数据分析及结果;⑤研究的意义及不足。

5.对资料进行整理分类

在获得大量文献资料后,我们就应考虑对它们进行整理分类。对收集来的资料进行整理的方法有:①核对考据,将收集起来的材料进行核实、鉴定,了解其真实性、科学性、可比性,从而对材料做出全面的评价;②挑选淘汰,对不符合自己研究主题内容的文献进行淘汰;③汇总统计,把收集起来的大量零碎的、片段的同类原材料综合起来。确定一套分类标准,有助于确定文献检索的顺序。在文献检索研究过程中可能会扩大研究范围,有时也会出现自相矛盾的情况,因此需要建立一套分类标准帮助自己整理各类研究成果。

(二)学前教育研究文献查阅的基本要求

在面对浩如烟海的文献资料时,我们进行文献查阅应当做到多样且全面,但这确实很难做到。尤其是在当代学前教育科学研究文献数量激增、分布情况复杂的状况下,应当采取"与其求全,不如求精"的原则。在收集资料时,要按照一定的要求,有目的、有计划地进行。学前教育科学研究文献收集的基本要求如下:

1.知识上的有用性

收集教育科学文献的第一位的、最基本的要求是必须要有用。所收集的教育科学文献要包括对自己研究课题有用的知识。不具备有用知识的教育科学文献,也就失去了其收集的意义。

2.内容上的丰富性

从内容上看,所收集教育科学研究文献的种类越丰富越好。一方面注意尽可能收集代表各种各样观点、得出不同的,甚至相互矛盾结论的教育科学文献,另一方面要注意不但收集与自己的研究课题、领域直接有关的资料,而且还应跨学科、跨领域地收集有关资料。

3.形式上的多样性

要尽可能收集不同形式的教育科学研究文献以扩展自己的视角。

4.时序上的连续性

围绕研究课题收集的教育科学文献,在时序上要有一定的连续性和积累性,尽可能不要中断。否则可能会因资料不全,无法全面反映研究对象的整体发展变化状况。

5.时间上的及时性

对于与研究课题有关的各种新资料、新信息，要用最快的速度及时了解、及时收集、及时研究、及时利用，以提高研究的时效性和实用价值。①

二、学前教育研究文献查阅的基本方法及步骤

在学前教育研究中文献查阅的方法很多，大致可以将其分为以下几大类：利用检索工具查找法；参考文献查找法；综合查找法。

（一）利用检索工具查找法

检索工具查找法是利用已有的检索工具查找所需文献资料的方法。现有的检索工具可分为手工检索工具和计算机检索工具两种。

手工检索工具包括目录卡片和资料索引。这一传统文献检索方法主要是通过传统的专门纸质文献检索图书来检索文献资料的方法，是由检索者通过卡片式或书本式的目录、题录、文摘、索引等检索工具查找文献线索的过程。如过去教育研究中常常用到的《全国图书报刊资料索引》《中文教育研究文献资料索引》等，这些检索文献均为各大图书馆专门编录以供研究人员使用，一般在各地方或高校图书馆或资料室保存，研究者在开展研究工作之前要专门上图书馆或资料室进行相关文献资料的检索，十分不便，而且随着社会的进步、科学的发展，信息检索的内容、手段和工具都发生了相当大的变化，传统的文献检索方式和方法已经不能适应现代知识信息社会的发展。

计算机检索工具是由计算机程序员编制的、储存于计算机中帮助读者查阅文献资料的软件。这是一种现代常用的文献检索方法，就是利用电子计算机技术将传统的文献检索系统工具开发为可通过网络来检索的工具。它是一种机器检索，是由计算机将输入的检索策略与系统中存贮的文献特征标识及其逻辑组配关系进行类比、匹配的过程。其特点是便捷、迅速、全面，如著名的CNKI（中国期刊全文数据库）就是教育研究者最常用的检索学术论文与学位论文的现代电子检索工具。还有超星电子图书和“读秀”知识库搜索等均是很好的图书检索工具。以CNKI为例，检索文献时可通过题名、作者、关键词等检索项目来查阅资料，而且还可以选择具体的时间来定位文献的数量与范围。如果我们在检索名称中输入主题词的话，经过控制的、表达文献信息内容的主题词就会将所要检索的文献罗列出来。主题词需规范，主题词表是主题词语言的体现，词表中的词作为文献内容的标识和查找文献的依据。同样也可能用关键词语言检

① 张宝臣，李志军.学前教育科学研究方法[M].上海：复旦大学出版社，2007：38.

索，把从文献内容中抽出来的关键词作为文献内容的标识和查找目录索引的依据，关键词不需要规范化，也不需要关键词表作为标引和查找图书资料的工具。这样一来，CNKI提供的检索途径就足以让研究者获得大量所需文献。①

（二）参考文献查找法

参考文献查找法又称引文查找法或追踪法，是以已掌握的教育科学文献中所列的引用文献、附录的参考文献作为线索，查找有关主题的文献。采用这种方法一般是从自己掌握的最新资料开始，根据其引文或附录的参考文献去查找过去的相关文献，再根据查找到的过去的文献资料的引文和参考文献去查找更早些的相关文献。

这种方法的优点在于教育科学文献涉及的范围比较集中，获取资料方便迅速，并可不断扩大线索范围。这种回溯过程往往会找出有关研究领域中重要的、丰富的原始资料。缺点在于查得的教育科学文献资料受原作者引用资料的局限性及主观随意性的影响，资料往往比较杂乱，不能体现时代特点。

（三）综合查找法

综合查找法是指综合运用以上各种查找方法，能够查得较为全面而准确的文献，是采用较多的方法。查找文献时应做到准、全、深、快。

三、查阅文献应注意的问题

（一）选题与查阅文献交叉、阅读与思考相结合

学前教育研究课题必须具有独创性。这种独创性一般要在阅读、研究他人著作和已有成果的过程中才能逐步形成。了解已知，才能发现空白，才能有所创新和解决新的问题；否则，研究者可能成为井底之蛙。

因此，当研究者初步确定课题后，就需将选题与阅读文献交叉进行。这两步在整个研究过程中是最重要的，后面的研究开展均取决于对研究课题在开始这两步时考虑的透彻程度。通常，研究者在开始时只有一个大致设想，之后就必须尽可能广泛地阅读，了解前人在这方面已取得的成就以及他们的研究方法。在阅读过程中，逐步缩小课题范围，将问题具体化，明确整个课题的思路，这样就形成了具体的课题和初步的研究假设。研究者要注意批判性地阅读，通过深入地阅读和分析思考，使一般的研究题

---

① 安红梅.论教育研究文献检索的价值与方法[J].西北成人教育学院学报,2009(2).

目更集中、更明确，并探索如何最好地解决这个问题。[①]

（二）扩大阅读范围，拓展思路

查阅文献资料中，要注意不应把阅读过分狭窄地限于正在研究的问题。这里就有一个“交叉受益”的概念，就是把某一研究领域应用的一种方法用于尚未考虑使用这种方法的另一个研究领域。通常重要的研究成果往往来自不同研究领域的相互启发。例如，有人对幼儿音乐教育方面的课题感兴趣，查阅了较多这方面的资料后仍无以确定研究思路。其实，如果能够将阅读范围扩展到幼儿艺术教育，就能扩大视野、开阔思路。因为“全面了解”有助于“一点深入”。我们不妨记住这段告诫：“在科研领域，再也没有比视野狭小、思路狭窄更可怕的了。”研究者应探身于自己所熟悉的或感兴趣的学科领域之外，这样往往才能够发现新课题，探索新途径。在进行学前教育研究时，我们不妨看一些心理学、社会学领域的研究成果，这些文献往往令人受益，更容易让研究者“站在巨人的肩膀上”获得更大的启发和成就。

（三）多了解研究问题的现实情况

研究者通过文献查阅掌握了研究的具体状况后，还需要做初步的实地调查，去了解研究问题的现实情况。通过调查、访问、观察等，对有关问题的实际情况加以了解，做到对现状心中有数，使研究者对所要研究问题的实际意义、价值以及研究的条件或可能性等有进一步的掌握，在此基础上，才能确定课题和设计出可行的方案。

---

① 张燕，邢利娅.学前教育科学研究方法[M].北京：北京师范大学出版社，1999：168.

第三节　文献的阅读与整理

一、学前教育研究文献的阅读

(一)文献阅读的目的

1.掌握基本理论和基本知识,了解研究问题的历史背景和现实情况

任何研究的开展都需要理论知识的支撑,需要借助理论来指导研究。研究者在确定题目时,必须积累一些有关的基础知识和基本理论,才能初步确定课题。在研究课题确定之后,还需要进一步查阅有关教育理论,以及一些有关的文献资料等,以便帮助研究者树立正确的指导思想,获得探讨研究问题必备的一般理论概念。例如,要研究有关学前教育课程的问题,就需要查阅政府相关部门颁布的有关指导性文件及法律法规。又如,要研究有关儿童社交能力方面的课题,就需要去查阅与儿童发展相关的理论和知识,了解儿童社交能力所涉及的心理因素、结构成分及发展过程等,在基本理论和概念方面做好准备。

通过查阅文献资料,我们可以了解与所要研究的问题有关的历史背景,弄清问题的来龙去脉。例如,要研究有关儿童的合作这个课题,通过查阅文献,可以了解到这个问题最早是在什么情况下提出来的。通常,在科研论文或学术专著之后,会列出一些主要的参考文献,包括著作和文章名称、作者、发表时间及出版社。这对我们查阅更多的有关文献,追根溯源,是非常有用的。同时,通过查阅文献资料,我们可以了解到所要研究的课题在当下研究中的现实情况,研究者已经做了哪些工作,还有哪些工作是等待完善的,这可以有效防止研究者做重复的工作。

深入查阅文献,对有关问题做认真考察,有助于研究者从整体上加以把握和认识,把问题放在相互关联的系统中,系统、全面考察,避免孤立地研究某一现象。①

2.了解有关领域的研究现状,学习借鉴有关研究方法

科研是一个系统的工作过程,往往需要“站在巨人的肩膀上”开展工作,因此,作为研究者需要掌握前人的研究成果,在前人的研究成果上开展工作。通过查阅文献,可

---

① 张燕,邢利娅.学前教育科学研究方法[M].北京:北京师范大学出版社,1999:167.

以熟悉和掌握有关课题的研究状况，看别人对这个问题是已经解决了还是部分解决了，或是还在继续研究之中，了解已有研究涉及的范围、问题获得解决的程度。

在查阅文献资料的过程中，研究者要特别注意他人的研究所运用的方法，获得启发和借鉴。这不仅有助于设计自己的研究方案，也可以吸取他人的教训，少走弯路。

（二）文献阅读的方法

谈到文献阅读，我敢肯定地说，每个人在他们的求学生涯中都曾经听到自己的教授说过，你得“批判性地阅读”。但问题在于，这些善意的建议听起来总是空洞无物，让我们无从下手，不能够明确地教我们怎样做好文献阅读这件事。市面上关于指导文献阅读的书也总是模棱两可，有些书告诉读者，对文献的出色评判来自细细研读；而有的书则告诉读者要保持批判性视角。但究竟什么样的阅读才算是批判性的阅读？

菲利普博士在自己的书中给出了答案。不少学者认为，批判性阅读之所以重要，是因为它能够激发读者产生新的观点，新的主张。然而，问题是社会科学期刊中的研究论文本身就必定充满着新的、有待完善的观点。现有文献中的空白或不足，或者说新观点的缺乏，正是学者们撰写期刊论文的理由。因此，批判性观点已经影响和嵌入了期刊读者，要做的就是在已有文本中将其解码。菲利浦博士认为，写作者之所以难以形成新的观点，并不是因为新观点不存在，而是因为他们没有掌握文本批评或批判性阅读这一艺术。而通过他给出的阅读密码表，研究者们就能够在阅读社会科学期刊文献时，采用结构路线、技术路线和语法路线对这些文本进行解码，从而让研究者能最大程度地对文献进行批判性阅读，获得更多的信息。

菲利普博士针对社会科学期刊文献的阅读密码表①

密码在文中的位置	密码缩写	名称	含义
前言	WTD	他们要什么（What They Do）	他们要在论文/书中做什么；这一密码是提炼出了作者在文本中提出的主要问题
文献综述	SPL	现有文献综述（Summary of Previous Literature）	该句、该段或该页给出了前人研究结果的简要综述，该过程要求大量的提炼工作，要理解复杂的观点并把它们浓缩为几段话或几句话，本领高超的作者甚至能将其浓缩为一句话

① 菲利普·钟和顺．会读才会写：导向论文写作的文献阅读技巧[M]．韩鹏，译．重庆：重庆大学出版社，2015.

续表

文献综述	CPI	现有文献批评（Critique of Previous Literature）	作者评论先行者著述的学术文献，并指出其局限，CPL与POC，GAP以及SPL，都有概念联系，因为已有文献的理论、方法论和分析工具方面的不足，正是目前研究的必要性之所在。CPI常常会紧随SPL，因为作者首先要提供一些思想做靶子才能进行批评
文献综述	GAP	空白（Gap）	作者（可能以某种有系统的方式）指出现有文献中缺失的成分，如果GAP和CPL得以恰当操作，那么，读者就应该能够在作者明示之前就预测出RAT
文献综述	RAT	理论依据（Rationale）	作者在此处提供依据，证明其研究是必要的，有理由的，作者给出现有文献的CPL和GAP后，应该顺理成章地、逻辑清晰地推导出RAT
研究结果/讨论	ROF	研究结果（Results of Findings）	描述该文的主要研究结果，该密码常常先后出现在摘要、研究结果和结论部分，因为在大多数社会科学期刊中，要求对这一点反复强调至少3次
讨论	RCL	与现有文献观点一致的研究发现（Results consistent with Literature）	描述该文和现有文献观点一致的研究发现。也就是说，作者自己的研究工作支持其他人已经做出的研究工作
讨论	RTC	与现有文献观点相反的研究发现（Results to the Contrary）	描述该文和现有文献观点不一致的研究发现。也就是说，作者自己的研究工作并不支持其他人已经做出的研究工作
结论	WTD	他们做了什么（What They Did）	作者们在文章书中做了什么？这是由WTD顺理成章导出的姊妹问题。这一密码提炼出了作者在文本中已经回答的主要研究问题，作者正是借此对主题的相关文献做出自己的一分贡献
结论	RFW	对未来研究的建议（Recommendations for Future Works）	目前的研究工作还不完善，作者针对目前文献仍存在的研究空白（GAP），提出路线图，借此对其他研究者的未来研究提出建议
阅读策略			
	POC	批评点（Point of Critique）	现有文章或文件中的一个缺陷，可供你（学生与作者）批评，并在未来的论文中针对其加以弥补
	MOP	明显的遗漏点（Missed Obvious Point）	你所阅读的文献的作者明显忽视了与先前文献的理论、概念或分析方法上的某一联系。（MOP常常是由于文章作者文献阅读不充分或不全面所导致的）
	RPP	待探讨的相关问题（Relevant Point to Pursue）	尽管这一密码未能指出现有文献的任何局限性或空白点，但该点提出后，可以成为未来文章的POC，很明显，RPP的出现一定意味着MOP和GAP的存在。
	WIL	能否（Will）	将这一理论和概念联系加以逻辑梳理以得出相应结论，来化解文章中随处可见的矛盾和解决待解决的问题

拓展阅读

文献分析的新方式 citespace

Citespace是一款应用于科学文献中，识别并显示科学发展新趋势和新动态的软件。按照传统的方式，我们只能通过大量的阅读之后自己总结和分析已有的文献，这往往需要花费大量的时间。从已有经验来看，无论是做人文科学还是社会科学的研究，花在文献阅读上的时间约占整个研究的30%~50%。Citespace可对Web of Science，Scopus，Pubmed，CNKI等主流数据库的海量文献进行主题、关键词、作者单位、合作网络、期刊、发表时间，文献被引等内容的可视化分析，能够帮助研究人员快速理清某一领域的发展历程，找到该领域内的关键文献和主要研究团队，识别出该领域的研究前沿和发展趋势，可极大地提高文献调研效率；能够帮助研究人员快速梳理不同的研究领域之间是如何相互关联的，基于一定知识基础的研究前沿是如何发生演变的，在某个研究领域中哪些文献是具有开创性的和标志性的。下图就是对“农村教育”相关关键词进行分析后得到的可视化图形。目前，越来越多的研究者开始借助这款开源的免费的软件进行高效的文献分析。

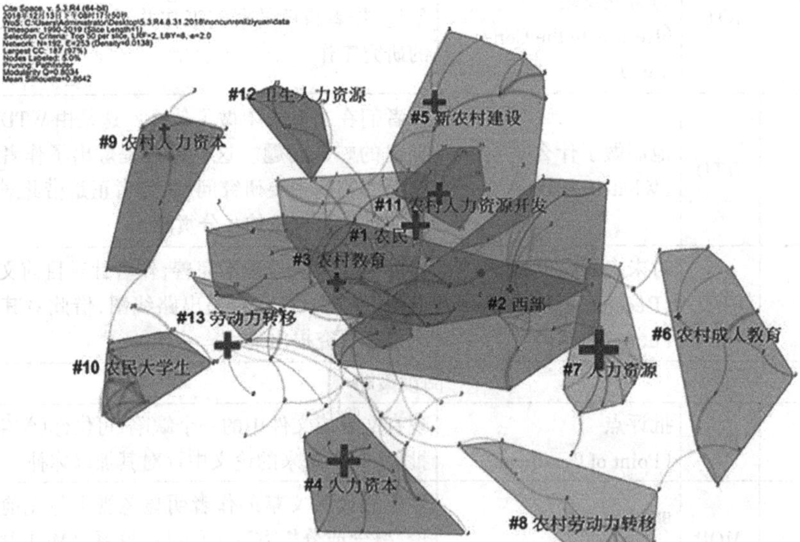

第四节　撰写文献综述

研究者在收集、整理并阅读了大量的学前教育科学研究文献之后，接下来的一步就是对有关课题的研究成果进行系统、全面的综合叙述和评价，以便更好地论证选题，做好研究设计等工作。这就是我们要讨论的下一个话题——文献综述。

一、撰写学前教育研究文献综述

学前教育科学研究文献综述是学前教育科学研究文献的综合评述的简称，是指在全面收集有关学前教育科学研究文献资料的基础上，经过归纳整理、分析鉴别，对一定时期内某个学科或专题的研究成果和进展进行系统、全面的叙述和评论。

学前教育科学研究文献综述的目的是通过深入分析过去和现在的研究成果，指出目前的研究状态、应该进一步解决的问题和未来的发展方向，并依据有关科学理论，结合具体的研究条件和实际需要，对各种研究成果进行评论，提出自己的观点、意见和建议。但需要我们注意的是，文献综述不是对以往研究成果简单地介绍与罗列，而是经过作者精心阅读后，系统地总结某一研究领域在某一阶段的进展情况，并结合本国本地区的具体情况和实际需要提出自己见解的一种科研工作。

查阅文献后进行文献综述是开展下一步研究的基础工作。学前教育科学研究文献综述的目的主要在于以下几个方面：①明确自己的研究问题是否被研究过。如果被研究过了，你应该根据其他研究的结果修正你的研究问题或者重新寻找一个研究问题，除非你觉得有必要重复已有的研究。②帮助你形成具体的研究问题。③给你一些如何实施和设计这项研究的想法，以便你能够回答自己的具体研究问题。④在方法论上获得启示。例如，开展这项研究需要特殊群体或者特殊设备吗？如果需要的话，这些文献可以提供寻找设备或者确定研究所需的特定参与群体的线索。⑤通过文献综述能够确定合适的数据收集工具。①

二、学前教育研究文献综述的结构

学前教育科学研究文献综述要求向读者介绍与主题有关的详细资料、动态、进展、

① 伯克·约翰逊，拉里·克里斯滕森，教育研究：定量、定性和混合方法[M].马健生，等，译.重庆：重庆大学出版社，2015：60.

展望以及对以上方面的评述，而一般研究性论文注重研究的方法和结果。因此，学前教育科学研究文献综述的结构与格式和研究性论文略有不同。一般而言，学前教育科学研究文献综述的形式可以多样化，但总体而言，其结构一般都包含以下四个部分：前言、主题、总结和参考文献。

前言主要是说明写作的目的，介绍有关的概念、定义以及综述的范围，扼要地说明有关主题的现状或争论焦点，使读者对全文要叙述的问题有一个初步的轮廓。这一部分应力求做到突出重点、简明扼要。

主题是综述的主体，写法可以多样化，不必拘泥于固定的格式，可根据作者自身的写作习惯灵活运用。研究者既可按年代顺序综述，也可按不同的问题进行综述，还可按不同的观点进行比较综述，不管用哪一种格式进行综述，都需要将所收集到的文献资料进行归纳、整理及分析比较，同时阐明有关主题的历史背景、现状和发展方向，以及对这些问题的评述。主题部分应特别注意代表性强、具有科学性和创造性的文献引用和评述。要强调的一点是，在该部分切不能照搬照抄，而不呈现作者自己的观点。综述是有自己观点的加工提炼，而不是一味堆砌文献。

总结与研究性论文的小结有些类似，将全文主题进行扼要总结，对所综述的主题有研究的作者，最好能提出自己的见解。

参考文献一律放在文后，参考文献的格式一般按照不同刊物、出版社的要求灵活调整。使用较多的是APA格式(美国心理学协会写作格式)。参考文献是文献综述的重要组成部分，它不仅表示对被引用文献作者的尊重，也是引用文献的重要依据，并且它为后来的研究者深入探讨有关问题提供了线索。因此，切不可对参考文献马虎待之。

三、撰写学前教育研究文献综述的基本要求及步骤

(一)撰写学前教育研究文献综述的基本要求

一篇好的学前教育科学研究文献综述，应该是有较完整的文献资料，有学者的评论分析，并且能够准确地反映所研究的主题内容。因此，对于文献综述的写作，既不能写成读书笔记或者读书报告，也不能写成一般的科研论文。所以在进行学前教育科学研究文献综述时，应该注意以下几个方面：

1.收集文献应尽量全。掌握全面、大量的文献资料是写好综述的前提，否则，随便收集一点资料就动手撰写是不可能写出好的综述的，甚至写出的文章根本不成其为综述。

2.注意引用文献的代表性、可靠性和科学性。在收集到的文献中可能出现观点雷同者，有的文献在可靠性及科学性方面存在着差异，因此在引用文献时应注意选用代表性、可靠性和科学性较好的文献。

3.参考文献不能省略。有的科研论文可以将参考文献省略,但文献综述绝对不能省略,而且应是反映主题全貌的并且是作者直接阅读过的文献资料。

4.要注意区别文献中的观点和文献综述者本人的观点。在历史发展部分可以比较、分析文献中的各种观点;在现状分析、趋势预测和改进建议部分可以充分发表文献综述者本人的观点。

5.文献综述的重点是比较和评价,不是具体介绍自己的研究成果,因而,不宜将自己的研究工作放在综述之中进行自我评价。即便提到自己的研究,也应同样客观对待。①

(二)撰写学前教育研究文献综述的步骤

文献综述的撰写步骤一般可分为:文献的阅读和加工分类;文献的加工整理和评论;预测趋势或提出有待进一步研究的问题。

在确定题目之后,我们进行了大量文献的收集,为了最大化地利用这些文献,接下来就要对文献进行阅读和分类。文献阅读是全面掌握文献观点内容、研究设计、研究方法的过程,同时也是写好文献综述的基础。在进行文献阅读的时候,首先我们要按照作者的研究思路及对相关概念的界定,全面分析文献观点,理解作者是在什么层面和意义上使用概念的,避免产生歧义。在阅读时要做好笔记,详细系统地记录各个文献中研究的问题、目标、方法、结果和结论。在阅读的同时,也要批判地分析其中存在的问题和观点的不足之处。我们可以带着以下问题来进行文献的阅读及分类整理:①这篇文章的核心目的是什么?②这篇文章对我们所研究的问题的贡献是什么?③你对这篇文章当中最感兴趣的点是什么?

对文献观点的加工整理和评论是撰写文献综述的关键步骤。在这一步,我们要去认真地阅读评估文献,可以就以下两个问题进行思考:这篇文章当中主要的贡献和缺点是什么?在这篇文章中,与我的研究最相关、最重要的挑战或者新发现是什么?当我们在对不同的观点进行合理的分析、比较和评价时,我们要保持思维的自主性和独立性,既要发现优点,也要指出不足,做到客观公正,不可吹毛求疵。

文献综述的最后一步是在阅读文献的基础之上总结当前该学科领域在国内外的主要研究成果及其应用价值、实际意义,指出目前存在的主要问题,对今后的发展趋势和前景进行展望,从而提出新的研究设想、研究内容。这也是文献综述的点睛之笔。

本章小结

本章作为学前教育科学研究理论基础的章节,重点介绍了学前教育科学研究文献查阅的方法和步骤。其核心内容总结如下:

① 张宝臣,李志军.学前教育科学研究方法[M].上海:复旦大学出版社.2007:41.

1. 学前教育科学研究文献是指记载了和学前教育研究相关的信息和知识的典籍，包括各种手稿、书籍、报刊、录音、录像、幻灯片、软盘和光盘等，它是对人类从事教育活动，尤其是学前教育科学研究的客观记录。

2. 学前教育研究的文献分布呈现出分散的特点，且形式多样。常见的学前教育文献分布于书籍、报纸和期刊、教育档案中以及网络上。

3. 学前教育文献查阅主要包括三个阶段：分析和准备阶段、搜索阶段、加工阶段。

4. 学前教育研究文献查阅的方法很多，大致可以将其分为以下几大类：(1)利用检索工具查找法；(2)参考文献查找法；(3)综合查找法。

5. 在查阅文献时，我们应当注意的问题是：选题与查阅文献交叉，阅读与思考相结合；扩大阅读范围，拓展思路；多了解研究问题的现实情况。

6. 学前教育科学研究文献综述的形式可以多样化，但总体而言，其结构一般都包含以下四个部分：前言、主题、总结和参考文献。

7. 文献综述的撰写步骤一般可分为：文献的阅读和分类；文献的加工整理和评论；预测趋势或提出有待进一步研究的问题。

思考与实训

1. 如果现在你要开展“将民间科技游戏融入幼儿园课程建设”的研究，你将从哪些渠道收集文献？可以借鉴哪些学科的文献？

2. 结合实际，谈一谈如何将收集来的大量文献进行取舍。标准是什么？

专题探讨

“养育孩子是一种幸福的体验吗？”是否要养育一个孩子是每个家庭必不可少的话题。在婚姻中子女的出现往往会给父母的婚姻生活赋予新的意义。因此，人们常常认为养育子女是婚姻生活中的一项重要内容，而且是一件令人感到幸福的事情。然而，抛开养育生命这一神圣的议题，把一个懵懂无知的小婴儿养育成人并不是一件容易的事情，父母在养育孩子的过程中其情感体验也并不都是轻松愉悦的，这一养育过程甚至是充满压力的。Crnic 和 Low(2002)认为，为人父母和养育子女是一项非常复杂且充满压力的活动，而这一过程很有可能会导致养育倦怠的产生。

探讨：针对上述现象，你将从哪些角度查阅文献？你将如何选择关键词来确定自己的研究范围？你将通过哪些途径查阅相关文献？

第四章

观察法

学习目标

- 理解观察法的类型、适用范围、作用及意义；
- 能够根据实际需要设计观察量表并记录幼儿行为；
- 能够对记录的幼儿行为内容进行描述及分析。

学习重难点

- 重点：能够理解观察的方法、步骤并有针对性地设计观察量表；
- 难点：能够使用量表记录观察的行为，正确解读记录的内容并进行一定的分析。

案例破冰

陈鹤琴连续808天的跟踪观察

1920年12月，陈鹤琴的大儿子一鸣出生了。从这天起，陈鹤琴对他进行了连续808天的跟踪观察和实验，然后将这808天中每一天他所观察到的和实验的内容，一一用文字和照片记录下来，从而建立起了一份字与形相结合的儿童成长档案，这就是陈鹤琴的“808档案”。

在这808天的档案中，陈鹤琴详细记录了在一个新生儿的成长过程中，其感觉、动作、游戏、智力、身体状况、思维方式、情绪变化、出声发音、模仿能力等发展情况的基本特征。从中可以看到作为观察对象的儿童好动、好奇、好模仿、喜欢合群、喜欢成功、喜欢被称赞、喜欢户外体验等身心习性。

陈鹤琴后来根据这些记录进行系统研究，总结出了儿童身心发育的不同阶段，主张将孩童从出生到六岁前，分为四个时期：新生婴儿期；乳儿期(从出生至一岁左右)；步儿期(一岁至三岁左右)；幼儿期(三岁至六岁)。

与随意观看相比，有意义的观察活动要远比用照相机拍照复杂得多，相机捕捉图像不受其意义的影响。人的眼睛也捕捉图像，但人的眼睛与大脑相连，能够理解这些图像并赋予其意义。人类具有其他的一些感觉，如听觉、嗅觉、触觉和味觉，它们也接受了来自大脑的有意义的感觉信息。观察包括有目的地获取儿童行为中的信息，并给这些信息赋予意义，促进儿童成长、发展和全面幸福。

第一节 观察法概述

意大利著名教育家蒙台梭利说："唯有通过观察和分析，才能真正了解孩子的内在需要和个别差异，以决定如何协调环境，并采取应有的态度来配合儿童成长的需要。"

一、观察法的意义及定义

假设你在路上开车，突然听到车子发出异响，你会怎么做？

调大音响声音，掩盖住车内噪音？

不管它，继续开？

把车开到安全的地方，停下来进行检查？

打电话给朋友求助？

同样的方法也适用于儿童，假设在户外观察一群儿童游戏时，你发现有一名儿童没有参加游戏，也不与其他儿童交流，那你会怎么做？

不管他，就当没看见？

走过去和孩子谈谈，看他是否有事？

告诉另外一位同事？

采取其他行动？

无论是对于开车还是对于儿童的问题，忽视都不是好的选择，我们要解决问题就必须知道问题的原因，对于儿童的问题来说，观察、评价、给出建议是较为恰当的方式。

观察法是在自然条件下有目的、有计划地观察和记录儿童的行为（儿童的种种表现），以此来研究儿童心理发展规律的方法。

观察的意义包括但不限于以下几个方面

①观察可以加深我们对儿童发展阶段性的理解；

②观察可以用来收集有关儿童发展与进步的相关信息；

③观察可以支持标准评价测验；

④观察可以帮助教师、家长等相关工作人员明确幼儿的动机与想法；

⑤观察可以帮助解决幼儿生活、学习、发展中的问题。

基于观察的信息，我们应该可以回答下面的问题：

·这名儿童为什么这么做？

·可以在哪些领域采取哪些支持性措施？

·应该采取哪些措施来满足儿童的需要？

经典研究介绍

珍妮·古道尔(Jane Goodall)被誉为“世界上最了解黑猩猩的人”，作为传奇古人类学家利基的三大女弟子之一，她对野生黑猩猩进行了长达26年的研究。我们对于黑猩猩的许多认识都来自她的长期观察，比如黑猩猩制造工具的能力、进食的方式、狩猎行为和社会组织。古道尔彻底打破了人们对黑猩猩的刻板印象，但其实，她最初前往非洲与古人类学家利基相识时，对灵长类动物没有任何深入了解，有关黑猩猩的研究也改变了她的生命轨迹。1960年的夏天，古道尔在接受了灵长类动物解剖学和行为学的基础培训后，进入了坦桑尼亚贡贝溪野生动物保护区，开始对黑猩猩进行观察。1965年，31岁的古道尔博士毕业，她得到了更多的资金支持，以便继续对黑猩猩进行研究。《我在黑猩猩中的生活》《我的朋友们：野生黑猩猩》等文章，以及纪录片《古道尔小姐与野生黑猩猩》让她在非洲的工作为人所知，也让人们对黑猩猩有了全新的认识，如黑猩猩的社交行为、肢体语言、社会组织、生活习性等。1986年，52岁的古道尔结束了在贡贝溪保护区与黑猩猩的生活，从1960年进入黑猩猩群体开始算，整整26年的时间，她都与黑猩猩相伴，她将所有的研究集结在了《贡贝的黑猩猩：行为模式》一书中。

观察法不同于一般的随意观看，许多人都在动物园见过黑猩猩，但是只有珍妮·古

道尔博士通过深入的观察做出了卓越的研究。好的观察应当至少具备以下特征。

(1)科学的观察是有目的、有计划的感知活动。科学观察的目的性,表现在对观察所要解决的问题、所要获取的资料有预先明确的规定与界定。科学观察的计划性,表现在对观察活动的时间、顺序、过程、对象、仪器、记录方法与手段等都有预先的安排和准备并照此进行。

(2)观察一般是发生在"自然情景"下的,也就是说,研究者对所观察现象发生的情景不加控制,不加干扰,以确保观察对象的"自然性"。

(3)观察需要借助一定的工具。观察的工具可以是研究者本身,也可以使用摄像机、录音笔等记录设备。

(4)科学观察不仅仅是感官活动,还包括理性思考。观察总是受到理论的影响,也应该基于理论的指导,通过理性思考把握感官经验。观察者需要掌握一定的理论知识,这样才能更好地解释观察所得到的材料。

二、观察法是最适合研究幼儿的方法

观察法是在自然情境中进行的,不需要被观察对象做出特别的反应,这就特别适合对学前幼儿进行研究,可以在他们真实、自然、放松的状态下对他们进行观察研究。

首先,观察法对被观察对象要求条件低,不像问卷、实验等方法需要被研究对象具有一定的语言理解和书面阅读理解能力,他们只需要在自然情景下做他们的事情即可。例如,对于儿童的观察,并不要求儿童做什么,儿童只需要正常游戏即可。

其次,观察法对研究条件控制的要求很低,在科学实验法中,需要对实验的条件进行比较严苛的控制,如性别、年龄、行为等。但是在对幼儿的研究中,幼儿的许多行为相对是不可控的,所以观察法是更为合适的方法。

再次,观察法保证了研究的真实性和生态性。实验法虽然控制严格,但也因为控制严格,可能会导致生态效度不够高,许多研究结果在严格控制的实验室中可以出现,但是在实际应用中没有实验室那么好的效果。例如药物研究,在大鼠身上可能效果不错,但是真正投入使用后不会有实验室那么好的效果,因为用药的人本身可能会有其他基础性疾病,每个人的身体状况不同,以及使用其他药物的影响等。而观察法对被试及研究条件都不加以控制,保证了研究的生态效度。

最后,观察法可以立体地、直观地了解儿童。当我们把儿童放在自然情境下进行观察时,观察者可以多角度地了解儿童,看到被观察儿童与背景的关系,获得对被观察对象全面立体的了解。儿童的行为背后的原因是复杂的,只有将他们放在自己的生态系统中来观察的时候才能更好地理解他们。

三、观察的类型

（一）直接观察与间接观察

直接观察是指通过感官在研究现场直接观察研究对象的活动。例如观察者直接在幼儿园对幼儿进行观察。间接观察是指通过某些仪器设备来观察研究对象的活动，如借助录音、录像等设备进行观察。

（二）自然观察与实验观察

根据对象是否受控制，可以区分自然观察与实验室观察。当研究对象不受控制，而是在自然情境中活动时，这种观察可以称为自然观察。在自然观察条件下，不对被观察的对象进行任何干预。例如，研究者要了解某个儿童的交往情况时，可以对该儿童进行一段时间的自然观察，了解他经常跟哪些儿童一起游戏，观察他们的游戏内容、游戏时间、交往时候的语言等内容。

如果研究者操控或者改变了条件，就可以称为实验观察。例如在幼儿研究中著名的“棉花糖实验”就是实验室观察。研究者将幼儿单独安置在房间中，告诉他们现在你面前有一块棉花糖，你可以选择吃掉或者等一下。如果幼儿能够等到实验人员回来就可以得到两块棉花糖，通过观察幼儿的行为来观察他们是否能够“延迟满足”。

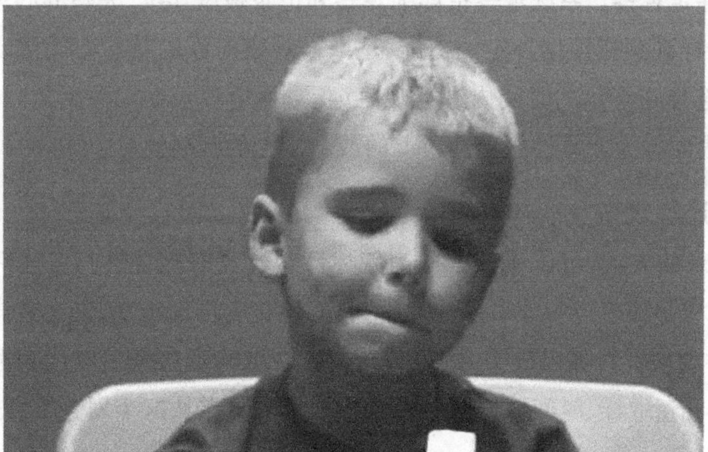

棉花糖实验

（三）参与式观察与非参与式观察

根据观察者是否直接参与到被观察者从事的活动中，可以将观察区分成参与式观察与非参与式观察。参与式观察是案例研究和质性研究的重要组成部分，也是社会调查研究的重要方法，最早由Linderman（1924）提出，他将社会科学研究中的观察者分为“客观的观察者”(类似于“非参与式观察者”)和“参与式观察者”。参与式观察起源于“田野工作”(Field Work,也称“田野作业”“田野方法”等),这种方法第一次应用于马林诺夫斯基在特罗比恩岛上的实地调查研究中[①]。参与观察要求观察者参与到观察对象的活动中去,以便收集全面而深入的信息,了解研究对象行为发生、发展的全过程。

非参与式观察中,观察者不参与,也不改变观察对象自然的活动状态,只是作为一个“局外人”进行观察,非参与式观察尤其适用于观察者的参与会严重影响被观察者的正常活动的情况。

(四)结构化观察与非结构化观察

按照观察内容和方式是否具有明确的形式结构,观察法可以分为结构化观察和非结构化观察。结构化观察中事先设定了统一的观察内容和项目,观察过程中采用统一的记录方法(如设计好的记录表等),而且对所有观察对象使用同样的观察方法和记录方法。非结构化观察中,只有大致明确的观察目的,允许观察者根据当时当地的具体情景调整自己的观察内容和记录方法,观察活动有一定的开放性和变通性。

(五)系统观察、取样观察和评定观察

根据观察内容是否连续完整以及观察记录的方式不同,观察可以分为系统观察、取样观察和评定观察。系统观察指详细观察和记录被试连续、完整的心理活动事件和行为表现;取样观察指根据一定的标准,选取被观察对象的某些心理活动和行为表现进行观察或选择在特定的时间内进行观察记录;评定观察要求在反复观察的基础上,采用评定量表对行为或事件做出性质上的或数量上的判断。

(六)叙述性观察及取样观察

根据记录的方式,可以将观察分为叙述性观察及取样观察。叙述性观察也称描述性观察法,它是随着行为或事件的发生,自然地将它再现出来,观察者详细地做观察记录,然后对观察资料加以分类,进行分析研究。取样观察是抽取代表性样本进行研究,包括目标儿童取样、时间取样和事件取样。本书重点从这个划分维度进行讲述。

四、观察研究的步骤

第一步:确定观察的目标

目标应该是:

儿童中心的:观察幼儿时应当是儿童中心的,不需要也不能加入自己的主观臆断,

① 李麦浪.“参与式观察”在幼儿教育中de实际运用(一)——莹莹发现玩具图书过程的观察实例与分析.教育导刊.幼儿教育(5),2002(12),21-24.该文献名中的“de”应为“的”。——编者注

应当尝试从儿童的角度出发去理解儿童。例如,当我们看到儿童在区角游戏的时候弄倒了装玩具的篮子,这时候不能主观地臆断是幼儿调皮不守规则,因为这很可能是因为他们手上没有足够的力量,拿不动篮子造成的。

聚焦的:在观察过程中,会出现很多活动,但观察者应当关注的是那些与观察目的紧密相关的内容。例如,当我们观察幼儿A的游戏时,会有幼儿B、C、D等与A一起玩耍,在进行观察时,需要保证始终聚焦在A身上。

准确的:观察的目标应当是准确的,例如,有的学生在开始尝试进行观察的时候说,要观察幼儿的"进餐行为",但"进餐行为"是个相对模糊的概念,经过进一步的思考之后,明确为进餐过程中的"挑食行为",这就是更为准确的目标。在观察时,最好能够给需要观察的行为下一个操作定义,描述出是哪一种具体的行为,这样有助于观察者进行准确的观察和记录。

可以达到和可测量的:观察的对象应该是研究者可以直接或者间接触及的,例如我们观察幼儿的某种行为,这就是外显的、可触达的。但是如果说要直接观察幼儿的心理活动是不现实的,例如,幼儿会撒谎,我们可以观察到幼儿撒谎的行为,并且依据幼儿的行为来推断幼儿撒谎的行为。但是我们不可能直接观察到幼儿撒谎的心理过程。研究者观察的内容也应当是可以测量、可以记录的,例如观察幼儿发火可以观察他的持续时间,幼儿喝水可以记录喝水行为的频率。

有依据的:依据发展里程碑或依据发展常模,或依据某种理论和观点。对于绝大多数的研究者来说,观察的内容应该都是有某种理论根据的,例如儿童认知发展理论、儿童情绪发展理论、儿童人格发展理论等。

第二步:制订观察计划

观察之前必须考虑以下问题。

观察的时间:研究者需要考虑何时进行观察。最好能保证在该时间段内自己观察的行为会发生,同时,也尽量不打扰幼儿的正常活动。

观察的活动类型:在观察前需要明确观察的活动类型,并根据自己的目的设计恰当的记录表单。例如记录幼儿体育活动的表单与记录幼儿社会性交往的表单肯定是不同的,所以,在观察前需要尽量考虑到观察的目的,并设计适合的记录表单。

观察者在场景中的位置:根据不同观察的目的,观察者可以直接或者间接地进行观察。观察者可以直接加入到幼儿的活动中,也可以在旁边观看,或者借由摄像机记录幼儿的活动。在对幼儿的观察中,尽量采取对幼儿活动打扰最少的方式进行观察,保证观察的有效性。

第三步:把观察格式化,以包含必要的信息

做观察记录时,通常要考虑以下必要信息:

1.观察的日期——时间是一个关键变量,知道观察是什么时候进行的对于后续的分析工作非常重要。

2.观察者的名字——说明是谁实施的观察,以备万一需要跟进时使用。

3.观察中用来指代儿童的名字——为了记录及保护隐私等原因,我们通常使用首字母缩写来写观察记录,但我们仍然需要知道儿童的准确姓名以备后续研究或者实施教育改进等。

4.儿童的准确年龄和性别——年龄是儿童发展的重要变量,年龄的记录至少要精确到月龄。

5.观察的起止时间——让你了解儿童的活动持续了多长时间,对于后续的分析有重要意义。

6.采用的观察方法——这一记录有助于你将来判断这种方法是不是适合该情境的最佳方法。

7.观察目的——简要地概述你本次观察想要了解什么

8.目标——必须是能够达到的,并且是可以测量的

9.涉及的成人和儿童数量——儿童和成人的数量是观察应包括的重要信息,它能够提供观察的总体背景,有助于分析与评价观察数据。

10.对场景的简单描述——场景中的其他人、物都可能影响儿童的行为,观察者最好记录下幼儿周边尤其是与幼儿有互动的人,他们可能会影响到幼儿的行为和反应。

11.署名——用来确认观察记录是所发生的事情的真实记录。这样能增强观察的可信度和真实性。

第四步:保密性与使用许可

保密性是观察儿童的一个必要方面。有关儿童的全部记录都应该放在安全、可靠的地方,如非必要不向其他人公开。有关儿童的信息一般只能和儿童的父母及法定监护人分享。当计划对儿童进行观察时,应当获得儿童父母的许可,最好用书面形式记录父母的许可并由父母签名确认后存档。

第二节　叙述性观察法及其应用

叙述性观察法也称描述性观察法，它是随着行为或事件的发生，自然地将它再现出来，观察者详细地做观察记录，然后对观察资料加以分类，进行分析研究。

一、结构化观察法

结构化观察法，也称结构式观察法，指观察者事先确定观察样本和观察项目，并设计记录观察结果的指标。因此，与非结构式观察法的探索性截然不同，结构式观察法建立在对所观察的事物的深入了解的基础上，并设计严格的记录表格，对资料进行准确的分类、记录、编码。结构化观察法在观察前要提出假设，为此要计划一个标准化的手段，即要有一个要观察的项目的清单，即观察范围。

在对幼儿的结构化观察中，往往是依据某一具体的技能或常模开展评价，并设计一个具体的活动。幼儿的发展核检表就是有结构的观察。

结构化的观察由于设计比较清晰，通常可以使用表格进行记录。

例子：某幼儿园中班发展核检表（局部）

某幼儿园中班发展核检表（局部）

班级：中二班　　　　幼儿姓名：　　　　时间：

项目	观察内容	标准	教师评价	家长评价
身高		(　　　)cm		
体重		(　　　)kg		
视力		(　　　)		
身体运动能力	行走	能连续行走1.5公里左右（途中可适当停歇）		
	跑	能快跑20米左右		
	跳跃	能助跑跨跳过一定距离，或助跑跨跳过一定高度的物体		
		能单脚连续向前跳5米左右		
	钻爬	能以匍匐、膝盖悬空等多种方式钻爬		
	平衡	能在较窄的低矮物体上平稳地走一段距离		
	抛接球	能连续自抛自接球		
	投掷	能单手将沙包向前投掷4米左右		
	力量	能双手抓杠悬空吊起15秒左右		
	灵敏性	能沿轮廓线剪（画）出由直线构成的简单图形，边线吻合		
		会使用筷子		

优点：

能够将关注点集中于一个具体活动，能够获得有关儿童以及某一具体技能的大量数据。记录时比较方便、高效。

缺点：

因为观察情景是人为设计的，儿童的行为可能与他们平日的表现不一致，由此提供的有关儿童能力和技能的数据可能是不准确的，数据的收集可能会受到限制。

二、轶事记录法

轶事，是指独特的事件，也可以是观察者非常感兴趣的、有意义的事件。顾名思义，就是观察者将自己感兴趣的，并且认为是有价值的、有意义的儿童行为和反应，以及可表现儿童个性的行为事件记录下来以供分析。轶事记录法记录的是幼儿显著的新行为；而且它是有主题的，要将整个事件的发生顺序完整详细地记录下来。轶事记录法不仅要记录被试的言谈行为表现，还要记录被试行为表现的背景及其他人在场的活动。轶事记录法是教师常用的一种方法，它可以帮助教师了解幼儿的个体差异、个性特征、各种行为习惯产生的机制，以便有的放矢地进行教育干预。

幼儿观察——轶事观察记录表

观察者：某教师	观察对象：某3岁幼儿
观察时间：2017年3月15日14:05—14:45	观察地点：教室
事件描述： 观察环节幼儿在建构区进行桌面建构游戏，使用材料为管道型积塑建构材料。幼儿双手能够娴熟地操作材料进行接插的建构，且值得注意的是，该幼儿区别于其他幼儿的建构在于，他的建构十分熟练且富有创意。 幼儿在完成了第一次搭建后，主动呼唤老师："老师，你看我搭的。"教师询问了幼儿搭的是什么，幼儿回答说："是城堡"（偏垒高），教师在鼓励和赞美了幼儿作品后，第一次无更多语言。 接着幼儿自行完成了第二次变形，依然主动呼唤老师："老师，你看我搭了新的城堡。"教师及时回应幼儿，并描述了"城堡"的变化（城堡有了横向对称的部分出现，不再只是简单的垒高），之后老师说："柄柄，想一想城堡还可以变得不一样吗？" 幼儿没有回应，直接进入了第三次建构，本次结束后，幼儿没有呼唤教师，只是自己举起观察后，主动跟旁边的幼儿说："你看城堡变形了。"我注意到后，及时拍了照片，这次管道出现了第三个分叉环形，教师依然鼓励了幼儿积极探索的行为，并说道："柄柄，再尝试看看城堡还会变形吗？"幼儿回应："嗯，好的！"情绪很开心积极。 第四次尝试结束后，幼儿主动呼唤老师："老师，快看又有新的变形了！"话语中充满了开心与自信，本次建构，幼儿的管道发生了方位的变换，出现了立体感，并且使用了新材料（圆形轱辘），旋转到了管道上。	

优点：

简单、方便、灵活，无需编制观察记录表格，也不需要安排特别的情境、范围或事件。当事情发生了就随时记录，是一种最简单的观察法，也是教师用得最多的。

它能对某个特殊事件做迅速、正确和详细描述的记录，通常被教师用来观察哪些儿童在一起玩等信息；它虽然简单，但能用最简略的语句将内容描述下来，提供儿童行为发生的前后关系、背景、情境等；它记录的资料清晰，可以根据其进行推断和解释，无需其他客观叙述；资料可以长期保存，提供给后续需要。

缺点：

容易受偏见影响而选择性地记录行为，以记录者的好恶进行偏向性选择。简单的文字描述，容易导致记录者和阅读者在理解文字内容时产生偏差。记录的文字材料比较简练，有时难以真正有效利用。

三、实况详录法

又称持续记录法。它比轶事记录法更详细更完整，要求尽可能详细地捕捉最主要行为或事件的要素，是记录连续行为的最好方法。

记录的内容包括被观察者本身，或与他人互动时所做的每一件事和所说的每一句话，以及被观察者所处的背景、环境场所等。

观察者忠实地按照时间顺序进行记录，以此进行客观的、毫无主观推测的记录。

案例阅读

实况详录法运用案例

午餐前，教师请孩子站在教室内黄点位置，等待桌面消毒完成后上桌，此时A幼儿先站了一个点，很短时间后就被其他同伴活动吸引离开，B幼儿来到黄点区域选择了A幼儿离开后空出的黄点站立，此时A幼儿返回，看到B幼儿站了自己的黄点，上前说："这是我的黄点。"B幼儿无回应，继续站在该点位，A幼儿声音放大再次说"这是我的黄点"，并看向教师A，教师A回应说你们自己解决哦。之后，A幼儿有推B幼儿的行为，B幼儿仍坚持站点，并指着身后说："后面有那么多的点点。"A幼儿未听取，情绪更加明显，更大力气地推向B幼儿，此时B幼儿也用身体做出回应，把A幼儿推倒在地，A幼儿开始哭。B幼儿见状，有点不知所措，但很快选择把A幼儿扶起来，并把点让给了A，自己站到了后面的点位。在整个过程结束后，教师B介入与幼儿B交流："你们刚刚自己处理了一次小矛盾,我注意到虽然你推倒了A,但是你及时把她扶起来了,这是一个很好的行为。”在B教师说完后,B幼儿选择了用生气转头回应。之后,等幼儿上桌后,教师A、B合作对该事件进行回顾总结、教育引导。

优点:

能提供观察当时所发生的全部实况,内容详尽,能永久保存资料;获得的记录资料可用于多种目的下的各种分析;在很多情况下都可以使用,不需要预先准备工具和材料。也可以借助一些设备。使用起来最简单,无需特别技巧和训练;可以对单个儿童,也可以是团体记录。

缺点:

耗费太多的时间精力;而且对观察记录者的观察能力和文字表达能力有较高要求;另外,很多教师不知如何处理收集的资料。

四、日记(也被称为“儿童个体发展日志”)法

日记可以记录下幼儿一日生活的基本信息,如吃了什么食物,睡了多长时间;同时也能记录幼儿的社会性互动以及行为和学业上的进步。连续的日记记录能够勾勒出幼儿身心发展的较为全面的面貌,为儿童教育计划的制订提供良好的支撑。

例:陈鹤琴先生在儿子出生后进行了808天连续的观察。

第11个月……能倚物站立了,他也要倚物行走;未能行走时不宜勉强他行走,以免使两腿弯曲终身受累。

第49个星期:

身体的发展:他能受人提着行走;他能从仰天而睡的姿势翻到背天的姿势;他能扶着东西站起来;他能稍微运用手臂拉抽屉出来;他能匍匐自在。

优点:

能提供较长期的、较详细的一手资料;记录被试发展的真实过程、连续行为;描述被试的生活环境及其各种行为,有利于对行为进行质的定性分析;在个案研究与生态学研究中常用。

缺点:

被试受过良好教育,选择具有偏向性,缺乏代表性;观察者为家长或亲友,容易产生偏差,高估儿童;案例太少,缺乏普遍性;耗费人力物力。

第三节 取样观察法及其应用

一、目标儿童观察

目标儿童观察的焦点集中在一名儿童身上，预先进行较为严谨的设计，并设计好记录符号。例如，使用TC(target child)代表目标儿童，A(adult)表示成人，C(child)代表另一名儿童。下面的案例中使用Man(manipulative play)表示操作游戏，Pre(pretended play)表示表演游戏，Dom (domestic activities)表示洗手等教务活动。

儿童观察记录表[①]

儿童姓名：杰西卡　儿童性别：女

儿童年龄：4岁6个月　观察日期：2004年3月31日

时间	活动	语言	任务	社会群体
1分钟	TC(目标儿童)用带子穿珠	没有，TC(目标儿童)自己哼哼	Man(操作游戏)	Sol(独自游戏)
2分钟	出去拿珠子	TC→A(目标儿童→成人)请A(成人)帮自己够到盛珠子的盒子	Man(操作游戏)	A+TC(成人+目标儿童)
3分钟	继续穿着珠子，这时两名儿童走到桌边	TC→A+C(目标儿童→成人+另一名儿童)告诉他们自己在做什么 A(成人)给予了积极的回应	Man(操作游戏)	SG(小组)
4分钟	TC(目标儿童)把带子套到脖子上，想系成一条项链	A→TC(成人→目标儿童)问她是否认为项链足够长，TC(目标儿童)点头 TC→A(目标儿童→成人)让A(成人)帮自己把项链系紧	Man(操作游戏)	SG(小组)
5分钟	TC(目标儿童)离开桌子去洗手，准备吃点心	A(成人)告诉所有儿童该收玩具了	Man(操作游戏)	Sol(独自游戏)

① Sheila Riddall-Leech.观察：走进儿童的世界[M].潘月娟，王艳云，译.北京：北京师范大学出版社，2008：42.

优点：

可用于多种目的，相对来说比较清楚、易于使用，可以帮助教师集中关注被观察儿童的语言、社会互动和活动情况。

缺点：

需要观察者熟悉记录符号，并能很好地集中注意力，记录的信息和数据有限，但并不是封闭性的，必须事先计划好，并使用特殊表格，因而不能用于自发的观察。

二、时间取样法

在一个确定的短时间段里观察被试，主要记录预先确定的行为是否出现，行为发生的次数及持续的时间。它是以一定的时间间隔为取样标准的，间隔有两种：一是规律性间隔，一是随机性间隔。使用条件：所观察的行为必须是经常出现的、频率较高的行为；二是行为是外显的、容易被观察到的。

例：幼儿阅读行为的观察。

在幼儿阅读行为研究中，观察者设计了三种反映幼儿阅读时行为的预定类型来指导观察，并赋予每一种类型详尽的操作定义。

有目的阅读：幼儿能够有计划、有目标地按照自己的意识进行的阅读，即根据自己需求的阅读。

无目的阅读：幼儿无需求、无计划、无目标的阅读，即胡乱翻书等自由的阅读。

教师指定阅读：教师在某一时间内指定幼儿读物的阅读，幼儿的阅读范围受到限制，而并非幼儿自由地阅读。

幼儿阅读注意力观察表

时间	儿童代号	阅读类型		
		有目的阅读	无目的阅读	教师指定阅读
8:30—8:45	A			
	B			
8:55—9:10	A			
	B			
9:15—9:30	A			
	B			

优点：

可以在短时间内收集较多的局部代表性的资料，省时省力；可以控制被观察的行为、事件，使研究客观化。可以确定行为、事件发生的频率，借此探讨教育的作用；可以取得量化的资料，进行定量分析，从而提高研究的可信度。

缺点：

只适用于未出现频率高的外显行为和事件；只能获得行为出现频率的资料，不能保留行为的具体内容、行为过程。不能保留行为发生的顺序，难以揭示行为的因果关系；将贯穿行为分解为若干成分，破坏了行为的完整性，难以识别行为的相互关系。行为类型的建构容易带有主观偏见。

三、事件取样法

从幼儿的多种行为中选出一种有代表性的行为进行观察，在自然的情境中等待所要观察的行为出现，然后记录这一行为的全貌。

事件取样法注重行为本身，行为是如何发生的？如何变化的？如何终止的？结果如何？它关心的是事件的存在。

事件取样法的案例

美国研究者Dawe研究了幼儿的争执行为。该研究选择保育学校中幼儿的争执行为事件为观察目标，在儿童自由活动事件内观察自发的争执事件，进行描述与记录。观察对象为25个月到60个月大的幼儿，女19人，男21人。观察过程是：等待争执事件发生，一发生便开始计时，并观察与记录事件的进行情况。研究者事先制作好观察记录表，以便迅速、完整地记录事件情况。经过58小时的观察，研究者共记录了200件争执事件，平均每小时3.4次。其中68件发生于室外，132件在室内，13件持续1分钟以上。

观察发现：男孩的争执多于女孩；年龄相差大的孩子之间比年龄相仿者之间争执多；随着年龄的增长，争执事件减少，但侵犯性质增强。导致争执发生的原因，往往在于对占有物品的不同意见。大多数争执自行平息，恢复较快，无表现愤恨的状态。

幼儿争执时间记录表

儿童	年龄	性别	争执持续事件	发生背景	行为性质	做什么说什么	结果	影响

优点:

保留了事件发生的背景,有助于分析行为的因果关系;收集资料所用的时间比较经济,有助于集中观察和组织压缩资料。可用于研究比较广泛的行为事件,大多数行为观察都可以用。

缺点:

收集的大多是定性的资料,难以进行量化分析;集中观察特定事件的本身,注重行为的当时状况,对导致其发生的条件和情境等有关事件全貌的信息不能充分了解。

第四节　观察资料的分析

对幼儿行为的观察最有价值的部分并非是记录，而是对所记录的资料进行分析。有许多理论和观点需要考虑，同时，总是有许多最新研究会挑战或支持你的观点和理论。对于本科生来说，至少要能够利用教科书或围绕某一主题检索文献了解他人的观点与看法，能够在已经学习过的理论的支持下对特定的观察记录进行分析，并提出针对性的建议或教育措施；能够在实践和理论之间建立联系，就证明观察者对儿童如何学习和发展有了正确的理解。

一、观察结果的解释

观察是接受外界信息、感知某些刺激的过程，观察所感受的信息是一种对客观事实的描述，需要经过一定的解释和加工，即有意识地给信息赋予某种意义。例如，幼儿园中的某个孩子特别淘气，淘气只是一个客观事实，必须要结合具体情况以及儿童发展的理论对这个行为进行分析，才能知道行为背后的原因。孩子的淘气可能是为了引起关注，也可能是父母溺爱，不管是什么原因，都需要我们结合理论进行一定的分析。

皮亚杰通过对儿童的观察研究了儿童的认知发展过程，他的研究是发展心理学中最经典的研究案例。对于本科学生来说，通过观察建立某种理论是困难的，在日常的观察中更多的是通过已经学习的某些理论，如皮亚杰的认知发展理论、鲍尔比的依恋理论等来对现象进行解释。通常包括以下几个步骤：

步骤1

重新审视自己的观察目的，如有必要，对重点内容用荧光笔做记号，确保注意力集中在已经观察的事物之上。

步骤2

再次回顾观察目标，重复上述操作。

步骤3

仔细翻阅你的观察资料，标明所有与观察目的和直接目标相关的部分(做完这些后，若发现支持观察目的和目标的资料依然很少，那么就有必要再进行另一次观察)。另外，注意分析和记录你的学习体会与收获，以及有助于扩展你对儿童的理解的有用信息。

步骤4

查阅教科书、专业杂志、网络以及其他能够获得与观察目的或目标直接相关的观点、意见和理论的资源。

步骤5

思考你标记出的资料，反思你的研究能够说明什么。

观察分析案例

步骤1

观察目的：评价一名3岁幼儿S的情绪（情感）发展情况。

步骤2

观察目标：评价该幼儿和母亲分离后的表现，找出帮助家长和支持幼儿的途径。（提示：妈妈经常加班到很晚，幼儿S情绪忧伤是很正常的，这也正是观察的原因。）

步骤3

观察资料——描述

幼儿S被妈妈送到幼儿园。她用两只胳膊搂着妈妈的脖子，把脸埋在妈妈的脖子上。教师迎上去和她及家长打招呼。妈妈回应着，但S没有反应。妈妈弯腰脱下S的夹克，同时告诉教师她今天早上赶得很匆忙，因为加班晚了。教师把S的夹克挂起来，然后向S伸出手。妈妈把S的胳膊从自己的脖子上拿下来，告诉她自己不得不走了。她匆匆吻了S一下，然后向门边走去。S开始大哭，并且开始追妈妈。教师弯下腰，妈妈挥手告别，教师建议S也跟妈妈告别，但她没有任何反应。教师开始和她轻声交谈，并为她擦脸。S依然静静地哭泣，咬着右手拇指。S和教师进到主活动室，和其他幼儿一起坐到地毯上。

步骤4

阅读与分离焦虑相关的理论资料，如依恋的理论。

步骤5

通过理论资料的阅读，研究者决定把关注焦点放在分离焦虑上，并将提出如何把对S的消极影响降到最低程度、如何帮助S在日托幼儿园中找到其他重要他人的策略。

二、观察结果的评价

教师或家长对幼儿进行观察的一大目的是对幼儿发展进行评价。例如新生儿20项行为神经评方法(见拓展阅读)、根据科尔伯格的理论对儿童道德发展进行评价等。通常进行评价性的观察需要观察者有较好的儿童心理学基础,或是能够选择恰当的观测工具,根据工具常模或者评分标准来对儿童的行为进行观察与评价。

在儿童发展的研究领域,年龄特征是十分重要的。在儿童的身心发展中存在不同的发展阶段。在认知、情绪、社会性发展阶段都存在年龄特征的差异,因此,在对观察结果评价的时候需要关注发展常模。常模是在身高、体重、语言等方面规定代表性数值和变化的量化尺度。这些常模已经成为试图回答生物和环境影响发展的必要尺度。例如,我们知道在2岁以前幼儿思维发展在前运算阶段,在3岁过渡到具体运算阶段。发展常模为我们提供了背景信息和框架,在这种框架之下,我们可以通过观察来评价儿童发展的超前或者滞后。运用常模的评定能够帮助我们判断儿童是否需要额外的帮助或支持。在评定发展后,我们能够为儿童设计促进其发展的适宜活动①。

以对儿童退缩干预研究的案例,我们可以了解观察评价到评价结果使用的整个过程。

干预前,使用幼儿社会退缩教师评价问卷和Achenbach儿童行为量表(CBCL)(家长用)进行了问卷调查,两项问卷的评价都是基于家长及老师对儿童行为的观察。通过调查后选定了苗苗(化名)为研究对象。苗苗在幼儿社会退缩教师问卷上的总分为32,转化为Z分数为2.17,另外,其CBCL家长问卷社会退缩分量表的得分为4分,参考同年龄儿童该项目的湖南常模(均值为1.68,标准差为1.79),按此标准转化为Z分数为1.3。

干预对象幼儿社会退缩教师问卷原始分及Z分数

	退缩总分	害羞沉默	主动退缩	被动退缩
原始分	32	15	11	6
Z分数	2.71	2.05	2.14	0.69

从上表还可以发现,苗苗在3个分量表上的得分有一定的差异,害羞沉默和主动退缩明显偏高,被动退缩稍稍偏离正常,这说明她的退缩特征更多地表现为害羞沉默和主动退缩的行为问题。教师认为苗苗平素沉默寡言,基本听不到她说话,偶尔说话还吐字不清,极少参与同伴游戏,经常一个人玩,只是偶尔会与一个名叫田田的小朋友一起玩,但很少见到她们进行热烈的交流。如

① Sheila Riddall-Leech.观察:走进儿童的世界[M].潘月娟,王艳云,译.北京:北京师范大学出版社.2008:67.

果教师和同伴主动找她说话，她会很害羞，基本不用语言回答，只是用点头、摇头等肢体语言做出回应。在教师的眼里，苗苗是个很不起眼的孩子，很被动、安静，表情不丰富，上课从不举手发言，生活自理能力较差，其他各方面能力表现一般。我们对苗苗的日常行为进行了观察，基本上验证了教师的描述。可见，从测量的角度而言，苗苗在教师和家长问卷上的社会退缩得分均超过一个标准差；从心理行为而言，她具有如下特征：1.在社会情境下具有较多的旁观行为和独自游戏的行为；2.在社会环境下比较害羞、被动，沉默寡言；3.不愿意引起别人的注意，胆小敏感；4.具有趋避动机的冲突和对社会环境的焦虑畏惧。经过综合考察，研究者认为，苗苗是害羞沉默和主动退缩结合的退缩类型，具有趋避冲突的矛盾，也有对同伴交往的主动回避，可以作为研究的干预对象。

该研究使用了游戏对苗苗进行干预。第一个游戏是"谁来当爸爸妈妈"。苗苗被选为"妈妈"。教师原计划让"妈妈"来选"爸爸"，以发挥她们的积极性，但苗苗低头不语，非常紧张。为了降低她的心理压力，教师立即调整策略，让一名男孩与苗苗合作，不料这名男孩却想与另一位"妈妈"合作。教师只得让田田充当"爸爸"，与苗苗合作。这一过程反映了退缩幼儿的特点和教师干预的重要性。

在游戏中，教师及时改变最初的做法，不对苗苗进行过多的关注，比较自然地将她与好朋友田田安排在一起，让田田作为中介来丰富游戏的情节和内容。当她旁观或无所事事时也不随意打扰，相信同伴的示范最终会带动她游戏的兴趣和能力。同时，教师也积极介入，帮助苗苗丰富游戏情节，并努力为孩子们营造轻松愉快的游戏氛围。苗苗玩得很开心，交往也逐渐增多。当教师再次将选择游戏同伴的权力交给苗苗时，她不再显得无所适从，而是主动邀请别人，也能够比较自然地接受别人的邀请，交往的同伴日趋增多。

又如在"我的好朋友"主题系列游戏中，教师也将苗苗作为重要的角色给予及时关注。为鼓励苗苗参加游戏，并在游戏中取得成功和快乐的体验，教师会及时根据苗苗当时的能力修改游戏规则，降低游戏难度，并先让其他幼儿示范，然后鼓励苗苗模仿。教师认为语言表达是妨碍苗苗交往的一大障碍，而语言表达的问题主要在于她吐字不清，故还将一日生活与游戏干预结合起来。如帮助苗苗矫正发音，培养其讲话的习惯；鼓励苗苗表现其爱唱歌的特长，并注意加以培养；安排苗苗参加班级值日活动，并及时予以表扬等。

经过为期5周的如上干预，苗苗的交往频率和热情明显提高，情绪和语言交流明显好转，交往范围扩大，自我意识也在积极改变。

通过“观察—评价—结果应用”的过程，苗苗的退缩性行为得到了良好的干预，研究需要经过一轮从事实上升到理论，通过理论指导问题解决的过程。这对于新手来说是困难的，需要我们在观察中不断练习才能熟练掌握。

拓展阅读

新生儿20项行为神经评分法

新生儿20项行为神经评分法(neonatal behavioral neurological assessment，NBNA)是我国婴幼儿早期教育专家、北京协和医院的鲍秀兰教授根据美国布雷寿顿新生儿行为估价评分和法国阿米尔-梯桑(Amiel-Tison)新生儿神经运动测定方法的优点，结合自己的经验建立的，主要用于了解新生儿行为能力。

该项测查可以了解新生儿行为能力，并能及早发现轻微脑损伤，以便早期干预，防治伤残。为了解不同生理因素是否会影响正常新生儿NBNA的结果，为从出生开始进行的早期教育提供依据。NBNA测查是新生儿行为神经测查的简称。此方法是检测新生儿神经系统发育完整性的一种行之有效的方法，包括5个方面的内容，即：行为能力、被动肌张力、主动肌张力、原始反射和一般评估共20项，满分为40分。[①]

新生儿行为神经测定的方法(NBNA)

姓名： 性别： 年龄： 地址： 联系电话：

高危因素： 医生： 测定时间：

第一部分：新生儿的行为能力共6项(1-6项)检查对外界环境和外界刺激的适应能力			
检查项目	操作方法	评分标准	得分
(1)对光的习惯形成	在睡眠状态下，重复用手电筒照射新生儿的眼睛，最多12次，观察和记录反应开始，减弱甚至小时的照射次数	0分为≥11次， 1分为7-10次， 2分为≤6次	
(2)对格格声的习惯形成	睡眠状态，距其25-28cm处。短暂而响亮地摇格格声盒。最多重复12次	观察评分同(1)	

① 鲍秀兰，虞人杰．李着算．中国12城市正常新生儿20项行为神经评价[J]．中华儿科杂志，1990(03)，160-162.

续表

检查项目	操作方法	评分标准	得分
(3)非生物性听定向反应(对格格声反应)	安静觉醒状态下重复用柔和的格格声在新生儿视线外(约10cm处)连续轻轻地给予刺激,观察其头和眼睛转向声源的能力	0分为头和眼球不转向声源; 1分为头和眼球转向格格声,但转动<60°; 2分为转向格格声≥60°	
(4)生物性视、听定向反应(对说话人的脸反应)	在安静觉醒状态下,检查者和新生儿面对面,相距20cm,用柔和而高调的声音说话,从新生儿的中线位慢慢移向左右两侧,移动时连续发生,观察新生儿头和眼球追随检查者的脸和声音移动方向的能力	评分方法同(3)	
(5)非生物视定向能力(对红球的反应)	检查者手持红球面对新生儿,相距20cm	观察评分同(3)	
(6)安慰	是指哭闹新生儿对外界安慰的反应	0分为哭闹经安慰不能停止; 1分为哭吵停止非常困难; 2分为较容易停止哭闹	
第二部分:被动肌张力共4项(7-11项)必须在觉醒状态下检查,受检新生儿应处在正中位,以免引出不对称的错误检查结果			
(7)围巾征	检查者一手托住新生儿的颈部和头部,使其保持正中半卧位姿势,将新生儿的手拉向对侧肩部,观察肘关节和中线的关系	0分为上肢环绕颈部; 1分为新生儿肘部略过中线; 2分为肘部未达到或接近中线	
(8)前臂回缩	只有新生儿上肢呈屈曲姿势时才进行,检查者用手拉直新生儿的双上肢然后松开使其弹回到原来的屈曲位。观察弹回的速度	0分为无弹回; 1分为弹回的速度慢(3秒以上)或弱; 2分为双上肢弹回活跃,并能重复进行	
(9)下肢弹回	只有当髋关节呈屈曲位时才检查,新生儿仰卧,检查者用双手牵拉新生儿双小腿使之尽量伸展,然后松开,观察弹回的速度	评分同(8)	
(10)腘窝角	新生儿平卧,骨盆不能抬起,屈曲呈胸膝位,固定膝关节在腹部两侧,然后举起小腿测量腘窝的角度	0分为110°; 1分为110°-90°; 2分为≤90°	

续表

检查项目	操作方法	评分标准	得分
第三部分:主动肌张力共4项(11-14项)			
(11)颈屈伸肌的主动收缩(头竖立反应)	检查者抓住新生儿的肩部,检查从仰卧到坐位姿势观察颈部屈伸肌收缩将头抬起,记录头和躯干维持在一个轴线上几秒钟。然后往前垂下或后仰	0分为无反应或异常; 1分为有头竖立动作即可; 2分为头和躯干保持平衡1秒钟以上	
(12)手握持	仰卧位,检查者的食指从尺侧插入其手掌,观察其抓握的情况	0分为无抓握; 1分为抓握力弱; 2分为非常容易抓握并能重复	
(13)牵拉反应	新生儿的手应是干的。检查者的食指从尺侧伸进手内时,正常时会得到有力的抓握反射,这时检查者抬自己的双食指约30cm(时刻准备用大拇指在必要时去抓握住新生儿的手)。一般新生儿屈曲自己的双上肢使其身体完全离开桌面	0分为无反应; 1分为提起部分身体; 2分为提起全部身体	
(14)支持反应	检查者用手抓握住新生儿的前胸,拇指和其他手指分别在两腋下,支持新生儿呈直立姿势,观察新生儿下肢和躯干是否主动收缩以支撑身体的重量,并维持几秒钟	0分为无反应; 1分为不完全或短暂直立时头不能竖立; 2分为能有力地支撑全部身体,头竖立。 此项评分主要观察头和躯干是否直立,下肢可屈曲,也可伸直	
第四部分:原始反射共三项(15-17项)			
(15)自动踏步	上面的支持反应得到时,新生儿躯干在直立位置或稍微往前倾,当足接触到硬的平面即可引出迈步动作。放置反应:取其直立位,使新生的足背碰到桌子边缘,该足有迈上桌子的动作。自动踏步和放置反应意义相同,没有自动踏步,有放置反应同样得分	0分为无踏步也无放置; 1分为踏一步或有放置反应; 2分为踏2步或在同足有2次放置反应,或两足各有一次放置反应	
(16)拥抱反射	新生儿呈仰卧位,检查者将小儿双手上提,使小儿颈部离开桌面约2-3cm,但小儿头仍后垂在桌面上,突然放下小儿双手,恢复其仰卧位。由于颈部位置的突然变动引出拥抱反射。表现为双上肢向两侧伸展,双手开,然后屈曲上肢似拥抱状回收上肢至胸前。可伴有哭叫	评定结果主要根据上肢的反应。 0分为无反应; 1分为拥抱反射不完全,上臂仅伸展,无屈曲回收; 2分为拥抱反射完全,上臂伸展后屈曲回收到胸前	

续表

检查项目	操作方法	评分标准	得分
(17)吸吮反射	将乳头或手指放在新生儿的两唇间或口内，则引起吸吮动作。注意吸吮、节律、与吞咽是否同步	0分为无吸吮动作； 1分为吸吮力弱； 2分为吸吮力好，和吞咽同步	
第五部分：一般反应共3项(18-20)			
(18)觉醒度	在检查过程中能否觉醒和觉醒程度	0分为昏迷； 1分为嗜睡； 2分为觉醒好	
(19)哭声	在检查过程中看哭声情况	0分为不会哭； 1分为哭声微弱，过多或高调； 2分为哭声正常	
(20)活动度	在检查过程中观察新生儿活动情况	0分为活动缺少或过度， 1分为活动减少或增多； 2分为活动正常	
合计得分			

本检查只适用于足月新生儿。早产儿孕周纠正至40周时评估20项NBNA

总分40分于生后2-3天，12-14天，26-28天3次测定，以一周内新生儿获37分以上为正常，37分以下尤在2周内≤37分者需长期随访。

可作为围产高危因素对新生儿影响的检测手段。如目前国内用NBNA动态观察新生儿窒息、缺氧缺血性脑病、小样儿等对新生儿行为神经的影响，与预后有较明显的相关性。

NBNA检查要求：要求在光线半暗、安静的环境中进行，应先将欲测试的新生儿放在上述环境中30分钟后测试，在两次喂奶中间，睡眠状态开始。室温要求24-28℃。全部检查在10分钟内完成。检查工具：手电筒1个(1号电池两节)、长方形红色塑料盒1个，红球(直径6-8cm)1个，秒表1个，检查人员经过2周训练，每人至少检测过20个新生儿并经过鉴定合格方可达准确可靠的检测结果。

在这个量表中，我们可以看到对各个需要观察的行为都有明确的界定。这样的量表在记录的时候非常方便，同时记录的结果也能够为研究人员后续的分析提供便利，但是这样的观察量表在设计的时候需要进行严格的设计与论证，对设计者的学术水平有一定的要求。

人物介绍

陈鹤琴

陈鹤琴(1892年3月5日—1982年12月30日),浙江上虞人,中国著名儿童教育家、儿童心理学家、教授,中国现代幼儿教育的奠基人。1918年,陈鹤琴获哥伦比亚大学教育硕士学位,转入心理学系,准备博士论文。正值"南高师"教务主任郭秉文在美国物色教员,应邀回国任教。1923年秋,陈鹤琴在南京鼓楼自己的住宅内开办鼓楼幼稚园,试验科学化、中国化的幼稚教育。1927年2月,与陶行知、张宗麟一同发起中国最早的儿童教育团体——幼稚教育研究会,创办《幼稚教育》并任主编,发表《我们的主张》,提出适合中国国情的15条办园主张。3月,受邀担任晓庄师范第二院(幼稚师范院)院长兼指导员;与张宗麟等一道创办中国最早的乡村幼稚园——燕子矶幼稚园。6月,任南京市教育局教育课课长,大力推行行政学术化,推广教育实验区。陈鹤琴提出了"活教育"理论,重视科学实验,主张中国儿童教育的发展要适合国情,符合儿童身心发展规律;呼吁建立儿童教育师资培训体系。陈鹤琴编写幼稚园、小学课本及儿童课外读物达数十种,设计与推广玩具、教具和幼稚园设备。他的一生主要从事一系列开创性的幼儿教育研究与实践。

本章小结

本章节学习了观察的定义、观察的意义、观察的方法及观察结果的分析。本章重点小结如下:

1.观察法是在自然条件下有目的、有计划地观察记录儿童的行为,以此来研究儿童心理发展规律的方法。

2.观察研究的步骤包括:确定观察目标、制订观察计划、观察格式化,以包含必要的信息、保密性与使用许可。

3.叙述性观察法包括结构化观察法、轶事记录法、实况详录法、日记法。

4.取样观察法包括:目标儿童观察、时间取样法、事件取样法。

5.对观察结果的解释,对于本科生来说,至少要能够利用教科书或围绕某一主题检索文献，了解他人的观点与看法，能够在已经学习过的理论的支持下对特定的观察记录进行分析，并提出针对性的建议或教育措施。

思考与实训

观察案例1 紧张的萌萌

萌萌今年三岁，父母离婚。萌萌入园后不像其他小朋友一样大哭大闹，而是安安静静地坐在一旁，也很少与小朋友玩耍，聊天。老师看到萌萌总是双手抱在胸前，蜷缩着坐着，很少与人对视。老师提问，萌萌往往总是用“是”“不是”“好的”这种很简单的词语回答。萌萌的行为引起了老师的关注，请你设计一个观察量表，自己选定主题，对萌萌进行观察。请说明观察的目的、观察的方式、观察量表的设计、预期的结果等。

观察案例2 塌房子的小明

老师组织学生进行建构游戏，小明搭建的积木歪歪扭扭，没有搭多高就倒塌了。而芳芳搭的房子则十分整齐，搭得很高。请你设计一个量表对芳芳和小明进行观察，看看这两个孩子在进行建构游戏的时候行为有什么差异。请说明观察的目的、观察的方式、观察量表的设计等。

观察案例3 说大话的哲哲

中班的哲哲是乖巧听话也活泼的孩子。但是最近小伙伴们常常向老师反映哲哲老是说大话，撒谎。他说爸爸从美国给他带来了会动的小汽车，但是小朋友从来没见过；他说他的爸爸认识奥特曼；他还说，他坐过航天飞机。针对哲哲说大话的行为，请你设计一个量表对他进行观察，请说明观察的目的、观察的方式、预期的结果，以及观察的理论根据。

专题探讨

K幼儿园开设了3岁以下幼儿的托育照护服务。但是在婴幼儿照护服务中没有一个像《3–6岁儿童学习与发展指南》这样的标准，为了评量3岁以下幼儿的发展水平，幼儿园的老师们讨论参考《指南》对幼儿进行观察。请你也帮助K幼儿园的老师们想想，如果要评量3岁以下幼儿的发展，应当从哪些方面进行观察，并尝试设计观察量表。

第五章

问卷法

学习目标

- 了解问卷法的概念及其意义；
- 理解问卷的编制过程及其应用；
- 掌握问卷抽样及发放的方法。

学习重难点

- 重点：问卷中问题的设置；编制问卷的步骤及其应用；
- 难点：在学前教育研究的问卷调查中，问卷抽样及发放的方法。

案例破冰

小新是一位入职六年的幼儿园老师，今年是她第一次当小班的班主任，平时在与家长沟通的过程中常常会出现家长与教师不能相互理解的问题，小新常常很苦恼，觉得家长不能理解她对孩子的用心。在日常生活和教学中，我们也会遇到像这样的难题，家长们不能全面了解幼儿园的工作，假如你是小新老师，你会如何解决这样的问题？本章内容会给我们带来一定的启示，来帮助我们解答上述问题。

第一节 问卷法概述

一、问卷法的相关概念

在自然条件下，调查者通过提出问题的方式收集资料，以分析教育现状或变量之间的相互关系。它是一种采用自填式问卷或机构式访问的方法，系统地、直接地从一个取自某种群体的样本那里收集资料，并通过对资料的统计分析来认识教育现象及其规律的研究方式，是学前教育调查研究中最常用的研究方法之一。

问卷调查的方法最初由英国的高尔顿创立。高尔顿受其表兄达尔文的进化论的影响，决心研究人类的遗传变异问题，遂于1882年在英国伦敦设立人类学测验实验室。研究需要收集反映人类学生理特征和心理特征的大量数据，但高尔顿觉得一一访问调查相当费时间，于是就把需要调查的问题都印成问卷寄发出去，没有想到却取得了重大成功。后来，这种方法就逐渐流传到世界各国。

问卷调查的优点在于简单方便、容易操作、效率较高。问卷调查一般不要求调查对象署名，可以采用邮寄等方式进行问卷调查，并且问卷调查法对所有的被调查者都以同一种问卷的提问、回答的形式和内容进行，在某种程度上结论较客观；收效大，便于统计整理。问卷调查的局限在于，难以确定调查结果的因果关系；调查研究的可信度受调查对象态度和作风的影响，难以保证问卷的回收率和有效率；预先设置了有限的范围，使调查对象的作答受到了限制，从而难以了解更深层次的信息。

一、问卷的内容与结构

问卷的结构一般有封面信、指导语、问题和答案、编码及其他资料等部分。

（一）封面信

封面信是问卷开始的部分，也称为“前言”。其篇幅不宜过长，以两三百字为宜，应该尽量使用概括的语言，明确地说明实际内容。封面信的主要内容包括说明调查者的身份、调查的大致内容、调查的主要目的、调查对象的选取方法和对调查结果保密的措施。

案例

例:封面信

幼儿教育现状调查问卷

尊敬的家长:您好!

我是×××大学×××专业的研究生,我们正在进行一项有关幼儿教育现状的访问。您是我们通过科学方法抽取的访问对象,您的真实回答对于我们的研究非常重要,能为我们制定幼儿教育发展思路和措施提供必要的事实依据,结果只用于研究,不做任何评估。因此,您的回答没有对或不对的区分,我们想听到的是您的真实想法。您只要把自己的意见和想法告诉我们就可以了。同时,请您尽可放心,您所提供的所有资料将会绝对保密,不会用作其他用途的,希望能得到您的大力支持!谢谢!

(二)指导语

指导语是指告诉被调查者如何填写问卷,包括对某种定义、标题的限定以及示范举例等内容。

例:您对该幼儿园的保教质量满意吗?

(调查员读:“保教”是指幼儿园坚持保育和教育相结合,保护幼儿的生命和身心健康的同时对幼儿实施德、智、体、美等全面发展的教育。)

A.满意　　B.较满意　　C.一般　　D.较差

(三)问题和答案

问题是问卷的主体,一般有开放式和封闭式两种。

①开放式问题是指调查者不提供任何可供选择的答案,由被调查者自由答题,这类问题能自然地充分反映调查对象的观点、态度,因而所获得的材料比较丰富、生动,但统计和处理所获得的信息的难度较大。可分为填空式和回答式。

②封闭式问题的后面同时提供调查者设计的几种不同的答案,这些答案既可能相互排斥,也可能彼此共存,让调查对象根据自己的实际情况在答案中选择。它是一种快速有效的调查问卷,便于统计分析,但提供选择答案本身限制了问题回答的范围和方式,这类问卷所获得的信息的价值很大程度上取决于问卷设计自身的科学性、全面性的程度。

封闭式问题又可分为:

是否式(把问题的可能性答案列出两种相矛盾的情况,请被调查人从中选择其一

“是”或“否”、“同意”或“不同意”)；

选择式(每个问题后列出多个答案，请被调查人从答案中选择自己认为最合适的一个或几个答案并做上记号)；

评判式(后面列有许多个答案，请被调查人依据某种指标评判等级，又称为排列式，是用数字表示排列的顺序)。

(四)编码

编码号并不是所有问卷都需要的项目，规模较大又需统计分析的调查中，要求所有的资料数量化，与此相适应的问卷就要增加一项编码号或分页。也就是在问卷主题内容的右边统一留白，按顺序编上1，2，3…的号码(中间用一条竖线分开)，用以填写答案的代码。整个问卷有多少种答案，就要有多少个编码号。如果一个问题有一个答案，就占用一个编码号；如果一个问题有3种答案，则需要占用3个编码号。答案的代码由研究者核对后填写在编码号右边的横线上。

(五)致谢语

为了表达对调查对象真诚合作的谢意，研究者应当在问卷的末段写上感谢的话；如果前面的说明已经有表示感谢的话语，那末段可不用。

三、问卷法的特点

首先，问卷法和其他调查法一样，都是对现实情况的一种描述研究，而不像历史研究法以过去发生的事实为研究对象；都是收集自然状态下的事实资料，而不像实验研究法那样对研究对象加以适当的控制以研究自变量与因变量的因果关系。

其次，同为调查法，问卷法与访谈法有密切联系，它们都是通过调查对象的回答来了解情况和征询意见，但两者又有许多不同的特点：①问卷是标准化调查，即按统一设计的有一定结构的问卷所进行的调查。而访谈则有标准化访问和非标准化访问两种情况；②问卷一般是间接调查，即研究者并不与被调查者直接见面，而由被调查者自己填写问卷。访谈则需要研究者与被调查者当面交谈；③问卷一般是书面调查，即研究者用书面提出问题，被调查者也用书面回答问题。访谈则是通过口头交谈来了解情况和征询意见；④问卷一般是抽样调查，即调查对象是通过抽样方法选取的。访谈对象则不一定是通过抽样选取的；⑤问卷一般是定量研究，研究的主要目的是通过样本统计量推断总体参数。访谈一般是定性调查，通常不存在从数量上推断总体的问题。

再次，其实问卷中也有口头交谈和当面接触的，如访问问卷和电话问卷，然而问卷的主要方式是间接的书面调查，以下所讨论的也主要是间接的书面调查法。问卷调查法既包含着优点，也隐含着缺陷。问卷法与访谈等其他调查法相比较，具有以下一些优点：①以书面形式提出和回答问题，研究者不必与调查对象直接交流，节省时间、人力、财力，方便实用；②能够在比较大的范围内分发问卷，不受时空限制，可以根据需要抽取较大容量的样本，对于总体有较好的代表性；③如果研究设计和问卷编制得当，可以在较短时间内收集到关于研究对象的大量信息，效率较高；④结构性较强，标准化程度较高，便于统计和定量分析；⑤研究对象作答用时较短，且不署名，受环境干扰较小，可以了解真实的意见，比较客观。

问卷法的缺陷或局限是：①研究对象独立作答，如遇误解或歧义，研究者无法现场指导和说明，调查后发现问题也难于更改和补救，缺乏灵活性，也会影响研究的信度；②收集的信息资料往往比较表面，不能采用当面“追问”等方法深入了解研究对象内心的真实想法，限制了研究的深度；③研究者不能调控作答过程，研究对象由于种种原因可能对有些问题不作回答，从而影响问卷的回收率和研究效度。

第二节 问卷的编制过程及其要求

一、问卷的编制过程

问卷的设计过程，是研究者根据调查研究的目的和需要，编写问题和形成问卷的过程。问卷的编制包括下列步骤：

1.明确研究目的，根据研究目的和假设范围收集所需资料，并确定调查对象；

2.列出问卷所需研究问题的纲要，确定所要收集的信息和问卷类型；

3.围绕主题草拟问题，列出标题和各部分的具体项目；

4.征求有关人员、专家的意见，修订项目；

5.试测，从总体样本中抽取30—50人为试测样本，以检查问卷表述的方式、项目、内容能否被受试者所理解，并求出信度、效度；

6.再修订，根据试测结果对项目内容、排列方式加以改进，然后打印。发放电子问卷则不打印。

至此，问卷的编制工作完成，可以按计划发放问卷，进行正式调查。

下面以江苏大学某位学者进行的"幼儿园教育小学化倾向的现状及解决策略研究"为例，说明问卷编制过程。

该调查研究的目的：了解当前幼儿园"小学化"倾向的现状及其影响因素；分析幼儿园"小学化"倾向问题的成因；为教育部门提供有针对性的、实效性强的改善对策，以期推动形成健康的幼儿园教育体系。

取样：以苏北某县级市三所不同类型的幼儿园为研究对象，对幼儿园教育"小学化"倾向进行了一系列研究。

该调查研究的问题：(1)幼儿园教育"小学化"倾向的相关概念及幼儿园教育"小学化"倾向的类型，具体类型包括教育目标"小学化"、教育方式"小学化"、教学内容"小学化"、幼儿行为规范"小学化"、教学效果评价"小学化"；(2)幼儿园教育"小学化"倾向的调查及成因分析；(3)解决幼儿园教育"小学化"的策略。

调查形式：结构型问卷调查。

按照研究目的、问题以及所掌握的初步材料，整理出幼儿园教育"小学化"倾向的几个层次，具体包括(1)教育目标；(2)教育方式；(3)教学内容；(4)幼儿行为规范；(5)教学效果评价。每个层次又具体分为若干个项目。如教育目标"小学化"层次，列举：

“您觉得家长送孩子来幼儿园的目的是什么?”“您认为幼儿园最应该学习什么?”“您怎样看待给孩子报名特色班、培训班的这种现象?”再如教育方式“小学化”层次,列举:“您在教学活动时,通常采用何种方式?”“教学活动中,您班级中的课堂秩序是怎样的?”

在以上工作的基础上着实设计问卷,然后在小范围内调查。将试测结果进行分析整理,找出主要项目,合并相近项目,对问卷项目进行修订。最后形成35个问题的问卷以测查幼儿园教育“小学化”倾向的现象。

这一事例说明,问卷的编制过程实质上是一个科学研究过程,需要提出科学假设,需要科学理论的指导,需要对问卷题目的信度、效度进行认真的考察。

二、题型与答案的设计

(一)题型的设计

1.填空式,需要填答人直接在空格中填入答案。

例:您所在班级有多少学生?(　　)个

幼儿园每天带学生到室外运动需要花费多少时间?(　　)分钟。

2.是否式,该种方式是最简单的选择题,填答人根据实际情况直接选择“是”或者“否”的选项。

例:您大学期间的专业是学前教育吗?　　是□　　不是□

学校会有专门针对幼儿教师的培训吗?　　有□　　没有□

您是否赞成幼儿接受学校教育越早越好?　　赞成□　　不赞成□

3.多项选择式(多项限选式),多项选择可以根据具体的题目要求让填答人根据实际情况选择或者限制选项,例如,最多选择3项等。

例:您平时通过以下哪些方式提升幼儿教育素养呢?(请在合适答案的括号里打√)

①请教老教师(　　)

②网络视频学习(　　)

③查阅教育类书籍(　　)

④广告节目(　　)

⑤其他节目(请写明)(　　)

4.多项排序式:让填答人根据重要性或者某种顺序进行排序。

例:对于一个幼儿教师来说,下列事情中哪些最重要?请选三项并排序。

(1)工作顺利;

(2)保持心态平和;

(3)爱情与婚姻生活美满；

(4)经济宽裕；

(5)身体健康；

(6)儿女成材；

(7)事业上有成就；

(8)阅历丰富、见多识广；

(9)其他(请说明)

请填入序号:第一位(　　)；第二位(　　)；第三位(　　)。

5.矩阵式:以矩阵的方式呈现选项,本质上仍然是选择题。

例:你觉得下列现象在你们学校是否严重?(请在每一行适当的方框内打√)

	很严重	比较严重	不太严重	不严重	不知道
①迟到	□	□	□	□	□
②早退	□	□	□	□	□
③请假	□	□	□	□	□
④旷课	□	□	□	□	□

6.表格式:让填答人根据实际情况在表格中进行选择

例:你觉得下列现象在你们学校是否严重?(请在每一行适当的格中打√)

	很严重	比较严重	不太严重	不严重	不知道
迟到					
早退					
请假					
旷课					

7.相倚式:题目之间存在逻辑关系,例如当我们考查的内容与办园性质相关的时候选择公立园与民办园之后需要回答不同的问题。

例:您所在的幼儿园是民办的吗?

①是的

②不是的 → 请跳过10—15题,直接从第16题接着回答。

(二)答案的设计

问卷答案设计的原则:相关性、同层性、穷尽性、互斥性、无偏性。

1.相关性

如:幼儿园园长应该具有哪些能力?

应列出:调查研究能力、科学决策能力、协调服务能力等;而不应该列出古玩鉴别能力、企业经营能力等。

2.同层性

如:您希望自己从事什么职业?

答案应该是在同一层次,在该例题中应列出:工人、农民、商业人员、服务人员、专业技术人员、管理人员等职业类别在同一层次,而不要给出如果蔬种植者、畜牧饲养者这样的"农民"的下属概念,这样的答案就不在一个层次,存在包含与被包含关系,会让填答人迷惑。

3.穷尽性

例:您的性别(请选一项打√)

①男(　　)　　②女(　　)

您最喜欢看哪类书籍:(请在合适的答案号码上打√)

①幼儿教育类

②心理学类

③教学方法类

④人文地理类 ……

例:请问您所在学校多长时间进行一次幼儿教师考核?

A.半个月　B.一个月　C.三个月　D.一个学期

4.互斥性

例:您的职业是什么?(请在合适的答案号码上打√)

①工人 (　　)　②农民 (　　)　③干部 (　　)

④商业人员 (　　)　⑤医生 (　　)　⑥售货员 (　　)

⑦教师 (　　)　⑧司机 (　　)　⑨其他 (　　)

例:您在大学期间所学的专业类别是:

A.哲学 B.理学 C.工学 D.教育学 E.经济学 F.农学 G.文学 H.医学 I.社会科学 J.法学

5.无偏性

列出的选择不能有明显的诱导倾向。例如下面关于幼儿园秩序的题目中只列出了秩序较好的一方面,而第二个例题中关于小朋友打小报告又只列出了不好的一方面，这样的选择是有偏向的，这样的答案会诱导填答者朝某个方向进行选择，从而影响调查结果的有效性。

例：您觉得所在幼儿园管理秩序如何？

A.很有秩序　　B.比较有秩序　　C.一般

例：您讨厌小朋友向您打小报告吗？

A.十分讨厌　　B.比较讨厌　　C.一般

三、设计问卷问题的基本要求

问卷问题的设计关系到问卷的科学水平，是问卷编制中的关键一环。因此，在设计问卷的问题时必须考虑以下几点：

（一）选择正确的回答类型

无论是事实问题还是态度问题，都应该考虑问题的回答类型是否正确和合适。回答的类型可以分为开放式或封闭式。问卷的目的和性质决定了要采用哪种类型的问题和回答方式。

（二）科学提炼问题的内容

问题的设计要切合该研究目的与假设的需要。每一类型的题目应该从研究假设或研究目的出发，必须符合调查的要求，不能随意地出题目。所列项目对研究目的要有较好的覆盖面，答案要能全面反映所研究问题的主要方面，且不交叉、重叠。

（三）注意问题的文字表达

要考虑问题的陈述是否能让被调查者清楚了解，如有含混不清的地方应及时纠正。问题含混不清容易引起误解，造成问卷结果的偏差，应设法避免语意不清的措辞。

如，"你认为学生负担够重吗？""够重"的语意不清。又如，"你常读报吗？""你是否关心国家大事？"被调查者往往无法准确回答。还有，包含两个或两个以上的观念或事实，如"考试的目的是评价学生，还是评价教师？"这种问题会让被调查者不知如何回答。

（四）关注问题中隐含的心理因素

属于社会科学的调查问卷，常常不可避免地涉及一些敏感问题。因此，问题的设计要格外谨慎。首先，问题不应该正面问及一些道德问题、政治问题，尽管被调查者有多种不同的观念，但他们往往会按一定的社会规范回答，这样，调查者就无法获得真实的信息。其次，问题不要涉及个人隐私或与道德相关的问题，容易遭到抵制，对整个问卷产生负面的看法。

为了使问题的设计规范化,有的学者按问题在回答中的功能将问题分为五类:实质性问题、过滤性问题、验证性问题、补充性问题和调节性问题。了解问题的不同类型,可以更好地设计和排列问题,提高问卷的效度。

(五)问题符合被调查者的水平

设计者往往根据自己的情况来设计问题,可是被调查者,特别是一些年龄较小的学生,可能从来就没有想过或遭遇过这些问题。一种可行的办法是,设计者要换位思考,先把问题内容加以描述或具体化,然后询问意见。如果被调查者是年龄较小的学生,更要在他们的知识、经验、能力的范围内提问题,不要过于抽象和复杂,更不要把问题理论化。

(六)注意问题的排列顺序

设计者应注意问题是否分类清楚、层次分明和合乎逻辑。调查表首先要说明为什么要进行调查,要消除被调查者的顾虑。关于被试的基本资料,如填答者的性别、年龄、学历、经历及家庭基本情况等应放在问卷的前面部分;能引起兴趣的问题、简单问题放前面,而容易引起人紧张的、牵涉个人问题的或复杂的问题可放后面,同时要按内容或性质把按同类方式回答的问题编排在一起,使同一内容或内容相近的一组问题相对集中,有内在逻辑联系。在封闭式问卷中,划分水平程度的答案,或由低到高,或由高到低,要随机排列,以免产生定势而不认真作答。总之,问题的排列分类要清楚,层次要分明,前后一致连贯且彼此衔接,既便于被试回答,又便于统计处理。另外,问题的长短要适度,并尽可能在选择的答案中分出等级,以便对问题有更深入的了解。一般是3—7级,多为5级,如"很差、比较差、一般、比较好、最好""极为重要、很重要、比较重要、比较不重要、不重要""不能、不大能、有时能、比较能、能"等。

(七)保持合理的问题数量

问题数量要适度。所谓适度,是指通过控制时间以保持被调查者对应答问卷的兴趣和认真态度。一份问卷的作答时间一般以20—40分钟为宜。问题太多,作答者容易产生厌倦情绪,导致敷衍塞责或不予回答;问题若太少,又不能得到有关研究的基本事实材料以致影响研究结论。因此,可问可不问的问题要删除。一些较复杂的超出被试知识和能力范围,需要查阅资料才能回答的问题要尽量避免。

(八)为了提高问卷的信度和效度,问卷设计时需要注意的问题

①问卷中所提的问题,应围绕研究目的来编制,力求简单、明了,含义准确。不要出现双关语,避免片面的和暗示性的语言。如"太阳底下最光辉的职业是教师,你喜欢

教师职业吗？”

②问题不要超过被调查者的知识、能力范围。如对幼儿园的问卷中不要出现像“你认为哪家商场的营销比较疲软”这样的问题。

③问题的排列要有一定的逻辑次序、层次分明。问卷的目的、内容、数据、版面安排、标准答案等都要认真地推敲和设计。

④调查表上应有供答题人填写答案的足够空间，并编有填写调查单位的名称、填表人的姓名和填表年月日的栏目。

⑤问卷形式可以将封闭式和开放式相结合，问题数量要适度，一般应控制在30个问题以内，最好在20分钟左右能答完，最长不宜超过40分钟。

⑥为使调查结果更为客观、真实，问卷最好采用匿名回答的方式。

⑦设计问卷的内容要符合实际情况。一般来说，问卷设计前要摸底，对组内全体成员进行使用问卷调查的培训，并在小范围内进行试测，反复修改设计的问卷，以期与实际情况相符合，并便于对结果进行处理。

四、问卷设计时常见的问题与分析

问卷设计时常见的问题主要有概念抽象、问题含糊、问题或答案带有倾向性、问题提法不妥、问题有多重含义、问题与答案不协调等。

（一）概念抽象

概念过于抽象会让填答人难以理解问题到底在问什么，导致无从选择。如，第一个例题中提问关于我国的幼儿教师保障制度，问题过于宏大抽象，一般的填答人很难把握如此宏观抽象的概念。

例：从总体来看，您认为我们国家的幼儿教师保障制度如何？

A.很合理　B.基本合理　C.不清楚或不知道　D.不太合理　E.不合理

例：请问在您班级中学生主要的家庭类型是哪一种？

A.单亲家庭　B.主干家庭　C.核心家庭　D.联合家庭　E.重组家庭　F.丁克家庭

（二）问题含糊

含糊的问题指向不清楚，让填答人不知道问题所指是什么。例如第一个例题中提问“您对所任教幼儿园今年来的情况的感觉是？”这是一个非常模糊的概念，是什么感觉？哪方面的感觉？模糊的问题也会让填答人无从下手。

例：您对所任教幼儿园今年来的情况的感觉是？

A.几乎没有什么变化　　B.变化不大　　C.变化较大　　D.变化很大

例：有人说，改革开放前，人们的幸福感指数很高，现在人们的幸福感指数越来越低了。您认为这种变化发展得：

A.太快了　　B.比较快　　C.一般　　D.比较慢

（三）问题或答案带有倾向性

问题的答案不能有明显的导向性，应遵循参考问卷答案设计的无偏性原则，不能诱导填答人进行有偏向的选择。

例：您觉得所在幼儿园的管理秩序如何？

A.很有秩序　　B.比较有秩序　　C.一般

例：您讨厌小朋友向您打小报告吗？

A.十分讨厌　　B.比较讨厌　　C.一般

（四）问题的提法不妥

问卷中必须提出真的问题，而不是直接给出结论性的答案，如下表中“今天的雷锋仍然是所有人学习的榜样”这句话是结论，而非问题。

内容	正确	错误	不知道
我为人人，人人为我			
集体的力量大于个人的力量			
今天的雷锋仍然是所有人学习的榜样			

（五）问题有多重含义

一个问题只需要有一个答案，在下面的例题中同时提问了“迟到”和“早退”，出现了多重含义，会让填答人迷惑到底是“迟到”的同学还是“早退”的同学，又或者是既迟到又早退的同学。

例：你们学校有没有迟到和早退的同学？

A.有　　B.没有　　C.不知道

（六）问题与答案不协调

问题的答案一定要与题目匹配，不要出现答非所问，让填答人无法选择的情况。

例：您认为自己作为幼儿教师在学习中存在的最主要的问题是什么？

A.迫切需要解决　　B.不需要解决　　C.无所谓

第三节 抽样及问卷发放

一、抽样概述

（一）抽样的内涵

在教育研究中，由于研究对象的总体数量往往比较大，研究者需要从中抽取一部分对象进行研究，以此来推断总体的特征，因此，我们将按一定规则从总体中抽取有代表性的一定数量的个体进行研究的过程称为抽样，即一种选择调查的程序和方法。研究对象的全体，凡是某一性质相同的许多个别事物的集合，当它成为统计对象时，就叫作总体。从总体中抽取的、对总体来说有一定代表性的部分集合即样本。样本中包含个体的数量我们称为样本容量。例如，研究者要考察幼儿园新手教师的入职状况和能力水平，不需要对全国所有的新手教师进行调查，可以抽取某一地区的新手教师作为对象进行调查研究，在此调查中，全国所有的新手教师及所涉调查的全部对象，我们称为总体，而所涉地区随机抽取的这部分新手教师，就是样本。

（二）抽样的特点

1.公平性

按照随机抽样的方式来选取样本，总体中的每个个体被抽中的概率是均等的，比如：某地区共有40所幼儿园，我们从中随机抽取4所幼儿园作为样本，那么该地区20所幼儿园中的每一所幼儿园都有概率为10%的抽中机会。对于每一所幼儿园来说，无论抽到谁，都是公平的。

2.典型性

抽样的目的是借助样本资料估算总体的特征，教育科学研究揭示的是教育现象的本质特征和教育活动的一般规律，研究者不可能逐一对研究所涉及的对象进行研究，但可以通过对样本的研究对总体进行估算，从而可以提高研究资料和结论的准确性与可靠性。由于抽样的机会均等，样本是具有代表性的，研究者根据样本得出的结论就比较可靠。

3.效益性

其一，由于进行抽样，研究者只需对研究对象总体中的少数样本进行研究，可以在一定程度上节约人力、物力、财力等研究资源；其二，在同样的研究资源下，抽样可以使研究范围扩大，提高研究的深度和广度。

（三）抽样的原则

为了保证研究的质量，在抽样的过程中应该遵循一定的原则，有学者指出，一般来说，一个优秀的抽样设计应该满足以下四个方面的要求：

1.目标定向

任何教育研究应该以原有的研究目的作为基础。抽样设计作为教育研究的重要环节，同样应该以研究目的为导向，以研究方案和研究目的及具体目标为依据，获得必要的数据和文字资料，进行相应的分析。

2.可测性

抽样的目的之一是通过对样本的研究来推断研究总体的特征，只有研究设计能够为下一步的研究分析提供必要的数据支持，即抽样设计具有可测性，才能有效估计对推断统计非常有用的样本变量。

3.可行性

理论上设计的抽样方案与实际执行中的抽样方案往往存在一定的差距，理论上可行的抽样方案有可能在实践中难以落实和执行，研究者应通过一定的方式对其所制订的抽样设计方案在实际教育情境中能行得通进行证明。总而言之，研究者在方案实施之前，应预料到过程中可能遇到的问题，确定好相应的方法，保证抽样设计方案顺利实施。

4.经济性

抽样设计的特点之一是节约人力、物力和财力等教育研究资源，提高教育研究效率。无论何种类型、何种级别的教育研究，其可获得和利用的教育资源往往是有限的，经济性原则是研究者在制定方案时必须全面考虑的，比如，研究时间、研究人员、可支配使用的教育经费、必要的研究设备和设施等。因此，在制定方案时，要避免不必要的教育资源浪费，尽可能以最少的教育资源获得最多的、最有效的研究资料。

（四）抽样的步骤和方法

1.抽样步骤

抽样一般遵循以下四个步骤：确定研究总体、确定样本规模、抽取样本、评估样本

（1）确定研究总体

研究总体就是根据研究目的和要求确定的研究对象的范围，总体范围是抽样的基

础，总体范围明确才能考虑样本与总体的比例，例如，对某地区幼儿园教师职业认同进行调查，某地区所有幼儿园的教师就是总体。

（2）确定样本规模

样本规模就是所要抽取的样本应包括的单位数。一般来说，样本比例越大，对样本的研究结果就越能代表总体的情况，抽样的误差率就越小。不同的研究类型对样本容量的具体要求也不同，在定量的描述研究和调查研究中，样本一般要占到总体的10%，当研究总体不够大以至于以总体的10%标准选取的样本容量小于100时，研究者就需要调整选取比列，尽可能保证样本容量不少于100，在相关和比较研究中，样本容量每组至少要达到30个，而在实验研究中，如果是实验条件控制得比较严格，每组一般15人左右即可。在定性研究中，研究者多采用的是典型的小样本，往往是仅有的一个或者几个样本，当然，在现实中，样本容量的大小很大程度上取决于研究的需要和研究者自己的判断，并没有统一的标准和答案。

（3）抽取样本

根据总体的特征选择适当的方法抽取一定的单位作为样本即抽取样本，研究者根据自己的需要选择合适的抽样方法，从众多的研究对象中选取部分典型而又具有代表性的对象来完成教育研究。

（4）评估样本

评估样本即检查样本的选取是否得当。对于概率抽样来说，样本的评估意味着研究者需要确定样本对于总体的代表性如何；对于非概率抽样来说，样本选取是否恰当主要看能不能满足研究者的研究要求。

2.抽样方法

教育研究抽样的方法有很多，根据研究总体中每个单位被抽中的概率大小是否一致，抽样可以分为概率抽样和非概率抽样两类抽样方法。

（1）概率抽样

在概率抽样中，样本中的每个个体被抽中的概率是同样的，可以更好地反应总体的特征，具体来说，根据抽样采取的手段不同，概率抽样又可以分为简单随机抽样、系统随机抽样、分层随机抽样、整群随机抽样等。

①简单随机抽样

简单随机抽样是概率抽样中最基本的方法，适用于单位数比较少而又集中的总体。例如，研究者要调查午睡前故事对小班幼儿语言发展的影响，那么可以在某幼儿园小班幼儿采用简单随机样本，常用的操作方式有两种：一是随机数字表，首先给研究总体中的每个个体编号，然后在随机数字表中选择一个数字作为起点，由此开始按某种顺序在随机数字表中选择一系列数号，然后按这些数号从总体中选取相应数号的个体作为样本；二是抽签，抽签的操作更为严谨，研究者将研究总体中的每个个体都依次编上号码并将每个号码做成标签，将这些标签放进一个器皿中充分混合，使之均匀，然后从中抽取与样本容量相当的标签，记录下此标签上的号码，这些被抽中的号码所代表的个体即组成了研究者所需要的样本，抽签的关键是“充分混合”，以保证每个个体被抽中的概率相等。

②系统随机抽样

系统随机抽样，又叫等距抽样，这种抽样方法是将总体中的各个个体按某一标志或者顺序排列编号，然后将总体按相同的间隔进行分组，使每组的样本数量相等，然后从每一组中选出一个号码作为样本号，之后按数量相等的间隔从每一组依次抽取一个个体，组成样本。例如，某研究者要从某幼儿园500名幼儿中抽取50名作为样本，那么首先给这500名幼儿编号，由于要抽取50个样本，则需要把总体分为50组，抽样间隔就是10，接着研究者就可以从编号1到10中抽出第一个样本，假如抽取了编号为4的幼儿，那么下一个样本就是编号为14的幼儿，以此类推，在每一组中抽取一个幼儿，直到抽足50个样本为止。运用系统随机抽样方法应避免研究总体存在周期性变化，在上述抽样中，如果男女按单号和双号进行编排，在一定程度上会造成结果的偏差，从而使样本不再具有典型的代表性。

③分层随机抽样

在实际教育研究中，研究总体中往往包含一些不同的类型，各个类别在总体中占的比重是不同的，因为简单随机抽样具有随机性，每个个体被抽到的概率相同，但实际上这样对于在总体中比重不同的类别来说是不公平的，抽取的样本难以代表真实的总体情况。在此情况下，研究者可以采用分层随机抽样的方法，首先把总体按一定的标准进行分层，然后按照一定的比例从各层中独立地随机抽取一定数量的个体，最后将各层抽取的个体整合在一起作为样本。比如，研究者要在幼儿园做一项“幼儿教师与家长交流情况的研究”，需要在30名教师中抽取10名样本，可以将教师按经验分为新手教师、经验丰富型教师，而新手教师在教师中有6名，新手教师在教师中占2%，研究者应保证在抽取的10名样本中，新手教师样本占抽取样本总数的2%，即有2名。

④整群随机抽样

整群抽样又叫区域抽样、聚类抽样。运用整群抽样法，研究者不是以个体作为样本单位从研究总体中逐个抽取样本，而是以由多个个体组成的群体作为样本整群地抽取。例如，某研究者要统计某省3~6岁适龄幼儿的入学率，因此，直接随机抽取该省的几个县市，然后对这些县市的适龄幼儿进行调查，最终依据研究结果，对全省的适龄幼儿入学率进行推断。

（2）非概率抽样

在实际的抽样中，仅仅依靠概率抽样方法，难以满足教育研究的需要，教育研究的对象是人，会受到伦理以及其他各方面的制约，可采用方便抽样、定额抽样、立意抽样、滚雪球抽样和空间抽样。

①方便抽样

样本限于总体中易于抽到的一部分，最常见的方便抽样就是偶遇抽样，即研究者将在某一时间和环境中所遇到的每一总体单位均为样本成员。“街头拦人法”就是一种偶遇抽样，某些调查对被调查者来说是不愉快的、麻烦的，这时为方便起见就采用以自愿被调查者为调查样本的方法，方便抽样是随机抽样中的最简单的方法，省时省钱，但样本代表性因受偶然因素的影响太大而难以得到保证。

②定额抽样

定额抽样也称配额抽样，是将总体依照某种标准分层，然后按照各层样本数与该层总体数成比例的原则主观抽取样本，与分层随机抽样最大的不同是定额抽样的各层样本是非随机的。总体也可按照多种标准的组合分层。

③立意抽样

立意抽样又称判断抽样，研究者从总体中选择那些被判断为最能代表总体的单位作为样本的抽样方法。当研究者对自己的研究领域十分熟悉，对研究总体比较了解时可以采用这种抽样方法，可获得代表性较高的样本，多应用于总体小而内部差异大的情况，以及在总体边界无法确定或研究者的时间与人力、物力有限时采用。

④滚雪球抽样

以若干个具有所需特征的人为最初的调查对象，然后依靠他们提供的信息认识的合格调查对象，再由这些人提供第三批调查对象……以此类推，样本如同滚雪球般由小变大。滚雪球抽样多用于总体单位的信息不足或观察性研究的情况，这种抽样中有些分子最后仍无法找到，有可能造成误差。

⑤空间抽样

对非静止的、暂时性的空间相邻的群体的抽样方法。例如，研究者从一地到另一地，一些人离去又有些人进来，但这些事件是在一定范围内进行的。对这样的总体在同一时间内抽样非常重要，以便样本组成不会经历时间上的太大变化，具体做法是：若干调查员间隔均匀的距离，从某一方向开始，访问离他最近的人，然后每隔一定步数抽取一人为调查对象。

二、问卷的发放

（一）确定发放的形式

问卷调查的质量不仅取决于问卷的设计，也取决于问卷从发放到回收各个环节的工作。问卷发放时必须关注两个问题：一是要有利于提高问卷的填答质量，二是要有利于提高问卷的回收率。问卷发放有不同形式，且各有利弊。

1. 邮寄。邮寄简便易行，省时省力，但由于被试对所研究的问题可能不关心、不感兴趣，或问卷的问题设计不太合理，不便于回答，或其他技术措施问题影响被试作答，因此常影响问卷的回收率。

2. 有组织的分配。发放迅速，回收率高，便于汇集和整理。

3. 当面填答。回收率高，不明白的问题可当面提问；由于有情感交流，易取得被试的合作，但取样范围、数量有限。

不管是调查者本人到场发放问卷还是委托他人发放问卷，都必须征得有关组织的同意，取得他们的支持与配合，这是送发问卷调查能否取得成功的一个重要条件。

拓展阅读

借助互联网进行问卷发放

传统的问卷发放主要是印刷后发放再回收，但使用纸质问卷有诸多限制，纸质印刷品的储存、运输本身就存在损耗，成本较高。如果涉及大面积的问卷发放，则回收方面也存在一定的困难与损耗。纸质问卷在回收后还涉及数据录入以及数据核对的工作。

当前，许多研究者都选择使用互联网工具来进行问卷的发放，目前已经有问卷星、问卷网、WPS等工具可以实现便利的网络问卷发放。基于网络发放的问卷可以极大地提高覆盖率，可以打破时空的限制，大规模进行测试。尤其是在疫情期间，许多研究者都在借助网络平台进行问卷的发放与回收。在许多问卷发放平台还能便捷地实现问卷信效度计算，SPSS和EXCEL的数据导入等工作省去了传统纸质问卷的数据录入工作，且能够保证数据精准导入，不存在出错的问题。

但需要注意的是，基于网络发放虽然有诸多便利，但也存在一定的弊端。因为在网络上填写问卷较为便捷，且大多数问卷都是匿名填写，容易出现问卷填写随意、不真实，甚至是乱填问卷的情况，有的填答人为了完成任务用极短的时间随意填写，受以上因素的影响，网络问卷的质量会有所降低。为了避免这些问题，研究者在设计的时候需要进行一些“测谎”题目的设置，最简单的办法就是在问卷靠前和靠后的位置设置两道一模一样的题目，但答案顺序不同，如果选项不同则可以认为填答不认真，为废卷。在对基于互联网发放的问卷进行分析前，需要进行一定的筛选，如果出现全部问题都选某个答案(如全选C)的也应当剔除；对于某些过于规律的选择，如选项一直按照ABCD排列，也应当视为废卷；填答时间过短的问卷数据也应当删除。

(二)对问卷回收率的计算

问卷回收时要当场粗略地检查填写的质量，主要检查是否有漏填和明显的错误，以便能及时纠正，保证问卷有较高的有效率。因为等问卷收回去后再发现问题就无法更正了。无效问卷一多，就会影响调查质量。这项工作最好由调查者本人亲自在场指导，或者向委托人提出明确的要求。

影响问卷回收的因素主要有：①组织工作的状况；②课题的吸引力；③问卷填写的难易度；④对问卷回收的把握。

根据统计，报刊投递问卷的回收率约为10%~20%；邮寄问卷的回收率约为30%~60%；送发问卷的回收率约为80%~90%；访问问卷的回收率可达100%。问卷的回收率是影响问卷质量的一个关键因素，回收率低会影响调查的结果。根据有关专家研究测定，成功的问卷回收率应达到70%以上，而50%的回收率是送发问卷调查的最低要求；如果回收率不到50%，那么该问卷调查已失败，此调查就应终止。

本章小结

本章重点界定了问卷法的概念、编制过程以及实际操作过程，其核心内容总结如下：

1.问卷法的概念：问卷法是在自然条件下，调查者通过提出问题的方式收集资料，以分析教育现状或变量之间的相互关系。它是一种采用自填式问卷或机构式访问的方法，系统地、直接地从一个取自某种群体的样本那里收集资料，并通过对资料的统计分析来认识教育现象及其规律的研究方式。其优点在于简单方便、容易操作、效率较高；其局限包括难以保证问卷的回收率和有效率，预先设置了有限的范围，使调查对象作答受到限制，从而难以了解更深层次的信息等方面。

2.问卷法的特点：问卷法是间接收集资料的方法，是在自然状态下收集资料，一般以教育现状为研究对象。

3.问卷类型包括结构式和非结构式。结构式也称为封闭式或闭口式，这种问卷的答案是早已确定的，由回答者在所限制的范围内进行选择，答案分为是否式、选择式、评判式、填空式、回答式；后者也称为开放式问卷，这种问卷不设置固定的答案，让回答者自由发挥。

4.问卷的编制程序包括6个步骤：明确研究目的；列出问卷所需研究问题的纲要；围绕主题草拟问题，列出标题和各部分具体项目；征求有关人员、专家的意见，修订项目；试测；再修订。

5.设计问卷题目时要考虑几个方面：选择正确的回答类型；问题的内容要符合研究目的与假设的需要；文字表达清晰；问题符合被调查者的水平；问题排列顺序层次分明，合乎逻辑；问题数量适度。

6.问卷发放的形式包括邮寄、有组织的分配、当面填答；应掌握对问卷回收率计算的方法。

思考与实训

1.结合本章知识回答，什么时候采用问卷法？实施问卷调查有哪些程序？

2.怎样才能提高问卷的回收率？

3.根据自己的兴趣，设计一个相关的问卷调查。

4.怎样评价问卷调查法在学前教育研究中的地位和作用。

专题探讨

案例背景：幼儿教师是幼儿园保教质量的关键因素，保持稳定优质的教师队伍是夯实幼儿园保教质量的关键任务。然而，当前我国不少民办幼儿园因薪酬较低、社保保障率低、成长空间受限、专业培训薄弱等原因，导致当前广大幼儿园出现专业水平参差不齐、师资力量薄弱，保教质量提升难度大等问题。幼儿教师的职业身份、工资福利、职业认同、职业投入、职业规划与发展、持续承诺等是影响其职业满意度的关键因素，因此，调查与发现广大幼儿教师的现实职业满意度及其影响因素，采取科学措施保障与满足广大幼儿教师的合法权益同样是我国学前教育发展遇到的现实问题。

探讨：针对幼儿教师的职业生存状态，你能否查阅相关文献，并按照问卷设计的过程与基本要求独立完成一份幼儿教师职业生存状态调查问卷。

第六章

访谈法

学习目标

- 了解访谈的基本类型、特点及适用对象；
- 掌握访谈的基本程序与技巧；
- 掌握访谈法在学前教育中的应用。

学习重难点

- 重点：访谈的基本程序与常用技术；
- 难点：访谈实施过程中技术的运用。

案例破冰

“幼师生的专业成长及其影响因素”的访谈记录

问题：你对幼儿教师这一职业有何看法？你心目中理想的幼儿教师是什么样的？为什么选择幼儿师范学校？你喜欢哪些课程？你认为学习中的不足之处在哪里？

学生1：我对幼儿园老师的评价是很高的。每天与孩子在一起，心态比较年轻。幼儿园老师会唱歌、会跳舞，会弹琴。我觉得幼儿园老师要对孩子有耐心，不能脾气暴躁。和孩子在一起很高兴，小孩活泼、可爱。我本来没有打算报(幼儿师范学校)的，父母比较赞同，再说以后工作也有出路。我觉得幼儿教师要有慈善心，有信心。最重要的是比小学教师更辛苦。要有耐心，你面对的是3到6岁的小孩。我来这儿最大的收获是钢琴、乐理。以前不懂，现在可以弹小曲子了，很自豪。

如果你是研究者，你会怎样设计这场访谈呢？访谈过程中应该注意些什么呢？本章的内容，一定会给你带来帮助。

第一节 访谈法概述

一、访谈法的含义与特点

(一)访谈法的含义

访谈调查法,也叫访谈法,是指研究者通过与调查对象有目的的谈话来了解被调查者对某个人、某件事、某种行为或现象的看法和态度。访谈法与日常谈话不同,主要表现为:访谈具有特定的目的和一定的规则,形式较为正式,在访谈中访谈者可以要求对方就刚才所说的进行重复或补充说明;而日常谈话的目的性较弱,形式较随意,双方会有意避免说话重复和直接追问,双方的言语轮换是平等的。访谈的内容大致可分为三类:一是事实调查,旨在要求受访者提供确实知道的一般情况;二是意见的征询,即征求受访者对某个教育问题的看法、意见和建议;三是了解受访者个体的内心想法和心理动机,甚至家庭情况及社会关系等。

量性研究和质性研究中都可以运用访谈法,两者在访谈实施的程序及技巧上是一样的,只是在访谈的问题设计和最后访谈数据的分析处理上不同。

(二)访谈法的特点

1.访谈法的优点

访谈是教育调查必不可少的手段,其最大优点在于灵活性,可以按照研究的需要向不同类型的人了解不同类型的材料。访谈调查是访谈员与受访者双方进行交流、沟通的过程,具有较大的弹性。当受访者不理解问题时,可以重复或进行恰如其分的解释,或者当访谈者发现受访者误解问题时也可以适时地解说和引导。其次,访谈法具有准确性。在访谈中,访谈员可以观察受访者的表情与行为,以判断回答的可靠性。调查也可以通过访谈员的努力,使受访者消除顾虑,放松心情,从而提高调查材料的真实性。另外,访谈法还具有深入性。访谈员与受访者直接面对面交流或通过电话、网络等间接交流,具有适当解说、引导和追问的机会,因此可探讨较为复杂的问题,可获取新的、深层次的信息。

2.访谈法的局限

访谈通常采用面对面的个别访问,与问卷相比,访谈要付出更多的时间、人力和物力。由于访谈调查费用高、耗时多,故难以大规模进行,所以一般访谈调查样本较小。其次,由于访谈调查要求受访者当面作答,这会使受访者感到缺乏隐秘性而产生顾虑,一些较为敏感的问题甚至会引起受访者的反感。另外,访谈还会受访谈员的影响。由于访谈调查是研究者单独的调查方式,不同的访谈员的个人特征(价值观、态度、谈话的水平等)可能引起受访者的心理反应,从而影响回答内容,造成访谈结果的偏差。虽然访谈法有灵活的一面,但也增加了这种调查过程的随意性。这样,对访谈结果的处理和分析就比较复杂,由于标准化程度低,所以难以做定量分析。

二、访谈调查的类型

根据访谈的内容、目的、结构、对象等因素,访谈可以被划分为多种类别。根据研究者对访谈结构的控制程度,访谈可以分为结构型访谈、非结构型访谈、半结构型访谈。根据访谈对象的范围,访谈可分为个别访谈和集体访谈。根据访谈的次数,还可以把访谈分为一次性访谈和重复性访谈。

(一)按结构分类

1. 结构型访谈

结构型访谈也称封闭型访谈,又称标准化访谈,指研究者根据一定的访谈结构,按照事先拟定好的访谈题目、问题顺序等并遵循统一的标准进行比较正式的访谈。例如,在一个关于幼儿对疾病认知的调查研究中,研究者针对健康、疾病、感冒、发烧、拉肚子、细菌、打针、吃药几个方面,设计了"什么是""为什么""怎么样"三种类型的问题。如:什么是打针?为什么要打针?打针以后会怎样呢?要求幼儿一一做出回答。结构型访谈对对象选择的标准和方法,访谈中提问的内容、方式和顺序,受访者回答的方式(拟出可能的各种备选答案),访谈记录的方式都有统一的要求,甚至对访谈者的时间、地点、周围的环境等外部条件也有统一的要求。通过这种方式所获得的结果,便于统计分析,但缺乏弹性。

2. 非结构型访谈

非结构型访谈也称自由式访谈,又称非标准化访谈,指研究者确定一个谈话的主题或访谈提纲而进行的非正式的访谈。受访者被鼓励用自己的语言发表看法,研究者从而能够了解受访者看待问题的角度,以及他们的表述方式。这种访谈较有弹性,在访谈过程中访谈者可以根据访谈时的实际情况而灵活地调整提问的方式、顺序,追问重要线索等。所以,通过这种访谈收集到的资料较为深入和丰富。如研究者想要调查学前教育专业的前景如何这个问题时，可向幼儿园园长、幼师、高校学前教育专业教师等谈话交流，多方面了解学前教育的职业资讯。通常，质性研究、心理咨询和治疗常采用这种非结构型的“深层访谈”，并且对访谈者的要求也较高。

3.半结构型访谈

在结构型访谈和非结构型访谈之间还有一种半结构型访谈，也称半开放型访谈。研究者对访谈的结构有一定的控制作用，但又不局限于规定的程序内，给受访者留有一定的表达思想和意见的空间，具有一定的灵活性。在教育科学研究中，半结构型访谈运用得较多。访谈的初期运用非结构型访谈，以了解受访者看待问题的想法和态度等，随着访谈的深入，可逐渐转向半结构型访谈，对之前访谈中的重要问题和疑问进行进一步的追问。

（二）按访谈对象的范围分类

1.个别访谈

个别访谈是指访谈者对每一个受访者一对一的单独访谈。个别访谈是访谈调查中最常见的形式。访谈者与受访者直接接触，增加了交流的机会，受访者更易感受到重视，安全感增强，访谈内容也更容易深入。这种访谈有利于受访者详细、真实地表达想法，因此收集到的资料也更真实可靠。个别访谈多用于一些规模小或一些涉及敏感性问题的调查过程中，也常用于一些个案的研究中。

2.集体访谈

集体访谈也称为团体访谈，指由一名或数名访谈员亲自召集若干受访者，通过集体座谈的形式收集资料的调查方式。访谈者一般需要准备调查提纲，在调查过程中把握谈话的方向和节奏，使参与者之间对有关问题进行讨论和表达看法。通过集体访谈可以集思广益，互相启发，并且能在较短的时间里收集到较广泛和全面的信息。但集体访谈中由于人多，有时会产生“集体压力”，个人会受到其他人的意见左右。因此，对于较为敏感的话题难以收集到真实的资料。

（三）按访谈的次数分类

1.一次性访谈

一次性访谈又称横向访谈，指在同一时段对某一研究问题进行一次性收集资料的访谈。这种研究需要抽取一定的样本，受访者有一定的数量，访谈内容一般以收集事实信息为主。一次性访谈所收集的内容较为单一，花费的访谈时间短，常用于量性研究。

2. 重复性访谈

重复性访谈也称纵向访谈或追踪访谈，指多次收集固定研究对象的有关资料的访谈。重复性访谈常用于个案研究或验证性研究及质性研究中。重复性访谈可以了解随着时间和环境的变化，受访者的思想、态度及行为等的变化。重复性访谈是一种深度访谈，它可以对问题展开由浅入深的调查，以探讨深层次性的问题。根据美国学者塞德曼(I. Seidman)的观点，深度访谈至少应进行三次以上①。第一次访谈主要是粗略地了解受访者过去的经历，访谈的形式应该绝对开放；第二次访谈主要就研究问题询问受访者目前有关的情况，着重了解事情的有关细节；第三次访谈主要请受访者对自己行为的意义进行解释。

(四)其他分类

根据访谈者与访谈对象接触方式的不同，还可以将访谈法分为直接访谈和间接访谈。直接访谈也叫面对面访谈，指双方进行面对面的直接沟通来获取信息资料的方式；间接访谈主要借助电话访谈、网络访谈等方式向受访者收集有关资料和信息。与直接访谈相比，间接访谈省时省力，省费用，但缺乏相对的灵活性和情感交流，且难以控制访问环境，不易获得更详尽的细节，难以保证材料的真实性。因此，质性研究中提倡采用直接访谈的形式。随着通讯事业的发展，电话访谈和网络访谈将会有广阔的发展前景。

① 陈向明. 质的研究方法与社会科学研究[M]. 北京：教育科学出版社，2000：173.

第二节 访谈的程序与技巧

访谈的成功很大程度上依赖于访谈程序和所使用的技巧。访谈的程序一般包括访谈前的准备、预谈、正式访谈和访谈记录的分析与整理。

一、访谈前的准备

(一)设计访谈提纲

1.量性研究中访谈提纲的设计

量性研究中较多地采用结构型访谈和半结构型访谈。研究者通常需要将所有的访谈对象组织在一个完全相同的经历中,开场白、访谈问题、提问顺序和结束语都要事先仔细制定好,以确保来自所有对象的数据能进行有意义的对比。为了使获得的资料便于统计分析,量性研究中研究者对可能的影响变量通常是预先指定的。为了避免因素的遗漏,研究者必须事先编制访谈问卷以做初步调查。访谈问卷的形式一般与问卷调查中的书面问卷相似,有开放式问题和封闭式问题。由于访谈问卷是由访谈者以口头提问的方式提出,因此,问题的设计应注意表述的口语化。

2.质性研究中访谈提纲的设计

质性研究中相对较常用到非结构型访谈。在非结构型访谈中,虽然受访者有较大的表达自由,但是仍然需要访谈者根据研究的目的、内容等设计一个大致的提纲。在提纲中访谈者应列出此次访谈的程序、要了解的主要问题以及排列的顺序。访谈提纲在非结构型访谈中只是起到提示作用,应简洁明了、具有可操作性。访谈者在使用访谈提纲时应根据具体的访谈对象或访谈情境以及受访者的回答而灵活使用,不必拘泥于问题的顺序。另外,在访谈快要结束时,如果提纲中列出的重要问题有未提及的,访谈者要及时并主动提示受访者,以获取完整的资料信息。

(二)选择访谈对象

在访谈调查中,能否选择到适合的访谈对象直接关系到访谈的成功与否。因此,在选择访谈对象上也存在一定的技巧。第一,访谈对象的选择应考虑研究的目的,确定访谈调查的总体范围后,再采用随机抽样的方法从总体范围中选取具有代表性的样本。样本的大小大多由研究的目的所决定。一般来说，探索性研究采用的样本较小，验证性研究采用的样本较大；结构型访谈可以采用较多的样本，而非结构型访谈采用相对较少的样本。第二，在访谈前，访谈者应尽可能地了解受访者的有关情况，如受访者的性别、年龄、职业、文化水平、经历、性格、兴趣等。对被访对象的基本情况了解得越清楚，选择的对象越具有针对性。第三，访谈对象应该选择较为健谈的人，这些人一般不需要访谈者太多的引导就能提供较多的信息。第四，一般在与有意向的受访者联系的时候，应该先简单介绍自己和自己访谈的目的、意义、内容，并询问对方是否感兴趣，是否愿意接受访谈。如果访谈的内容符合受访者的兴趣，受访者一般会主动积极配合，这有利于访谈工作的顺利进行。第五，访谈最好选择和自己不熟悉的人。生人之间不会像熟人之间那样讲究交情和面子，因此能较为坦率地发表观点和看法，这样获得的信息一般更有价值。

（三）预约

在正式进行访谈之前，应先和受访者预约。可以事先通过电话与受访者联系，征求对方的意见，双方确定访谈的时间、地点、场合、访谈次数等。一般来说，访谈时间和地点应尽量方便受访者。一方面，这是对受访者的尊重；另一方面，受访者在自己所选取的时间和地点内可以较轻松地表达自己的想法。但总体原则上应选择一个相对较安静的环境，避免过多人来往和噪音干扰，以便双方能够集中注意力，也有利于访谈者做好访谈过程中的记录。其次，对于访谈次数来说，收集访谈资料的过程应该至少一次以上，每次具体的访谈时间应在1小时以上，2小时以内。具体访谈次数可根据实际情况和研究者的需要而定。最后，访谈者应向受访者发一份较为正式的书面通知书，简洁明了地再次说明访谈的目的、意义、访谈内容、访谈时间和地点等，并向受访者说明研究者的姓名、身份及研究单位等基本信息。

二、预谈

一般来说，为了保证正式访谈的顺利进行，一般需要安排一次预访。预访的目的是检查访谈内容中设计的问题和提问的方式是否得当，受访者的回答能否与希望获取的信息吻合。预访的对象不应与正式访问的对象是同一个人，但二者的情况应尽可能相似。预谈的过程中应做好详细的记录，以便发现问题设计的不足。如果需要，可以追问一些补充问题，以了解受访者较为真实的想法①。预谈结束后，应及时做出调整与

① 马云鹏.教育科学研究方法导论[M].长春：东北师范大学出版社，2001：159.

修改。如果没有条件进行预谈的话,也可以请有经验的专家、研究者或同行一起商量,根据他们的意见进行调整和修改。

三、正式访谈

(一)开始阶段:与受访者建立融洽的关系

对于互相不熟悉的双方来说,初次访谈时要尽快接近受访者,获得受访者的信任,与受访者建立融洽的关系。研究者首先应进行自我介绍,向受访者说明来意,请求他的合作与支持,并向对方承诺保密原则,如果在研究报告中要引用受访者的资料时,会匿名使用。此外,还应征求受访者访谈内容是否可以进行拍照、录音、录像等,研究者可以再次保证“录音只是为了研究资料整理的方便,不会有其他用途”。[①]如果受访者还是不同意,则应放弃这些操作。双方在就这些问题进行协商的过程中,也是在为访谈创建良好的氛围,因此,访谈者应该坦诚,并尽力回答受访者提出的问题和要求。

由于双方一开始比较陌生,访谈者一般不会直接就进入正式的访谈中,而是可以根据受访者的情况,先与受访者聊一些他感兴趣的话题,从而减少双方的拘束感,这样有利于接下来访谈的顺利进行。访谈者也应控制好此类谈话的内容和时间,适时地把话题自然过渡到访谈的话题中去。

(二)进行阶段:按计划进行访谈,并注意技巧的使用,做到随机应变

为了使访谈顺利进行,研究者在正式进入访谈正题后,需要使用一些技巧来控制整个访谈的过程。

1.提问

访谈时提问要简单明白,易于回答。首先,访谈者提问时应掌握好说话的技术,发问要口齿清晰、用语准确,且口气委婉、从容,并且提问的方式、用词的选择、问题的设置应符合受访者的知识水平。其次,提问时态度要诚恳、谦逊,给予受访者以充分的思考与回答的时间,不要过于急促,否则受访者也会仓促简短地回答问题,以致丢失有效的宝贵信息。再次,一般问题与问题之间在内容上应该具有一定的联系,问题的衔接与转换应自然流畅。访谈者应善于观察受访者的心理变化,随机做出反应。访谈者要巧妙地运用直接提问法、间接提问法、迂回提问法等。

在量性研究中,访谈问题基本上是预先设置好的,一般使用选择回答式和结构开

① 刘晶波.学前教育研究方法[M].北京:人民教育出版社,2006:195.

放式两种形式的问题。两种类型的问题都以问题的形式展现,并用富有意义的、清楚的术语向受访者陈述,而且术语对所有的受访者都是一致的含义。当受访者对开放式问题犹豫不决时,可以向他们提供一些可选择的项目。在提供了选择项目后,还应该请受访者排列其他访谈对象认可的项目。

在质性研究中,一般可以分为这几类问题。经验/行为问题,指个人对自己所做的或已做的经验、行为、活动等所做的描述。如:你平时是怎么组织幼儿园的一日活动的?意见/价值问题,指个人思索其经验,以反映出个人的意向、目标和价值。如:你赞成两岁的幼儿学英语吗?情感问题,指个人在情感上对自己的经验的反应。如:当上课遇到有孩子捣蛋时,你的心情如何?知识问题,指个人具有的事实知识或个人认为是事实的知识。如:请告诉我,有关学前融合教育你知道什么?感觉问题,指个人描述他们在周围环境里所看到、听到、触到、尝到、闻到的是什么。如:你怎么看待儿童阅读经典作品的现象?背景问题,指个人协助研究者确认以及寻找某些与其他人的关系——即有关年龄、受教育程度、职业、住所问题等例行性的资料。这些资料一般在访谈前研究者应该了解清楚。

在访谈中,可以围绕以上几种类型,根据自己的研究目的提出相关问题。除此之外,在质性研究中,研究者也需要提出一些开放的、清晰的、具体的问题。一般情况下,质性研究的访谈提问多以"什么""如何""怎样"之类的词语为问题的主线,这样可以获得不同的资料。要尽量避免提出让受访者做出二分式回答(是或否),或隐含自己主观设定的问题。例如,下面是关于"对教师参加研讨会的看法"的访谈中三种不同的提问方式。

访谈的提问方式

可能导致二分式回答的问题	隐含主观设定的问题	质的访谈问题
教师们在研讨会上遇到困难了吗?	执行该计划(参加研讨会)最困难的是哪部分?(设定:有许多困难)	你觉得教师们在研讨会上会遇到什么问题?
(参加研讨会)教师改变了吗?	你期望参加研讨会的教师与未参加者有什么不同?(设定:会有所改变)	参加研讨会会对教师产生什么影响?

资料来源:刘晶波,学前教育研究方法[M]. 北京:人民教育出版社,2016,197

2. 倾听

在访谈中,"听"也是一件重要的事情,它决定了"问"的方式和内容,也是双方互相理解和信任的基础。

在行为层面上,访谈者应积极关注地去听,将自己全部的注意力都放在受访者的身上,用目光、神情和倾听的姿态来向对方表明自己的尊重。应创造一个轻松、安全的环境,让受访者更加能够说出自己的心声。在认知层面上,访谈者应带着接受的姿态去听,要主动接收和捕捉受访者的信息,探索他们话语背后的意义。不应带有自己的主观意见去理解对方的话语,并做出自己的价值判断。在情感层面上,访谈者应有感情地去听对方谈话中的情感流露,能够接纳对方所有的情绪反应,而且表现出自己对对方的情感表达方式可以理解。这样,受访者会感到对方被自己感染,因此会比较愿意接触和更多地表达自己的情感。例如,在一项关于幼儿园公开课的访谈中,受访者提到了第一次上公开课时,自己的压力非常大,上课的时候心里很紧张,在其停顿的时候,访谈者也指出自己第一次上公开课的时候压力也很大,很紧张,对其表示理解。受访者会认为对方也有同感,从而愿意继续倾诉。

3.追问

当受访者的回答不清楚、不完整或不符合题目的意思时,访谈者需要接着抛出一些问题,以获得想要的满意的答案。一般在下列情况下,访谈者需要进行追问。第一,对问题的回答含糊不清时,访谈者需要进行追问,并引导受访者做出更准确、充分的回答,或至少得到一个最低限度的可接受的回答。第二,当受访者的回答前后矛盾,或回答不够完整时,也需要进行追问。第三,当受访者在反复提到一个概念,而访谈者不清楚,或是给访谈者造成了理解困难时,需要进行追问。第四,当访谈者需要了解细节以使谈话深入时,也需要访谈者进行追问。

追问要适时和适度,访谈者需要全身心地听对方的描述,对对方所使用的词语或所讲的话保持高度的敏感。追问的一个重要的原则是尽可能用受访者自己所用的语言和概念来进一步询问。例如,访谈者在倾听了一位父亲对孩子教育的经验介绍时,发现对方提到了“赏识教育”,于是进一步追问:“您刚才使用了‘赏识教育’这个词,您能具体解释一下什么是‘赏识教育’吗?”此外,访谈者应尽量采用中立的追问,不应带有任何倾向性,因为倾向性有可能对受访者产生暗示的作用。

追问的方式可分为直接追问与间接追问、当场追问与事后追问等不同的分类。直接追问即直截了当地请受访者补充回答自己未回答或回答不够完全、不够具体的问题。间接追问就是通过询问其他相关问题或换一个角度去询问某个未回答或回答不完整的题目。

研究案例

有关幼儿教师观念的访谈①

受访者:我觉得作为一名老师,首先她要配合(符合)老师的身份吧,比如要从那个打扮上来说,当一名幼儿老师,她不能打扮得花枝招展,要符合做老师的身份;另外一点,她要懂得关心学生,嗯,而且我觉得,怎么讲呢——可能讲得没有她们好吧。

访谈者:那你觉得幼儿园老师打扮什么样的是符合她身份的呢?(直接追问)

受访者:就是,我也不大好讲。就是……

访谈者:那什么样的是不符合她身份的呢?(间接追问)

当场追问是在访谈进行过程中,访谈者对自己不懂的或想进一步了解的地方进行及时追问。事后追问有两种形式,一种是访谈后如果访谈者希望追问的内容关系到重要概念、观点或理论问题(如师德师风,素质教育等),可以先把这些问题记录下来,等到访谈后期时再进行追问;另一种是访谈者事后整理记录时,发现还需要就有些问题展开更深入的询问时,也可以再向受访者提出追问。

4.回应

访谈过程中,访谈者要适当地对接受调查的对象的言行和情感表达做出反应,以表明自己是在认真倾听对方的话,并鼓励受访者将谈话进行下去。回应的一个基本原则是要让受访者感到自然和及时。访谈者的回应方式主要有言语上的回应和非言语性的回应。

言语上的回应主要有认可、重述对方的话、适当的自我暴露、解释等。

(1)认可。为了使谈话继续下去,使对方感受到自己是受到重视的,访谈者可以在回答中用言语表示认可,如,“是的”“对”“嗯”,鼓励对方继续讲下去。访谈者在表示认可的时候,应该与对方有眼神对视,而不是低着头或看向其他地方。

(2)重述。重述既可以是重复对方的话,也可以是对对方的话进行一个总结,以检验自己是否理解了对方的话语,还可以提醒受访者讲到了什么地方。

(3)自我暴露。自我暴露是“访谈者对受访者所谈的内容就自己的有关经历或经验做出回应”②。适时适当地自我暴露可以缩短和受访者的心理距离,使访谈更轻松,更具有合作性。

① 刘晶波.学前教育研究方法[M].北京:人民教育出版社,2006:201.

② 陈向明.质的研究方法与社会科学研究[M].北京:教育科学出版社,2000:205.

(4)解释。访谈者有时需要对某个问题做出解释说明,以帮助受访者理解题意,消除思想顾虑。如受访者没有听清问题或是对问题的理解出现错误时,访谈者应做出恰当的解释和说明。

而非语言性回应主要指访谈中访谈者用表情、肢体动作来向受访者传递一定的思想、感情,如点头、微笑,用鼓励的目光来表示自己在认真倾听对方的谈话,并且理解对方的想法。但访谈者也要控制好自己的表情,使其符合受访者所说的情境,使受访者感觉自己找到了倾诉的对象,更愿意敞开心扉。

访谈中,受访者可能会询问一些问题,要求访谈者做出一些自己的价值判断、总结等。此时,访谈者要巧妙地采取一些策略,回避正面回答这些问题。如:询问受访者自己对这个问题的看法,或表明自己也不是很清楚等。如果是集体访谈,还可以调动其他人一起参与到该话题的讨论当中。但必须要注意的是,不管在什么情况下,访谈者都要保持绝对的中立态度。无论受访者的回答正确与否,不应发表个人见解,也不应表示出批评、赞成或不赞成的态度。

回应的时机没有一个固定的模式,取决于访谈者个人的感觉和经验,具体情况灵活应变。如果受访者就一个问题谈得太多、太广泛或跑题时,访谈者可以适时地插话,把受访者拉回到研究问题中来。如果受访者比较害羞、内向、不自信,那么这些人更需要访谈者的回应和鼓励,以便访谈能够顺利进行下去。如果受访者在谈到某些话题,害怕泄露的时候,访谈者应及时做出解释,如"对于您谈及的内容,我们是不会外传的,请您放心讲下去",以此来消除对方的顾虑。

5.访谈中的记录

访谈记录中应该写明访谈人员的姓名、访谈日期、具体时间和地点、受访者的基本情况、访谈环境等资料,便于查找、分析和考察。访谈中的记录一般有纸笔记录和录音录像记录等方式。质性研究要求把受访者的每一句话都记录下来,因此一般使用录音录像来辅助纸笔记录。并且在记录时,访谈者应把受访者的话与自己的一些描述性记录区分开来。

纸笔记录一般包括现场记录和访谈后记录两种。现场记录一是记录受访者所说的内容,二是记录在访谈中所看到的东西,包括访谈的场地和周围的环境,受访者在访谈过程中表现出来的一些非言语性的信息。但是,如果只有一位研究员的情况下,要避免过多的记录,这有可能会影响访谈的质量和与受访者的关系。因为访谈者一直忙于记录,会让对方感到自己不受关注,而访谈者也很难捕捉到受访者非语言的信息。

在这种情况下,访谈者可以简单地记录一些自己认为重要的信息。如果有助手的话,则负责访谈的人的主要任务是倾听,而助手应详细记录下访谈过程中受访者的语言和非语言的东西。因此,在对访谈研究方法还不熟练的情况下,建议2至3人一起完成访谈。其中一人负责主要的提问,另外的人负责记录。

访谈后记录一般是访谈者在结束访谈后立刻记录下自己在访谈过程中的感受和体会,访谈中遇到的困惑或困难的地方,以及自己的个人语速对访谈效果的影响的反思等。访谈者应该注意在结束访谈后立即记录现场的想法,以免由于时间过长而造成对当时情景的遗忘,从而导致一些信息的丢失。

录音录像记录能够提供完整的语言记录,但是用录音录像方式记录也有不足,录音机、录音笔、录像机等设施某种程度上改变了访谈情形。在涉及高度个人机密的访问中,对象若知道回答会被录音,可能会在表达情感和真实想法时犹豫。访谈者应仔细耐心地解释录音的目的,以获得受访者的信任,降低访谈因录音引起的不良效果。访谈者使用录音录像的方式也应该注意避免无意识地选择有利于自己研究的信息。

(三)结束阶段:把握时间,礼貌致谢

结束访问是访谈的最后一个环节,访谈者应该在一个良好的气氛中尽可能以一种轻松的、自然的方式结束。国外研究表明,一般情况下,受访者保持注意力的时间为:电话访谈约20分钟,结构型访谈约45分钟,集体访谈和非结构型访谈不超过2小时以上①。当然,应视情况而定,但原则上不应妨碍受访者的工作和生活秩序。

在需要结束访谈时,访谈者可以给对方一些语言或行为上的暗示或明示。如可以说:"行,今天我们的谈话就到这里,您提供的信息对我们的研究很重要,谢谢。"访谈结束时,要对受访者的支持与合作表示感谢,表示出通过访谈获得了很有价值的信息,学到了很多东西。如果后续还需要进一步访谈的话,应向受访者说明,让对方首先有思想准备。如果需要,应再次向受访者承诺保密原则。如果财力允许,访谈者还可以利用这个机会向受访者送一件礼物,以表达自己的感激之情。

访谈的成功与否不仅取决于访谈者所使用的技巧,而且还受到访谈者个人素质以及与受访者之间建立的关系的影响。如果我们希望成为成功的访谈者,不仅需要学习一些访谈技术,而且要在日常生活中提升自己理解他人、关心他人、与他人和睦相处的能力。

---

① 郑金洲,陶保平,孔企平.学校教育科研方法[M].北京:教育科学出版社,2003:18.

第三节 访谈法在学前教育中的应用

一、访谈法在学前教育中的应用范围

在学前教育研究中，根据研究者的研究目的，访谈法可以单独使用，也可以结合其他研究方法使用，比如与调查法、观察法等一起使用。

在学前教育研究领域，访谈法通常用于研究教师的教育观念、教学方法及态度、对幼师工作的意见和建议、幼儿园管理规划等。还可以研究儿童的个性、幼儿行为表现的根源、家庭教养方式等。特别是对于年龄较小，缺乏书面语言能力的幼儿来说，访谈法具有一定的优势。

除此之外，当研究员涉足一个新的领域，对涉及的研究现象还不够了解的情况下，可以事先开展一次焦点小组访谈。这样可以从被研究者那里获取一定的信息，从而能够更深入地了解研究现象，在倾听受访者的谈话中逐渐形成自己的研究思路、研究问题和研究假设。如研究者想深入研究幼儿园中一日活动现象，但是研究者自己对幼儿园一日活动的一些具体操作程序，以及教师如何看待一日活动的开展等方面不了解的情况下，研究者可以先组织一次幼儿园教师的访谈，请他们谈谈他们的看法。

当研究者使用问卷法时，在进行调查问卷前或后实施访谈可以帮助研究者更好地、较为全面地掌握研究对象的整体想法、关注的问题等。此外，访谈法还可以作为测试调查工具去检验研究者拟定的问卷是否完整、问题是否恰当。

二、对儿童进行访谈

由于学龄前儿童年龄小，容易受他人影响，不易分清现实与想象的边界，甚至有不回应的情况，基于这些原因，对学前儿童的访谈一般采取结构型访谈和个别访谈的模式，并且要对幼儿访谈成功，需要研究人员利用一定的技巧来处理好这些问题。基于儿童的思维发展特点，研究人员至少要面对三个基本问题：一是学龄前儿童理解抽象概念的能力有限；二是儿童的注意力集中有限，并且不理解访谈的情境；三是要处理好儿童和成人之间的关系。

首先，对幼儿进行访谈，必须要注意说话的技巧。由于学龄前儿童的语言表达能力有限，他们的词汇量太少，在理解问题和回答问题中很多语言对于他们来说是不可理解的。因此，研究者在语言和用词上必须使幼儿易于理解，态度要亲切，使幼儿感到舒服，并应引起他们的兴趣，对胆小的孩子应给予鼓励。在正式实施访谈前，应做预访，建立与幼儿间的适宜度后再进行正式访谈。并且，访谈者应该对幼儿的任何回答做出相似的反应，不应有暗示和偏向。

其次，由于学龄前儿童的注意力集中的时间较短，访谈者应控制好访谈的时间，不宜过长。另外，幼儿往往不能理解访谈的性质，以及为什么他会被置于这样的情境中。一般来说，访谈者不应试图详尽地解释研究目的，而是可以先邀请孩子玩一种玩具或游戏。这不仅对孩子明确了为什么他会在这样的一个情境当中，而且也使幼儿建立了一个良好的心境。全神贯注于游戏中的孩子会变得较少自我意识，从而给予较好的回答①。但是需要注意的是，研究者使用玩具和游戏创设访谈情境时，不应太过有趣而导致孩子沉迷于玩具或游戏当中而拒绝回答问题。研究者也可以使用"投射法"，将访谈本身设置为一种游戏，通过使用图片、讲故事等方式来进行提问，从而收集访谈信息。

最后，访谈者和儿童之间的关系在访谈中非常重要。幼小儿童不能像大多数成年人那样理解访谈者的角色，常会把成人视为一种权威，当成人来找他问问题的时候，他可能会认为访谈者是在企图通过每个大人都知道的答案来考他或哄他。在3至5岁的儿童中进行访谈，常常伴有成人式的问题，有的孩子可能会拖延、拒绝回答，或是故意给出不正确的回答。有的孩子还会对陌生人特别敏感并伴有戒备之心，对于这些情况访谈者应加以注意。另外，幼小儿童很容易受到他人的暗示，因此，在对幼儿的访谈过程中，访谈者应保持中立的身份，不能带有任何暗示性的引导或回答。最后，儿童的想象力往往很丰富，易把现实与想象混淆起来，因此他们的语言中往往会伴有虚构的成分，会夸大事物的某些特征和情节，访谈者应注意控制谈话的内容，不要让孩子的想象力过于发挥。

本章小结

1.根据访谈的内容、目的、结构、对象等因素，访谈可以被划分为多种类别。根据研究者对访谈结构的控制程度，访谈可以分为结构型访谈、非结构型访谈、半结构型访谈。根据访谈对象的范围，访谈可分为个别访谈和集体访谈。根据访谈的次数，还可以把访谈分为一次性访谈和重复性访谈。

2.访谈的程序包括访谈前的准备、预谈、正式访谈。

3.访谈的技巧主要涉及：①事先应对访谈对象有所了解；②要尽可能自然地结合

---

① 肯尼思·D.贝利.现代社会研究方法[M].许真，译.上海：上海人民出版社，1986：274.

受访者当时的具体情形来进行访谈;③访谈的问题应该由浅入深、由简入繁,并且要自然过渡;④为避免谈话跑题,有时需要适当的调节和控制;⑤要适时适当地对受访者进行提问和追问;⑥在回应中要避免随意评论;⑦要注意在访谈中自己的语言行为和非语言行为;⑧要讲究访谈的结束方式。

4. 在学前教育研究中,根据研究者的研究目的,访谈法可以单独使用,也可以结合其他研究方法使用。

5. 对儿童进行访谈时,要考虑到儿童思维发展的特点。首先,学龄前儿童理解抽象概念的能力有限,因此要注意说话的技巧;其次,要创建适用于儿童的访谈情境,注意控制好对儿童进行访谈的时间;最后是要处理好儿童和成人之间的关系。

思考与实训

1. 你认为进行个别访谈的主要困难是什么?可以通过哪些方式和途径解决这一难题?

2. 以3—4人为一个小组,选择一个与学前教育相关的课题,分别承担访问者、受访者、记录员的角色,运用访谈法进行模拟练习。

专题探讨

背景资料:2021年11月12日,教育部公布了对十三届全国人大四次会议中针对"加强幼小科学衔接"的建议,教育部答复,2022年秋季学期开始,各省(区、市)全面推行入学准备和入学适应教育。教育部表示,将在幼儿园做好入学准备教育,大班下学期有针对性地帮助幼儿做好生活、社会和学习等多方面的准备。小学做好入学适应教育,强化主动衔接意识,改革一年级教育教学方式,国家课程主要采取游戏化、生活化、综合化等方式实施课程,切实改变忽视儿童身心特点和接受能力的现象。

探讨:你如何看待此现象?如果你是研究者,现在将针对"幼小衔接"的问题在幼儿园中开展访谈调查,你将采取什么样的访谈形式,以及会如何设置访谈内容?

第七章 实验法

学习目标

- 了解实验法的含义、优缺点及基本类型；
- 理解和掌握实验研究的基本过程与设计标准；
- 能初步掌握和设计实验计划。

学习重难点

- 重点：实验研究的基本过程和设计标准；
- 难点：设计实验方案。

案例破冰

创新学习服务对孩子的阅读有效果吗？

教育者、出版商及企业家一直都在寻找新方法来提高学生的学习效率。比如《华盛顿邮报》报道了一条关于由美国一家名为MetaMetrics的教育测评公司开发的创新学习服务的消息。这种服务给每位学生生成了一个号码，称为蓝思(Lexile)，这个蓝思对应着学生在州标准阅读测试中的学习成绩。教师和家长可以将学生的蓝思指数输入系统的在线数据库，数据库会根据学生的阅读水平列出相应的书单。

《华盛顿邮报》报道，弗吉尼亚州的教育部已经采用了MetaMetrics的研究，认为这种方法将提升学生的阅读技能。这一部门的一位工作人员做了以下论述。

小学教学服务主任马克·艾伦说道："当孩子能根据自身的阅读理解程度来阅读，他们就会更喜欢阅读，更想阅读，不会觉得有挫败感。"

这些教育工具看起来比较有效，并且一个州的教育部都这么支持这种方法的使用。但这种方法真的那么有效果吗？这个问题可能在下面所描述的实验中得到最好的回答。

第一节 实验法概述

一、实验法

(一)实验法的含义

实验研究是一种受控制的研究方法,通过一个或多个变量的变化来评估它对一个或多个变量产生的效应。实验的主要目的是建立变量之间的因果关系,一般做法是研究者预先提出一种因果关系尝试性假设,然后通过实验操作来检验。[①]教育科学研究中的实验法是实验研究的一种特殊形式,它是在某种控制情境中探究自变量与因变量之间关系的一种方法。研究者按照一定的研究目的,合理控制或创设一定的研究条件,探索教育现象之间的因果关系,从而揭示教育规律。教育实验法主要用于人的教育科学研究,它与自然科学相比,控制条件的严密性要相对宽松很多。教育现场当中的实验法其实随处可见,比如,物理课堂上的摩擦起电小实验,教师让学生用尺子在头发上摩擦过后去吸桌子上的小纸片,发现纸片会被带电的尺子吸附起来。

在学前教育研究当中,对学前儿童使用得较多的是观察法和调查法。这两种方法一般对自然呈现出来的现象进行描述、归纳和分析,对可能影响现象的因素做出推测。而实验法则可以利用实验来创设实验组和控制组,通过对比两个小组来观察变量的影响,并且可以通过前测和后测来探究变量所导致的变化,还可以通过控制或消除无关变量的干扰,进而得出更为严谨的、符合逻辑的研究结论。

经典研究案例

陌生情境实验

美国心理学家艾恩斯沃斯等人设计了一个心理实验来研究婴儿在陌生的环境中并与母亲分离后的行为和情绪表现,根据婴儿的行为、情绪的表现来确定婴儿的依恋类型。

实验过程中是由母亲带婴儿进入实验场所(陌生环境),实验者作为陌生人出现在实验场所里,但不干涉母子的活动,片刻后母亲独自离开,由婴儿单独与实验者相处,由实验者观察婴儿的表现,再过一段时间后母亲返回。实验

① 袁荃.社会研究方法[M].武汉:湖北科学技术出版社,2012:164.

者记录这个过程中婴儿从开始到结束的行为和情绪表现情况。这个实验给婴儿提供了三种潜在的难以适应的情境：陌生环境（实验场所）、与亲人分离和与陌生人相处。通过实验来研究婴儿在这几种不同的情境下表现出来的探索行为、分离焦虑反应和依恋行为。根据婴儿的行为表现界定了母子之间存在以下三种依恋类型：

1. 回避型依恋

母亲在场或不在场对这类儿童影响不大。实际上，这类儿童并未形成对人的依恋，所以，有的人把这类儿童称为“无依恋的儿童”。这种类型较少。

2. 安全型依恋

这类儿童与母亲在一起时能安逸地玩耍玩具，对陌生人的反应比较积极，并不总是依偎在母亲身边。当母亲离开时，探索性行为会受到影响，明显地表现出一种苦恼。当母亲重新回来时，他们会立即寻求与母亲的接触，但很快又平静下来，继续做游戏。

3. 焦虑—矛盾型依恋

这类儿童遇到母亲要离开之前，总显得很警惕，有些大惊小怪。如果母亲要离开他，他就会表现出极度的反抗，但是与母亲在一起时，又无法把母亲作为他安全探究的基地。这类儿童见到母亲回来时寻求与母亲接触，但同时又反抗与母亲接触，甚至还有点发怒的样子。

（二）实验法的优点与局限

1. 实验法的优点

（1）实验法能够充分发挥人的主观能动性。实验法的一个突出特点是能够人为地主动干预研究对象。特别是对某些在自然观察中不易被观察到的，或是不易集中观察到的情境或现象，可以人为地创设条件，从而扩大研究范围。实验法通过“干预”“控制”，可以大大加速研究进程。因而，有人认为不做任何控制的“实验”，不能称为实验。[①]其次，实验法的研究领域很宽阔，内容很丰富。实验法既可以研究学前儿童身心健康发展的许多现象之间的关系，也可以只研究某个现象；实验法既可以同时针对许多学龄前儿童、幼儿园、幼师等进行研究，也可以只对少数或个别学龄前儿童，或是某个幼儿园进行研究；并且实验法既可以实施长期的追踪研究，也可以实施较短时间内的探索。

（2）实验研究的过程具有计划性。实验研究需要事先对实验条件进行规定和对研

---

① 张燕，邢丽娅．学前教育科学研究方法［M］．北京：北京师范大学出版社，1999：121．

究目标、理论框架进行假设,明确区分各个变量,并对测量的对象、研究材料和工具都明确规定操作定义,对实验程序的使用等一系列过程进行严格的计划,从而保证测量结果的精确性。

(3)实验法有利于发现规律,并且便于重复验证。实验研究要求比较严密的程序来组织和进行操作,它要求主动变革研究对象,对和实验无关的变量加以控制,尤其是实验室实验,要求在对无关变量的严格控制下进行,从而能够排除无关因素的干扰,获得更为科学、更为可靠的研究结果。除此之外,不同的研究者可以通过相同的实验条件和过程,用不同的被试样本重复验证研究结果。如果研究结果可以被反复验证,则可以认为这个实验的可靠性较强,用专业术语来说,即外部效度较高。

2.实验法的局限

(1)实验法的难度相对较大。实验研究的对象通常是人、人的心理及行为,人是世界上最高级的物种,人的心理、行为也是世界上最复杂的活动,因此,对人的各种现象进行研究本身就是一项难度较大的活动。

(2)实验研究的情境使用范围相对窄小。在实验情境下我们可以得出结论,A能引起B的变化,而不能保证现实中A确实在引起B的变化。因为实验情境和现实有一定程度的区别,并且儿童所处的现实环境往往比实验环境复杂,而在实验中,可以对研究对象和范围做出适当的限定、选择和控制。

(3)实验法往往会剥夺控制组某些变量的发展机会,以体现实验组的效果。比如不给予某些必要的正面教育等。出于科研道德,我们不能这么做。这就限制了实验法在学前教育研究中的作用。①

(4)实验法对操作者和实验条件的要求相对较高。进行实验研究,首先对研究者的能力、知识经验和技术水平等有较高的要求。其次,研究假设、研究设计、对变量的操作、对无关因素的控制等,这一系列的活动过程需要人为地控制或创设一定的情境,尽量减少无关变量的干涉,才能科学、真实地显示实验的结果,因此对实验的条件要求较高。

二、实验法的类型

(一)现场实验和实验室实验

1.现场实验

现场实验也叫作自然实验,指在真实的社会环境中尽可能地控制一些无关变量,

① 刘晶波.学前教育研究方法[M].北京:人民教育出版社,2016:260.

通过操作自变量和因变量来进行观测，分析和解释变量之间因果关系的一种实验方法。现场实验具有真实性和自然性，更接近于学前儿童的日常生活和真实行为表现。除此之外，在现场实验过程中，研究者可以及时发现研究过程中的问题，并及时做出调整。由于现场实验是在真实情境下进行的，没有实验室中的人为性、特殊性，所以研究结果具有较大的推广性。

2. 实验室实验

实验室实验指在实验室中，通过严密的实验控制，改变和操纵自变量，控制无关变量，从而保证实验结果的可靠性。实验室实验能够精密地控制实验条件，较为精确地解释变量间的因果关系，并使用专业的仪器设备来显示刺激和记录结果，所以实验室实验的结果也较为客观和准确。但是，实验室研究在一定程度上会限制实验条件和实验对象，这也使实验操作具有一定的难度。一般实验室实验涉及的变量较少，被试量较小，适合较简单的研究问题。上述种种原因也使得实验室的研究结果的推广度受到一定的影响。

（二）探索性实验和验证性实验

1. 探索性实验

探索性实验是以一定的理论为基础，探索某种实验假设实现可能性的实验。例如，有关学前儿童早期教育的实验就是以学前儿童教育学、心理学、学前儿童发展学等理论为基础，探索儿童进行早期教育实施的可能性、实施的方式方法和实施的年龄阶段的研究。因此，探索性实验具有独创性，目的在于探求未知、获取新知。[①]

2. 验证性实验

验证性实验是在探索性实验已经获得一定成绩的基础上，对已经形成的某种理论假设做进一步的验证和推广的实验，是对已经获得的一定的实验成果进一步巩固和推广的过程。比如，在学前儿童早期执行功能开发的基础上，探究对儿童执行功能训练的措施。因此，验证性实验是对已有的知识和结论等进行重复检验或对已有的实验成果进行再实验、模仿和进一步改造。

（三）前实验、准实验和真实验

1. 前实验

前实验指在实验过程中实验者对无关变量控制不够充分，导致实验结果的可靠性较低的一种实验方式。这会使无关变量和自变量的作用发生混淆，从而降低了实验结

① 张宝臣，李志军. 学前教育科学研究方法[M]. 上海：复旦大学出版社，2007：79.

果的准确性。

2.准实验

准实验研究是指带有控制组但不能随机地安排被试进行实验处理的实验。在实际的社会情境中，由于环境的约束，不能用完全真实的实验设计来控制无关变量，但是，可以将一些会影响实验结果的变量进行分类，将其作为自变量的因素进行控制，从而采用类似真实的某些方法来收集、整理、统计、分析资料，从而得出较可靠的结论。

3.真实验

真实验是指以数理统计为基础的实验，这种实验既能够对各种无关变量进行周密的控制，还可以用比较精确的统计方法来帮助分析实验结果。真实验的研究结果可靠性较强，但实验的操作过程难度也较大。

（四）单因素实验和多因素实验

1.单因素实验

单因素实验即实验中只有一个自变量的实验。比如，“教师的教学活动策略对激发幼儿想象力的作用”，在这个实验中，自变量就是教师的教学活动策略。一般来说，单因素实验操作较为简单，但是，存在对一些无关因素的控制可能不够充分的问题。

2.多因素实验

多因素实验即实验中包含两个或两个以上的自变量。比如，“影响家园共育的因素的研究”，在这个实验中，自变量可能存在多个，如父母的养育态度、父母的受教育情况、教师的态度、幼儿园的引导、国家的政策等。相对于单因素实验研究来说，多因素实验研究考虑到了可能影响实验的各种因素，从而使实验较为接近日常情形，接近真实验。但也由于涉及的因素较多，所以实验结果处理起来相对复杂。

第二节 实验法的基本过程与设计

一、实验法的基本过程

一个完整的教育实验研究包括实验的准备阶段、实验的实施阶段,以及实验结果的总结和评价阶段。在进行实验设计时必须充分考虑每个阶段的组成成分再设计实验。

(一)实验的准备阶段

1.选定研究课题

选定研究课题是开始一个实验研究关键的第一步。课题的选定关系到整个实验研究的目的、内容和实施的方法,并且还关系到一项实验的价值和成败。

2.实验设计

实验设计是针对需要验证的实验假设,有目的、有计划地收集资料以建立该实验的设计方案,是对教育实验一系列活动过程的预先描述和设计,主要包括以下内容:

(1)明确实验假设。当确定研究问题之后,在开始实验之前,研究者必须根据研究目的和已有的资料对研究问题设想出可能的答案或结论,即提出假设。实验假设的确定能进一步规定研究的重点和方向,决定资料的构成和分析的框架,指导研究的深入进行。

(2)选择被试。根据实验假设,选择一定数量的被试。被试的选择应尽量实现随机抽取和随机分配,或运用各种合适的、有效的手段,尽可能地保证处于不同实验条件下的各组被试是等质的。对于准实验研究来说,一般在进行实验之前,研究者应对所有被试进行前测,以消除组别差异。例如,在《基于气质评定的幼儿同伴关系促进实验》①一文中,研究者运用整体抽样方法在大连市的一个普通幼儿园中抽取了六个班级,大、中、小班各两个。研究者特别说明了在这六个班级中,对比组和实验组孩子总体的年龄、性别和智力发展的总体水平是大致相当的,并且对所有被试进行了前测。

① 刘文,梁楠,杨丽珠.基于气质评定的幼儿同伴关系促进实验[J].学前教育研究,2007(5):28-31.

研究案例

基于气质评定的幼儿同伴关系促进实验(局部)

刘文　梁楠　杨丽珠

(辽宁师范大学教育学院,大连 116029)

2.研究方法

在大连市一所普通幼儿园选择了6个班,其中小、中、大班各两个。平行班中一个为实验班,另一个为对比班,两班在年龄、性别、智力发展水平及人数上大致相同。人数总计为166人,其中实验班小班22人,中班38人,大班22人;对比班小班21人,中班38人,大班25人。

采用"儿童气质教师评定问卷(3-9岁)"(刘文、杨丽珠,2002)。该问卷包含活动性、情绪性、反应性、专注性和社会抑制性五个维度。评分者信度为0.89,再测信度为0.819,分半信度为0.77,各维度的内部一致性信度为0.65-0.88之间,效度为0.818。同时采用同伴提名发对幼儿同伴关系做出鉴别,确定被拒绝与被忽视幼儿。

我们根据对小、中、大班这两类幼儿为期3个月的事件取样观察和行为编码,在预实验的基础上得出适应小、中、大班不同年龄阶段的活动类型,然后与带班教师讨论,确定作为实验干预因子的教育活动。由于对被拒绝幼儿来说,采用认知训练的效果较好:对被忽视幼儿来说,采用行为训练法的效果较好;采用情感训练法可以在一定程度上提高两类幼儿的同伴接纳水平;中、大班幼儿采用认知训练法效果好于小班幼儿;情感训练法的效果随幼儿年龄增长逐渐增大;对小班幼儿以行为训练为主。因此,小班侧重集体的行为活动,中班侧重情境中的认知活动,大班侧重情境中的情感活动。我们最终为每类幼儿每个年龄段设计了12个干预活动,形成小、中、大班两类幼儿6个系列的教育活动,共72个。

(3)确定变量。在实验研究中,应确保因变量的变化是由自变量引起的。在进行实验设计的时候,研究者应当明确规定实验中各个自变量和因变量的概念性定义和操作性定义。变量的操作性定义是概念性定义在实际研究过程中的具体体现,是将概念的文字语义转化为具体的可以操作观测的程序或指标。操作性定义有利于客观而精确地测量变量,以确保实验数据收集的严谨性和精确性。

(4)控制无关变量。为确保实验结果的可靠性和有效性,需要对一些无关变量进行控制,尽力排除其混淆效应,将自变量的作用分离出来。

(5)制定实验步骤。教育实验研究应该具有较为严格的程序,应做好实验步骤的制定,要考虑各阶段的具体内容、研究工具、研究方法、控制措施、每一步的指导语、评分方式与记录表格,以及对各种可能出现的问题与情境的预处理办法等。实验步骤之间应体现出较强的逻辑性。

(二)实验的实施阶段

实施阶段就是按照实验计划逐步开展实验的过程,这个阶段主要是创设一定的实验条件,通过对自变量的操作、因变量的测量、无关变量的控制来观测假设的现象是否会发生,以及由此产生的效应,并对所需的资料和数据做出收集、记录和验证假设。并且,对研究的进程、发现的问题做出及时调控。

(三)实验结果的总结和评价阶段

实验的最后阶段即对实验中所取得的资料、数据进行分析处理,检验研究假设,并得出科学合理的结论。

1.整理实验资料

研究者需按照实验的目的和要求对实验过程中所获得的原始资料和数据进行审核、汇总和评价。通过整理资料,研究者可以发现材料之间的内在联系,从而探索其规律,验证假设。在整理材料时必须坚持客观性和系统性的原则。客观性原则是在实验过程中收集资料时要实事求是,不能为了获取想要得到的实验结果而人为地变更数据和资料。系统性原则是指对材料和数据的分析要条理化、系统化,为研究结果的进一步分析和统计创设条件。

2.实验结果的统计分析

为了能更简洁、一目了然地了解研究结果,研究者在对实验结果进行加工整理后,将运用定性分析和定量分析帮助读者了解各变量间的关系,从而得出研究结论,揭示教育现象的本质和规律。

3.撰写实验报告

实验报告是以书面的形式展现实验过程和实验结果的一种研究报告,它是实验研究过程的最后一个阶段,是对实验结果进行交流、评价以及进一步推广的基础。实验报告中描述研究结果时必须根据实际的工作提出,不能夸大、武断。实验报告的总结不但对现行实验的进一步深入研究有积极的意义,而且对开发新的实验课题,提高实验的理论水平和技术修养都有积极的促进作用。

二、实验法的设计标准

无论是实验研究还是准实验研究,研究者都必须在进行正式实验之前进行充分的实验设计,保证实验的内部效度和外部效度。一般来说,实验法的设计标准包括以下几个方面。

(一)实验变量

实验的设计应能使作为假定原因的自变量发生变化,从而引起因变量的变化,在此过程中还必须同时控制或消除无关变量的影响,保证研究结果的准确可靠。

1.自变量的选择与控制

自变量也是实验因子,是引起变化的条件,是研究者创设和操纵情境或刺激物来促使被试产生反应和变化,这也是实验的目的。例如,在"活动幻灯片与图片两种直观教具在幼儿园故事教学中效果的比较"这项实验研究中,自变量就是直观教具。所要解决的问题是,使用活动幻灯片这种教具是否能提高故事教学的效果。因此,该实验使用两种教具进行比较,一种是传统教具——图片,讲故事配上4幅图片;另一种是活动幻灯片,在屏幕上打出面积大、能活动的图像来配合故事教学。通过实验,考察直观教具(自变量)变动后,故事教学的效果(因变量)是否发生变化。另外,在进行实验设计之前,应尽可能多地了解影响因变量的各种因素,进行考察后找出关键的因素作为实验研究的自变量。

2.因变量的确定与测量

因变量就是实验所要观测的效果,随自变量的变化而变化的因素。实验的目的就是要通过因变量的测量来研究自变量和因变量之间是否存在因果关系。由于自变量的变化会引起相应变化的量很多,所以应根据研究的目的确定哪些是值得重视的因变量。因变量的测量主要是为了评估实验的结果,因此,因变量的测量要准确,可以通过直接或间接的测量或观察方式,从定量和定性两个方面进行评估,并尽可能把结果转化为分数或等级的形式。[①]

3.无关变量的辨别与控制

无关变量是研究中除了自变量和因变量之外的一切变量,由于无关变量会影响或干扰研究结果的测量,因此在实验中要有效控制好无关变量。无关变量的控制也可以采用一些方法来处理。一种是把无关变量排除在实验之外,尽可能不让其对实验结果产生影响。例如,心理和教育实验中利用单向玻璃进行观察;利用暗室、隔音室来消除

① 张宝臣,李志军.学前教育科学研究方法[M].上海:复旦大学出版社,2007:84.

无关的视听刺激等。还有一种是使用平衡法,也叫等组法。通过随机取样和随机分配将被试分为两个(或两个以上)无关变量相等的组,两组被试的特点相同或基本相同,表明两组被试都是来自同一总体,这样无关变量的相同对两组的影响也就得到平衡了。

(二)实验效度

实验效度指的是实验的真实性和有效性,是检验和衡量实验设计水平的基本操作标准,包括内效度和外效度。

1.内效度和外效度

实验的内效度是指实验结果反映自变量与因变量关系的程度。如果实验中能较好地排除和控制无关变量,使因变量的变化确实是由自变量引起的,那么说明这个实验的内效度较好。实验的外效度是指实验结果能被推广到实验范围之外的可行性程度。具有较高的推广性(外效度)也是判断实验研究的必备条件之一。但是由于一些主观因素的影响,有时实验的外效度会受到影响。比如,在城市范围内推行的教改,可能较难在农村推广,这样此实验的外效度就会相对较低。

要注意的是,实验效度只是程度的问题,实验的效度不会全有或全无。一般来说,实验的内效度越高,实验结果推广可行性越大,研究也就越有价值。因此,从根本上来说内效度是实验质量的保证,是外效度的先决条件。但内效度高的实验,外效度不一定高。因此,在设计实验时,要综合考虑内效度和外效度的平衡,在保证实验结果的可靠性的基础上,尽量能使研究结果得到更大范围的推广。

2.影响内效度和外效度的因素

(1)影响内效度的因素

在实验中,如果对无关变量的控制不好,会使无关变量与自变量混淆,导致实验结果受到影响,也说明了此实验研究缺乏内效度。在实验的过程中,会影响实验内效度的因素有前测效应、工具的使用、成熟的因素、被试的流失、偶发事件等。

第一,在许多实验研究中,研究者为了掌握被试开始状态时的材料,往往会对被试先实施一次前测,这种前测可能会对实验结果产生影响。例如,在“霍桑实验”中,无论灯光是强还是弱,工人的工作效率都提高了,这是因为工人已经知道了正在进行实验。第二,在实验中,仪器的选择不当或是使用不当、仪器的突发失灵、电压的变化等原因也会影响实验的结果。第三是成熟的因素。在教育实验当中,成熟的因素一般指随着实验时间的推移,被试的身心发生了变化,从而影响实验结果的真实性。比如,有时由于学前儿童自己身心的成熟而促使语言发展的速度加快,而不是因为实施了某种教学策略的作用。除此之外，被试在实验过程中的疲劳、饥饿等因素也会影响实验结果。第四是被试的流失。有时由于某种原因被试中途退出实验，也会造成实验结果出现偏差。第五是偶然发生的事件。有时在实验过程中会突发偶然事件而造成实验结果的偏差。

(2)影响外效度的因素

除了内效度会受到影响外，同样也有影响实验外效度的因素。比如在前后测的实验设计中，由于被试知道自己处于实验情境中，会刻意地对某些因素进行控制，使实验结果与真实结果产生一定的偏差，从而也影响了实验结果的推广和可行性。其次，在取样过程中，由于样本过小或样本基础条件不对等，抽取的样本不能代表总体，也会影响实验的外效度。还有，重复实验也会影响到实验结果的真实性。如果同一组被试在短时间内连续进行了两种或两种以上的实验，前面的实验往往会对之后的实验产生影响，有时会使被试产生练习效应或疲劳效应。这种实验得到的结果不能在非重复实验的情况下推广。

3.提高内效度和外效度的方法

(1)提高内效度的方法

首先，要在实验前请被试做好心理准备，淡化实验的效应。最好在不引起被试注意的情况下实施前测，如果做不到也应引导被试以实事求是的态度参与实验。其次，在实验中采用对照组，即不接受实验处理的组。通过比较实验组和对照组，以有效控制被试因成熟或偶发事件所带来的影响。最后，还应在实验前检测好实验仪器设备，避免在实验过程中出现情况，影响实验结果。

(2)提高外效度的方法

首先需要减少人为性修饰。无人为修饰的标准决定着实验结果是否能推广到日常情境当中。其次应加强样本的代表性。为了获得有代表性的实验结果，研究者在对实验对象的抽取上应努力做到随机抽取，增加取样的层次和容量，从而提高样本的代表性。另外，还应保证测量工具的可靠性。在实验研究当中应确保所使用的实验仪器是可靠的、有效的，才能保证实验结果的可靠性，从而确保可推广的可能性。

(三)实验的组织

实验的组织类型是实验设计中的主要内容之一。实验的组织就是在一个实验当中去说明自变量及呈现方式、因变量的指标和测量方式，控制无关变量的具体措施，确定样本大小及方法,实验安排的具体步骤和选择适当的统计方法等一系列内容的基本模式。实验的组织关系到实验能否顺利开展。在教育实验中被试的分组主要有单组实验法、等组实验法、轮组实验法三种类型。

1.单组实验法

单组实验是以一个实验组或一个实验班的被试为实验对象,操纵一种或几种实验自变量来观测因变量的一种实验设计类型。单组实验法的特点是比较施加了某一实验因素前后效果的差异,或是施加了某一实验因素与另一实验因素在效果上的差异,从而确定实验因素的实际效果。比如,采用单组实验法,对比做游戏或看图讲述对大班幼儿故事教学的效果。做法是在幼儿园中选取一个大班作为实验班,前后实施这两种教学法的处理。实验前,需要先对被试进行前测,即了解被试的原有程度,然后实施游戏教学法的实验,实验进行一段时间后,再做一次后测。将前后两次测查的结果做比较,确定游戏法的效果。同样,看图讲述法也重复实施这样的步骤。单组实验法的步骤如下:

	前测	实验处理	后测
实验组	Y_1	X	Y_2

单组实验法设计一般要进行反复观测,但是如果实验的周期较长,则幼儿在基础知识、技能、智力等方面的自然增长就会影响到实验的效果。如果需要比较两个实验因素,那么需要严格控制两个因素,避免两个因素之间相互产生干扰,影响实验的准确性。

2.等组实验法

等组实验法是在两个或几个条件基本相同或类似的小组中施加不同的实验因子,再比较其发生的变化的一种实验方法。例如,现在要研究两种教学方法——自主操作法与讲授法,比较这两种教学方法对幼儿绘画创造力的发展的效果。对实验组被试实施自主操作法教学,对控制组被试实施讲授法教学,然后做实验后测,比较差异。其中实验组与被试组在各方面的条件上都几乎等同。

教育实验中较多采用“设控制组在各方面同实验组做对照”的平衡——等组实验法来控制无关因子的影响。等组实验被认为是实验法的基本形式。等组实验设计可以有多重表现形式。一般有在实验组和控制组中只实施后测,以及在实验组和控制组中都实施前后测。

(1)实验组和控制组实施后测

组别	前测	实验处理	后测
实验组		√	√
控制组			√

这种分配的特征是随机选择被试和分组，只有实验组进行实验处理，并且两个组都只进行后测。这种分组的优势在于不需要进行前测，这样排除了前测和后测，以及前测与自变量之间产生的相互作用，避免了练习效应和疲劳效应，还可以节省人力物力。但是这种方式无法对被试的缺失进行控制，当被试数量较少时，两组或多组等组效果将难以维持。

(2)实验组和控制组实施前后测

组别	前测	实验处理	后测
实验组	√	√	√
控制组	√		√

这是一种基本的典型的实验配组。它将被试进行随机分组，实验组进行实验处理，控制组不予实验处理，并且两组都需要进行前测和后测。这种设计的优点在于利用随机分组的方式分出两个基本信息相等的组，这样做排除了“选择”等因素带来的干扰。实施前后测便于对实验前后的效果进行对照比较。而它的缺点是实验中可能会出现前测与实验处理产生交互作用的影响。

3.轮组实验法

轮组实验法也称循环实验法，即把不同的实验因子轮流在各组中施予实验处理，然后求每个实验因子的变化与效果的总和，并进行比较。这种实验配组的目的一是平衡被试组的差异，二是平衡实验顺序的效应。

例如，上述研究比较自主操作法与讲授法的问题，可对两个组分别用自主操作法和讲授法进行绘画教学，得到第一轮结果，然后，交换教学法在两个组中进行教学，得到第二轮结果。综合两轮结果并比较，得出结论。

组别	实验处理1	实验效果1	实验处理2	实验效果2	总效果
实验1组	X_1	O_1	X_2	O_3	O_1+O_4
实验2组	X_2	O_2	X_1	O_4	O_2+O_3

实验效果=$(O_1+O_4)-(O_2+O_3)$

循环实验法适合于自然情境下的教育实验，不用为配组而打乱班级，并可通过实验处理的轮换达到平衡，由于是对实验处理总和的效果进行比较，因此，在平衡配组过程中很多无关因素被互相抵消了。并且，轮组设计对分组的要求和对无关变量控制的要求都比等组设计低，这样使实验过程易于操作。而轮组设计的缺点在于实验周期往往较长，被试反复进行测试可能会产生疲倦效应，也可能会产生许多无关的干扰。

（四）实验结果的验证

实验结果的验证首先是从实验程序上检验实验过程的各个方面是否按照一定标准进行科学性、规范性的实验。其次，要对实验结果中的数据进行数量化的统计分析和检验，从而检验实验结果的科学程度。再次，先行研究在反复实验的基础上提炼出了结论，具有一定程度的权威性和实用性，在现有实验过程中，把实验结果与先行实验进行对照，如果所得的实验结果与某些结论相符合，那么说明实验结果具有一定的价值。最后，用重复实验来进行检验，如果实验结果能经得起反复推敲和验证，则说明实验结果的科学性程度能够得到保证，从而增大了实验的推广性。

第三节 实验法在学前教育中的应用

19世纪末20世纪初，在实证主义和实验心理学的影响下，德国兴起了实验教育学，它的明显特点就是试图站在自然科学的立场上研究教育现象。实验教育学派的代表人物梅伊曼和拉伊提倡将实验运用于教育领域。梅伊曼曾说过："实验是当代教育学的标志。"拉伊在《实验教育学》中提出"必须开发实验教育学的研究方法，使教育学能够独立，并借此把教育学确实提高到科学的地位。"[①]教育实验法具有科学实验的三大本质特征：以假设为前提，以揭示因果关系为任务，控制是实验的关键。相比教育观察和调查只能对教育现象背后的原因进行推测，而教育实验能超越直观经验的发展。[②]

实验研究的发现对教育者特别重要。实际上，他们做的每一件事都是某种干预。例如，许多研究者都做过实验以判定在课堂上引入合作学习是否能改善学生的学习。任何观察到的学生学习上的进步都可能被认为是该干预手段的"效果"或干预"作用"的标志。[③]教师干预学生的生活以促进他们的学习或帮助他们解决个人问题。管理者的干预是以领导行为来促进组织中其他人员的工作或解决工作中的问题。通过实验，可以判定哪种类型的干预最有可能成功。

在教育研究中实施实验法是教育改革的先导，重大的教育教学改革大都以教育实验研究的结论作为理论支撑。时下国际盛行的教育改革包括将规模大的学校在同一校上划分成小规模学校；新计算机硬件及教学软件的应用；基于脑科学研究的教学；特许学校和教育券制度；为没有取得足够进步的学生开设暑期学校和特殊辅导等。目前，我国也在积极跟上国际的步伐，同时也在进行本土的教育改革探索。例如：如何做好幼小衔接的问题；幼儿园课程游戏化与游戏课程化的探讨；"十四五"特殊教育发展替身行动计划；教师如何落实"双减"政策等。每一种教育革新都有它自身值得提倡之处和受到批评之处。尽管某些改革会在这儿或那儿开展一段时间，但很难保证改革将被制度化并长期地改善教育。因此，从实验研究的角度出发，必须提高实验的严谨性，以此来确定某项教育改革是否有效。

---

① 拉伊.实验教育学[M].沈剑平，瞿葆奎，译.北京：人民教育出版社，2007：16，13.

② 江芳.教育研究与实践[M].合肥：中国科学技术大学出版社，2017：177.

③ 梅瑞迪斯·高尔，乔伊斯·高尔，沃尔特·博格.教育研究方法(第六版)[M].徐文彬，侯定凯，范皑皑，等，译.北京：北京大学出版社，2016：15.

实验研究作为一种有传统影响力并在社会科学各个研究领域中被广泛使用的研究范式,在学前教育领域中的应用也十分广泛。例如,著名的美国心理学家班杜拉于1961年进行的波波玩偶实验。这是一项关于儿童攻击性暴力行为研究的一个重要实验,为后来班杜拉研究观察学习、创建其社会学习理论起了关键作用。随着实验研究的不断发展,无论在幼儿教育还是儿童发展心理方面的学术刊物中都常能见到各种实验研究的报告。教育工作者可以通过这些报告了解儿童研究领域的进展。研究者也可以通过实验验证前人或自己的假设,并做更深度的研究。同时,教育实验是创生和检验教育理论的重要途径,是教材改革的先导,与教育改革关系密切,聚焦实验研究有助于发展学前教育实验,顺应教育教学深化改革的趋势。①

经典案例

波波玩偶实验

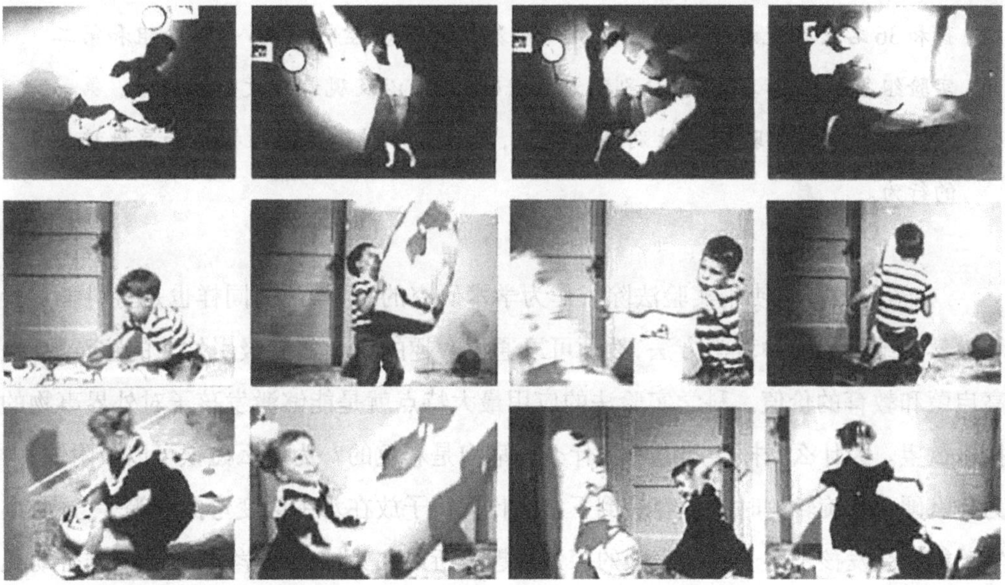

实验安排:

在该实验中,班杜拉选用儿童作为实验对象,因为通常儿童很少有社会条件反射。班杜拉试图使儿童分别受到成人榜样的攻击行为与非攻击行为的影响。然后将这些儿童置于没有成人榜样的新环境中,以观察他们是否模仿了成人榜样的攻击性行为与非攻击性行为。

① 邹雪城.中国"学前教育科研方法"教材研究——聚焦实验法[D].华东师范大学,2020.

实验内容：

班杜拉为这个实验制定了4个假设：

1. 目击攻击性成人榜样行为的被试，将试图模仿或实施类似的攻击性行为，即使榜样不在现场。此外，这些孩子的行为将会与那些目击非攻击性成人榜样行为的被试以及没有观察任何榜样的孩子（控制组）大为不同。

2. 成人榜样不在现场时，观察非攻击性成人榜样行为的被试所表现出来的攻击性行为，将不仅少于目击攻击性成人榜样行为的被试，而且少于没有观察任何榜样的孩子。

3. 儿童将更乐于模仿同性榜样行为，因为儿童通常更认同同性的成人与家长。

4. 由于攻击性行为更多地具有男性化的特征，男孩们将会更乐于展示攻击性行为，尤其是观察具有攻击性的男性榜样的男孩。

在该实验中，班杜拉让斯坦福大学幼儿园年龄介于3—6岁之间的36名男孩和36名女孩观看一位榜样殴打一个波波玩偶。控制组、第一实验组和第二实验组各包括24名儿童，分别观看攻击性行为，以及观看非攻击性行为。第一实验组和第二实验组按性别再次分组，然后再分别观看同性榜样和异性榜样的行为。

在学前教育中使用实验法除了作为学术研究的一种方法，同样也是将科学实验和教学相结合的一种教学方法，教师可以通过有趣的科学实验吸引幼儿的注意力，提高启蒙和教育的价值。科学实验法的应用最大特点就是能够激发孩子对外界事物的探索欲望。为什么摩擦会起电？为什么肥皂泡是彩色的？为什么磁铁可以吸附铁片？为什么硬币在旋转的时候不容易倒下？为什么筷子放在水中会变弯曲？等等，这些小实验能够激发孩子对于科学实验的探索乐趣。所以在具体的教学中，教师要结合幼儿的兴趣去安排实验过程，教师需要从幼儿的生活体验入手。幼儿们的生活经验有限，但是生活中的很多有趣的体验对于他们来说都是新鲜的，而这些经历过的生活体验就能够很好地激发他们的兴趣。例如有的女孩子让妈妈梳头的时候，在干燥的空气环境下头上会发出轻微的噼啪声，而且还会吸住头发，教师可以问问孩子们有没有类似的体验，然后老师拿出很多塑胶棒，让孩子们用塑料棒在自己的衣服上摩擦，去吸引小纸屑，结果有趣的现象发生了：小纸屑被吸起来了。这个时候很多孩子都跃跃欲试，教师可以询问孩子们，如果我想吸住更多的小纸屑应该怎么做呢？如果拿塑料棒和其他的东西例如桌子和地面摩擦会不会同样吸住小纸屑呢？随后让幼儿自己动手去实验，并观察不同的实验现象，从而激发孩子们对世界的探索欲望。学前教育是儿童在入学前进行的早期教育，是对学前儿童实施启蒙教育的重要手段，并为儿童的学校教育奠定基础。科学实验法的应用需要幼儿参与进来，研究者能在这个过程中观察孩子和思考实验现象，从而找到其教育规律。

本章小结

1. 实验研究是一种受控制的研究方法，通过一个或多个变量的变化来评估它对一个或多个变量产生的效应。实验的主要目的是建立变量之间的因果关系，然后通过实验操作来检验。

2. 从不同角度、不同层次可以将实验法分为不同的种类，包括现场实验和实验室实验；探索性实验和验证性实验；前实验、准实验和真实验；单因素实验和多因素实验。

3. 一个完整的实验研究包括实验的准备阶段(选定研究课题，实验设计)、实验的实施阶段、实验结果的总结和评价阶段(整理实验资料，实验结果的统计分析，撰写实验报告)。

4. 好的实验设计对实验研究的成功至关重要。实验设计的标准包括：(1)实验变量的选择与控制；(2)确保良好的实验内效度和外效度；(3)设计科学合理的实验组织。实验组织的类型主要有单组实验法、等组实验法、轮组实验法三种类型。

思考与实训

1. 实验研究的过程具体包括哪几个方面？请收集两个教育研究中的实验研究案例来加以证明。

2. 以“不同教育方法在培养学前儿童为集体做好事的品质中的作用”为研究主题设计一个实验，制定初步的实验模式，并撰写实验计划。

专题探讨

背景资料：自20世纪70年代以来，有关儿童同伴关系的研究越来越受到各国发展心理学家的重视。许多研究者通过研究发现，同伴关系是儿童获得自尊、社会化能力和学业成绩的前提，并可以在一定程度上教会儿童在家庭中所不能学到的技能。同伴关系对儿童的心理健康及认知发展均起着十分重要的作用。目前许多学者都对幼儿同伴交往存在不同类型的原因和如何改善被拒绝与被忽视幼儿的社会地位进行了大量的研究探讨。这些研究多从社交技能的认知、情感和行为中的某个方面进行，但都发现有些幼儿干预后效果不大，究其原因可能是没有充分重视儿童与生俱来的气质特点。而气质是幼儿社会性发展的最初基础。

探讨：你如何看待上述问题？如果你作为研究者，现在要针对此问题进行实验研究，你将采用什么类型的实验，以及如何设计实验？

第八章

个案法

学习目标

- 了解个案研究的含义、类型及特点；
- 理解个案研究的价值与局限性；
- 掌握个案研究的方法；
- 掌握个案研究的具体实施步骤。

学习重难点

- 重点：个案研究的基本内容（含义、类型、特点、价值、方法）；
- 难点：个案研究的实施步骤。

案例破冰

陈鹤琴《家庭教育》（节选）①

普通教导法——原则三：小孩子既好模仿，做父母的一方面要以身作则，一方面还要替他选择环境以支配他的模仿。

1.一鸣到了第10个月的时候，一听见人唱歌，也就作唱歌的声调。

2.到了第54个星期的时候，看见他堂兄读书，他也要读书，看见他堂兄写字，他一定也要写字；你不给他读不给他写，他就要哭。

3.他到了第75个星期的时候，看见我拿了一根棒头，跨着作骑马的样子给他看。过了几天，他拿了一根棒头在路上玩，玩了一息，就把棒头放在地上，两脚跨着当马骑。

① 陈鹤琴.家庭教育[M].上海：华东师范大学出版社，2006：21.

4.模仿吐痰。有一日，我不当心，从露台上吐下了一口痰，他（那时有7个星期大了）看见了，也就作吐痰的样子。

小孩子是好模仿的。虽然他模仿的结果与所模仿的动作不尽相同，但有几分是相仿佛的。如一鸣虽不能唱出像我所唱的声调与歌词，但能唱出一种有调的声音来，显出他的模仿。对于模仿事物的程度，年纪大的儿童大概比年纪小的儿童来得高；聪敏的儿童大概比愚笨的儿童来得深。还有一层，我们要知道的：就是小孩子的善恶观念很薄弱，普通知识很肤浅，所以对于所模仿的事物，他是毫不加选择的。比方他看见他父亲随地乱吐，他也要吐吐看；看见他父亲吸烟，他也要吸吸看；或者他听见他母亲以恶言骂人，他也要骂骂看；看见他母亲做针线洗衣服，他也要做做洗洗看。总而言之，我们成人的一举一动，一言一语，都是能影响小孩子的，他看了听了之后，或立刻就要去做做看，说说看，或到了后来才做出来说出来；他所做的和所说的与我们成人所做的所说的不同，但有几分是相像的。所以我们做父母的一面事事要以身作则，一面处处要留心小孩子所处的环境，使他所听的所看的都是好的事物。这样，他自然而然也受了好的影响。

第一节 个案研究概述

一、个案研究的含义

个案研究是指采用各种方法收集有效、完整的资料,对单一的、典型的对象进行深入细致的研究的方法[①]。这其中,“各种方法”包括多样的技术与手段,如观察、访谈、调查、实践等;“单一的、典型的对象”可以理解为一个有界限的系统,比如一个个体、一个团体、一个机构、一个家庭、一个社区等;“深入细致的研究”是需要对研究对象进行翔实的描述、阐释与分析,从而能够呈现出对象的真实状态与丰富的内涵,进而在此基础上做出相应的判断、评价与预测。

个案研究早期并未用在教育领域,更多用于心理学研究、社会领域的研究,随着基础教育阶段素质教育的深入推进,特别是在学前教育强调“儿童为本”的儿童观后,幼儿的主体地位越发凸显,学前教育对个体差异的重视日益增长,在此情况下,个案研究在学前教育领域的运用不断扩大,不仅记录幼儿成长,更成了一种可以全面了解幼儿发展的研究方法。

二、个案研究的类型及特点

(一)个案研究的类型

1. 根据研究对象的数量进行的分类

(1)单一个案研究。研究者在研究过程中针对一个个体、家庭、机构、团体或社区进行的研究。

(2)多重个案研究。研究者在研究过程中同时针对两个或两个以上的研究对象(个体、家庭、机构、团体或社区)进行的研究。

2. 根据研究目进行的分类

(1)探索型个案研究。该研究方法主要为研究问题的确认、研究步骤的可行性等方面提供依据,更像是个案研究的前期准备研究。

(2)描述型个案研究。该研究方法会对研究内容进行详尽完整的叙述性说明和描

---

① 茹荣芳.学前教育研究方法(第2版)[M].北京:清华大学出版社,2021:161.

述，尽可能将研究现象及情境充分地描述展示出来，从而能够给读者结合情境的感受，更能深入理解研究对象。

(3)解释型个案研究。该研究方法主要是将研究中观察到的变化进行因果关系的确认和解释，能够使读者通过研究理解研究内容及研究现象存在的因果关系及相互间的作用。

(4)评估型个案研究。以评估为目的的个案研究，研究者对教育事件、方案、计划、章程和制度等进行分析，判断其价值与意义①，为教育或管理决策、实施者提供参考依据，辅助判断决策与政策的有效性、优缺点和价值等。

(二)个案研究的特点

1.研究对象的个别性与典型性

个案研究的对象是个别的，但不是完全孤立的，每一个研究的个体都会与相关的个体发生联系。个案研究者非常重视每个个案的独特性质，强调每个研究对象或行动都有其独特性，所以研究者必须深入了解研究情境、事件、方案和现象及背后所呈现的意义。但是，因为研究个体和外界的联系性，个案研究又必然在一定程度上反映其他个体和整体的某些特征和规律，能够揭示出某些一般规律。个案研究的目的固然是了解、把握某个个体的具体情况，但也要通过一个个案的研究，揭示出一般规律。鉴于此，能够成为个案研究的对象应该是具有与众不同的典型特征的对象，与之相关联的人物或事件应对其有类似的印象和评价。

2.研究内容的深入性和全面性

个案研究既可以研究个案的现在，也可以研究个案的过去，还可以追踪个案的未来发展。个案研究可以做静态的分析诊断，也可以做动态的研究。由于个案研究的对象不多，因此研究时就有较为充裕的时间进行透彻深入、全面系统的分析与研究。简言之，个案研究不仅要有表面的观察，而且还要有深度的探讨。

3.研究方法的多样性和综合性

个案研究有具体的研究方法，如：追踪法、追因法、临床法、作品分析法，但为了能深入个案的研究，收集到更多的个案资料，从多角度把握研究对象的发展变化，还必须结合教育观察、教育调查、教育实验、教育测量等多种研究方法，综合运用各种研究手段。例如，研究特殊儿童时，首先需要对被试进行智力、动作、语言的测验，了解其特殊类型，同时也需要调查其成长环境，主要带养人风格等信息，必要时还要做一些对照试验。

---

① 和学新，徐文彬.教育研究方法[M].北京：北京师范大学出版社，2015：171.

4.研究过程的客观性和真实性

个案研究与其他研究方法最大的不同在于研究者能够进入研究对象的生活场域，在不干扰研究对象的自然情境下进行有关研究或行动观察。所以说，个案研究所得到的材料比较科学准确，具有较高的文献价值。教育的研究在很大程度上是一个不能复制的过程，是对这一过程中所发生的一个个典型案例进行深入细致的分析研究，其中包括收集有关个案的背景、具体材料、调查访问结果及有关人员做出的评定和反映，如实地描述这一过程中发生的“故事”，这本身所具有的文献价值就很大，而众多的个案汇集在一起，便构成了进行教育科学研究的取之不尽的宝贵源泉。但个案研究的意义并不局限于“描述客观世界”。在个案研究过程中，研究者将会运用归纳、比较、对照等方式进行资料分析，最后引发出新理念或新思维，并作为建构理论的基础，进而力图解释、预测或控制客观世界的发展变化。因而，个案研究不属于缺乏理论深度的“收集事实”的经验主义方法论范畴。它的价值在于通过解剖“麻雀”，从中总结或提取普遍性原理，即把个案一般化。

三、个案研究的作用与价值

(一)适合教师与学生使用，促进教师专业成长和学生专业提升

个案研究是特别适合教师和学前教育学生使用的一种方法。教师和学前教育专业学生作为研究者，由于时间、精力以及研究兴趣和特长等方面的限制，要开展大规模的教育调查和需要严格控制条件的实验研究往往有一定的困难。个案研究的对象少，研究规模小，一般都是在没有控制的自然状态中进行的，也没有严格的时间限制，因而特别适合一般教师及有观察幼儿学习任务的学生。通过个案研究，教师可以抓住班级中少数几个典型学生进行个别的辅导和持续的关注，还可以及时了解整个班级或年级的情况，收集关于自己教育措施的反馈信息，从而总结积极的教育措施和有效的教育经验，反思不足之处，不断提升自己的教育教学水平，促进自身的专业成长。对于学前教育专业的学生，个案研究可以作为一个实践性很强的见习任务带到见习园所，通过与观察、访谈、问卷等形式的结合，开展对某一个或几个幼儿的个案研究，从而有助于专业知识的运用，对专业能力提升有促进作用。

(二)提升社会行动绩效

个案研究是行动中的一步，始于社会行动，又促进了社会行动。对个案研究的见解可以直接加以诠释，并用于员工或个人的自我发展或制度反馈；或用于形成性评价；

还可用于教育政策的制定。如以幼儿园为研究对象时,可以通过个案研究调查其经营管理上存在的问题,并寻找探索出问题的原因,相应地也可以结合真实个案情境提出问题的解决策略,弥补办园短板和解决实际问题,提升办园水平。

(三)发现因果关系,有利于切实解决现实问题

个案研究多以研究主题和研究对象为关键点,通过时间顺序对个案的相关事件进行细致、形象的描述,既突出与个案相关的特殊事件,又全方位地对问题进行描绘与剖析。个案研究有助于发现现实问题的真正原因。个案研究是在真实情境中观察结果,通过真实情境中的观察,有利于切实找到直接的因果关系及存在的问题,同时,在深入分析探讨问题,发现问题的真正原因之后,就可以根据原因提出解决问题的对策,或提出有效的预防措施,切实解决个案对象的现实存在的问题,且解决办法非常有针对性。

四、个案研究的局限性

(一)个案研究具有较强的主观性

在个案研究过程中,受研究者自身认知、能力、性情等因素的影响,会导致研究结果的不客观,具有主观意志。同时,有的个案研究者既是观察者又是参与者,这种身份也会导致对个案问题的偏见。

(二)个案研究推广概括性较弱

个案研究一般揭示研究对象的典型特征,常常是定性的分析,分析结果难以量化和标准化,因此所得到的研究结果不一定适合推论到其他个案上使用。此外,在个案研究过程中一般少有系统严格的控制,几乎不控制随机变量,这也导致难以从个案研究中推断出具有概括性的因果结论。

(三)研究成本投入较大

个案研究往往需要采用不同的方法收集各类资料,且追踪研究的时间有时需要长达数十年,耗时长,投入的人力、物力或财力较大,研究的成本较大。

第二节　个案研究的方法

学前教育个案研究可以根据研究目的、研究对象、研究内容的不同采用追因法、追踪法、作品分析法、临床法、教育会诊法等具体的个案研究方法。

一、追因法

追因法是一种先有结果，而后透过结果追寻和探究结果背后的原因的方法，它是个案研究中经常使用的一种研究方法。例如，幼儿园中某位幼儿的情绪表现突然异常，从平时大多数时候情绪平和稳定突然转变为明显、激烈、高频的哭闹时，班级老师去寻找该幼儿情绪突然转变的原因，这就是追因法。

从另一个角度来看，追因法就是先接受发生的事实，然后根据此事实展开调查研究从而推论出此事实的原因，也就是说追因法研究的起点是明确结果、现象或问题。在明确事实结果后，假设可能存在的原因，研究者要对原因进行尽可能全面的假设，对各种原因之间的关系也要进行假设，这将对后面的工作起到决定性作用。接下来，为了追查导致结果的真正原因，研究者需要设置比较对象：一种是设置结果相同的若干比较对象，从中找出共同存在的原因；另一种是设置结果相反的因素，从反面找出真正的原因。例如，幼儿园中某幼儿接近三岁无法进行语言表达，只能喊妈妈，为了研究语言发育明显迟缓的原因，我们既可以找出多个语言表达存在困难的幼儿进行比较，寻找到他们语言迟缓的共同原因；也可与一个语言表达正常的幼儿进行对比，调查探究二者在生活背景、家庭养育、教育环境以及成长过程中的不同之处，从而找到该幼儿语言发育迟缓的真正原因。当然，在比较阶段，研究者还可以通过查阅文献，考察已有研究结果中是否提及前面所假设的原因，是否还有其它原因是研究者尚未考虑到的。最后，研究者需要对以上过程中追寻到的原因进行进一步的检验，具体的做法是：考察有同样原因存在的其他事例中是否有同样的结果发生。如果没有，说明假设的原因不成立；如果有，二者因果关系的信度就大了。经过初步检验，可以淘汰一些虚假的原因，使真正的原因呈现出来。当然，为了慎重起见，最好多参照一些相关理论，多举一些事例进行反复验证。也可以把结论作为假设，有计划地组织实验，把个案追因法与实验法结合起来研究，所获得的结论的可靠性和学术价值就更大了。

二、追踪法

追踪法是在一个较长的时间内连续跟踪研究对象，收集各类相关资料，追寻和揭示其发展变化的情况和趋势的研究方法。追踪研究短则几天、数月，长则几年或更长的时间跨度。在学前领域最典型的追踪研究便是我国著名的教育家和心理学家陈鹤琴先生对他长子一鸣进行的长达三年的追踪研究，本章开篇案例便是陈鹤琴先生追踪研究中一部分文字描述的内容，陈先生通过日记、照片等方式记载描述儿子身心变化和各种刺激下儿子行为变化的观察，最终根据这一追踪研究撰写出了《儿童心理之研究》。据此，我们可以了解到追踪法对研究在(1)发展的变化、连续性、稳定性；(2)教育想象之间相互的作用与关系；(3)教育理论的验证；(4)教育措施实施等方面有着重大的作用与意义。然而，因其研究的持续性，需要较长的时间跨度，人力、物力、财力的投入也必不可少，所以追踪法研究也存在研究过程中非相关因素介入影响研究结果，研究对象不一定能长期合作或流失等问题。

个案追踪研究一般会经历以下几个步骤：

1.确定追踪研究课题；

2.实时追踪研究；

3.整理和分析收集到的各种材料；

4.提出改进个案的建议。

以下两个研究案例有助于进一步理解追踪研究法的具体内容，前一案例是我国教育追踪调查研究，它从宏观上体现了追踪研究法跨度追踪的时间长度。后一案例是出自华东师范大学发展与教育心理学专业博士论文，从研究层面体现了追踪法的研究步骤。

经典研究介绍

中国教育追踪调查①

中国教育追踪调查(China Education Panel Survey，简写为CEPS)，它是由中国人民大学调查与数据中心设计与实施、具有全国代表性的大型追踪调查项目。中国教育追踪调查(CEPS)以问卷调查为主要手段，调查对象为入样学生及其家长、班主任老师、语数英任课老师、学校负责人。该调查项目通过长达

① 俞陈潇.初中生心理健康影响因素和政策建议的实证研究——基于2014年中国教育追踪调查[D].浙江大学，2015.

30年的追踪调查来揭示家庭、学校、社区、社会结构对学生个人教育产出的影响和作用，并且在此基础上，进一步分析教育产出对于学生个体成长和发展的影响和作用。

中国教育追踪调查（CEPS）的基线为2013—2014学年，调查起点是初中一年级和初中三年级这两个年级，课题小组从全国2870个县（区）级行政单位中随机抽取了28个县（区）作为调查的地点。并以学校为单位来收集样本数据，在入选的县级单位（县、区、市）随机抽取了112所学校、438个班级进行调查，被抽中班级的学生全部入样，2013—2014学年共有约2万名学生参与了该调查。通过具有代表性的样本收集如此多层次、大规模的教育数据，在我国尚属首次。

学前幼儿同伴关系发展追踪研究①

本研究通过同伴提名法对三个班的幼儿同伴关系进行五年追踪研究，通过访谈法对幼儿进行影响同伴关系的因素的调查，通过主题活动的方式开展幼儿同伴交往技能的培养，得到以下结果：

1. 幼儿的同伴关系发展是自组织的过程，它从整体未分化到分化清晰的层级整合。具体而言，小班同伴关系处于混沌期，中班同伴关系处于分化期，大班同伴关系处于稳定期。

2. 幼儿同伴关系的发展趋势具有显著的个体间差异。社会偏好的发展趋势的个体间差异可以分为三类，社会影响力的发展趋势个体间差异可以分为两类。

3. 幼儿同伴关系的发展从总体上来看，不具有显著性的性别差异但是性别具有年龄差异，小班幼儿的同伴关系没有显著差异，中大班幼儿的同伴社会偏好中，女生比男生更受到同伴的喜欢。男生和女生的发展趋势分别都存在显著的个体间差异。男生的社会偏好发展趋势个体间差异有三类，社会影响力发展趋势个体间差异有两类，女生的社会偏好和社会影响力发展趋势个体间差异均有两类。

4. 幼儿互选朋友和同伴群体随着年龄的发展而增多，互选朋友不稳定，异性别朋友和同性别朋友总体差不多，但是具有年龄差异拥有互选朋友的幼儿其同伴地位分布不均。

5. 影响幼儿受同伴接受的主要因素是“陪伴活动”和“良好的交往态度”，影响幼儿受同伴拒绝的主要因素是“消极的交往行为”。客观行为和外表个性的好坏对于幼儿受同伴接受和拒绝影响不大。影响因素具有年龄、性别和同伴地位的差异。

6. 基于幼儿同伴关系研究结果，我们提出一套以主题形式开展的课程用于培养幼儿的同伴技能。主题是小班促进交往，中班和谐交往，大班合作交往。

---

① 刘少英.学前幼儿同伴关系发展追踪研究[D].华东师范大学，2009.

三、作品分析法

作品分析法又称产品分析法，它是通过分析研究对象的活动产品，如涂鸦绘画、手工作品、日记、作文、书信、自传、绘画、工艺作品等，以了解研究对象的能力、倾向、技能、熟练程度、情感状态和知识范围，从而对个案研究做出判断的一种研究方法。运用这种方法时，不仅要研究活动产品，而且还要研究产品制作过程本身以及有关的各种心理活动状况。例如，我们对儿童绘画作品的研究，一方面可以反映幼儿认知水平、精细动作发展水平，另一方面幼儿绘画作品也可以反映出他们的许多心理特征和情绪情感状态。又如，"沙盘游戏"，通过分析来访者的沙盘游戏作品，心理专家可以判断其心理状态，这是典型的作品分析法的运用。目前，有的幼儿园还专门布置了沙盘供幼儿开展沙盘游戏，一方面可以作为艺术创作类活动为幼儿提供发展创造能力的机会，另一方面也为了解分析幼儿心理提供了作品分析的基础。

在运用作品分析法进行个案研究的过程中，需要注意的是结合实验法一并使用，设置对照组，观察整个作品制作的真实过程，以此获得更加科学合理的分析结论。

案例介绍

男孩A沙盘游戏作品分析①

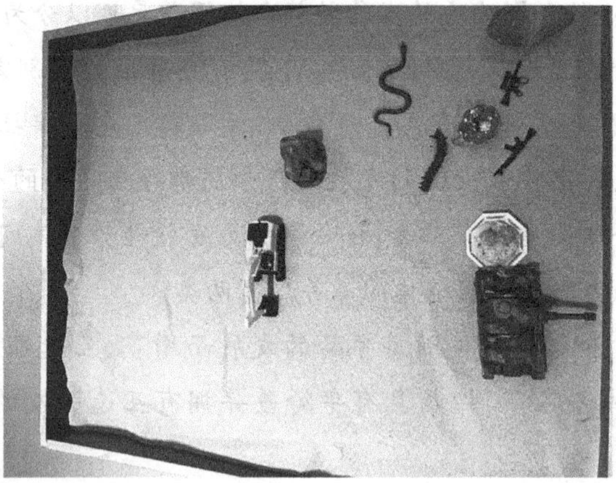

基本情况：五岁男孩，和父母一起居住。上图为该男孩在某次沙盘游戏活动中独自完成的作品。沙盘游戏指导师就作品与男孩展开了以下对话（节选）：

老师问："沙盘里有没有你？"

① 本案例由昆明化被教育研究院提供。

孩子回答:“我躲在挖掘机挖臂下面的沙子中。”

分析:通过幼儿作品与和他的交流我们感受到孩子的不安全感,孩子感觉有危险。

老师问:“坦克,枪是干什么的?”

孩子回答:“打坏人的。”

老师问:“坏人是谁?”

孩子回答:“爸爸。”

分析:孩子的不安全感或有可能遭遇的暴力来源于爸爸。

后来和孩子母亲探讨孩子对爸爸的不安全感,母亲说:爸爸经常以恶作剧的形式逗弄孩子的生殖器,母亲经常劝说不要这么做,但爸爸不听。教师严肃地和妈妈探讨了爸爸的这个行为对孩子心理的伤害,妈妈表示一定会想办法制止。

后续,爸爸确实没有再继续这个行为,孩子的恐惧与不安慢慢好转起来。

男孩B沙盘游戏作品分析①

基本情况:五岁男孩,孩子和老人、父母一起居住,平时主要陪伴的是老人。据家长描述,孩子在幼儿园经常出现情绪失控的状态,情绪失控时会攻击其他孩子,且上课特别多动,坐不住等。上图为该男孩参加沙盘游戏作品,沙盘游戏指导师就作品进行了以下分析(节选):

从沙盘中看到孩子有不轻的焦虑情绪,思维不清晰导致的情绪掌控力弱,有一些愤怒情绪需要宣泄,这是和家庭养育中主要养育人情绪不稳定,对孩子某些行为很宠溺,某些行为又经常施加语言暴力造成的。

① 本案例由昆明化被教育研究院提供。

沙盘中还看到，孩子自理能力弱，自我价值感的发展也不太好，这是和家庭养育的宠溺分不开的。

我们也看到孩子处于俄狄浦斯期，也有一些成长的动力，但因为情绪和自理能力不足而有很多成长的阻碍。

四、临床法

临床法又称谈话法，谈话的方式可以选择面对面交谈，也可以选择问卷形式的书面谈话，谈话者应根据实际情况选择谈话的方式。面对面口头的谈话，最重要的是创设一个轻松自如、和谐、低戒备的谈话氛围，需要特别关注研究对象的心理状态。教师选择与幼儿谈话时要注意通过提问（开放型与封闭性提问相结合）引导幼儿主动表达内心的想法，在面对学前段，特别是托班（2—3岁）、小班（3—4岁）的幼儿选择交谈时，最关键的是先建立与幼儿的情感连接，同时接纳孩子并不一定能给予相应的答案。在学前教育阶段选择临床法进行个案研究时，可能需要在不同时间、地点、状态下开展多次临床法，以综合收集幼儿表达的信息。同时，研究内容的确定也非常重要，教师需要思考你从临床法（谈话法）中到底想研究的是幼儿的什么问题或发展？这是一个值得细细思考的问题。例如，同样的谈话内容，是着重研究幼儿的语言表达能力，还是情绪情感体验，最后谈话的内容都会不同，因此，在学前段使用临床法必须有明确的研究问题。

五、教育会诊法

教育会诊法是指召集有关教育专家学者（尤其是教师集体）通过讨论，就个案（学生的行为）进行鉴定，做出对研究对象比较客观公正的结论的一种研究方法。其特点是集体性、公正性、简便性。它适用于问题学生和正常学生的研究[①]。在学前教育阶段，教育会诊法更像是一种教学反思的手段，教师集体通过个案说明，进行集体讨论，相互交换意见与建议，从而为该名学生提出有针对性的教育措施，之后再回到教育教学场景中进行实施与验证。在此过程中，教师专业素养与技能可以得到提升，此种方法很适合在教研活动中运用。

以下是昆明某幼儿园在开展托育教研过程中对教育会诊法的实践运用案例。

① 和学新，徐文彬.教育研究方法[M].北京：北京师范大学出版社，2015：182.

经典研究介绍

昆明学院附属幼儿园的托育个案教研①

在托育教研中该幼儿园老师采用了基于个案观察与分享的教师互助式教研，具体流程如下：

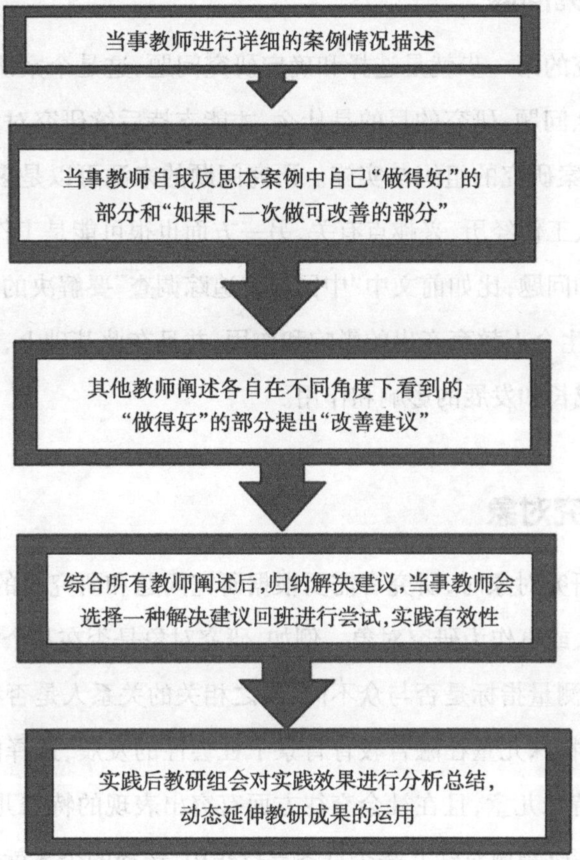

① 本案例由昆明学院附属幼儿园提供。

第三节 个案研究的基本过程

一、确定研究问题

进行个案研究的第一步就是选择和确定研究问题，这是个案研究的基础起点，只有明确了研究什么问题，研究的目的是什么，才能支持后续研究对象和研究方法的选择，也才能推进个案研究的组织与实施。研究问题的来源可以是多渠道的，一方面它会与研究者的个人工作经历、兴趣点有关，另一方面也很可能是工作实践、社会实践中需要解释的现象和问题，比如前文中“中国教育追踪调查”要解决的就是家庭、学校、社区、社会机构对学生个人教育产出的影响和作用，并且在此基础上，进一步分析教育产出对于学生个体成长和发展的影响和作用。

二、选择研究对象

在选择个案研究对象时，研究者需要根据研究问题和研究目的，确定在特定方面具有典型特征的人或事作为研究对象。例如，研究对象是否在某个方面有显著的行为表现，与之相关的测量指标是否与众不同，与之相关的关系人是否都有类似的印象和评价。例如，研究特殊儿童在融合教育背景下社会性的发展，选择的个案肯定是在园接受融合教育的特殊儿童，且在社会交往方面有突出表现的特殊儿童。又如，要研究某一课程在社会情感领域对幼儿是否具备支持作用，选择的个案就需要考虑某一个幼儿园实验课程班级与非实验课程班级作为研究对象，这样才能观测到课程在社会情感领域的促进作用的大小。

为了选取具有能完成研究任务的特性及功能的样本，个案研究往往采用有目的的抽样，而非随机抽样，主要包括关键个案抽样、极端型个案抽样、代表性个案抽样、配额抽样等。也就是说，所选择的个案必须能够提供丰富且能满足需要的有关研究对象的信息。例如，在中国教育追踪研究(CEPS)中的抽样方法采用多阶段的概率与规模成比例的抽样方法，抽样过程分为四个阶段，这就是配额抽样法。

经典研究介绍

CEPS抽样设计的四个阶段①

第一阶段：在全国县(区)级行政单位中抽取28个县(区)。

第二阶段：在每个入样县(区)所辖地理范围内抽取4所开设了七年级和九年级的学校。

第三阶段：在每所入样学校中分别抽取4个班级，包括2个七年级班和2个九年级班。

第四阶段：入样班级的所有学生、家长、班主任、主科目(语数英)任课教师以及学校领导构成最终调查样本。

三、收集个案资料

客观、准确、全面、详细地收集有关的个案资料，对个案研究的有效进行和问题的最终解决能起到基础性的重要作用。

(一)个案资料的内容

个案资料涉及的内容十分丰富，以个体个案研究为例，其内容主要包括：

1.个体的基本资料，如姓名、性别、年龄、民族、籍贯、信仰等；

2.个案的身体健康状况，如身高、体重、病史等；

3.个体成长及心理发展资料，如母亲妊娠及生产情况、出生后的发展情况、个性心理特征、历年来的学习成绩记录、作业、日记等相关资料；

4.个案家庭背景资料，如父母年龄、职业、文化程度、家庭经济状况、居住环境、父母教养方式、亲子关系、家庭中的重大生活事件等；

5.个案当前的问题与表现，如问题的发展史(首次发生的时间、在何种情形下发生、当时家庭与幼儿园或学校的背景事件、问题的处理及效果)、食欲、睡眠、情绪、行为以及社会适应等。

(二)个案资料的收集

在收集个案资料时，一定要紧密围绕着研究目的进行，广泛收集研究得以进行下去所需要的与研究对象相关的详尽资料。资料的收集应力求达到一定的深度和广度，

① 俞陈潇.初中生心理健康影响因素和政策建议的实证研究——基于2014年中国教育追踪调查[D].浙江大学，2015.

要从不同角度、不同渠道并采取多种方法全面而详细地收集真实可靠的材料，不能遗漏重要的信息，同时要确保资料的真实性。对收集到的资料必须进行细致而有效的整理加工，将零碎的资料信息系统化、清晰化，以利于进一步的研究。此外，持续保持资料收集与研究问题的连续性与关联是很重要的，可以使研究者了解个案问题发生的背景，帮助研究者做出合理的判断，揭示个案发展变化的特征和规律。特别需要注意的是，虽然记录典型的、具有代表性的事通常都很有效，但研究者并没有必要始终坚持代表性标准。那种不常见、不具代表性但关键的小事情或大事件，对理解个案也很重要。如一个主体可能只表现了一次特殊行为，但该行为相当重要，不能仅仅因为只发生过一次就被排除出去，有时单一事件的发生可能会对深入了解一个人或情境极为重要。又如，可能有一个心理学个案研究偶然发现，某一成人的早期生活中曾有受虐经历的单个实例，但这个实例的影响非常深远，从而成了理解该成人的关键点。某个孩子可能突然发表一句对某位老师失望或非常害怕的评论，而这句评论极其重要，不能被忽略。个案研究不一定非得要求事情频繁发生，可以用质量和强度代替数量，把重要的少量行为实例和不重要的很多行为实例区分开来。个案研究的一个特点是重要性而非频繁性，因为重要性可以使研究者深入了解情境和人物的真实动态。

收集资料的途径有很多。一是文件，包括信件、公报、会议记录、行政文件、提案、新闻报告、各种正式或非正式的报告等。文件在任何个案研究的资料收集中都具有重要作用。查阅文件有助于研究者了解现象的发生、发展的情境脉络。二是档案记录，包括服务记录，如一个学校的学生数；组织记录，如机构组织图表；地图和图表；名单和其他相关事项的信息；调查报告资料；个人资料等。档案记录是了解个案状况的重要资源，其精确性更高些，一般存于档案馆、资料室、图书馆等地方。三是访谈。通过个别访谈来收集个案资料具有重要的现实意义。一般分为开放式访谈、结构式访谈等。其主要功能在于补充观察和文献缺乏的资料，拓展问题层次，确认信息等。在访谈过程中，要将访谈的重心置于个案研究的主题上，并要注意让受访者充分表达意见，使用适当的肢体语言，并用心聆听，同时要能根据情况调整访谈内容，不拘泥于访谈架构。四是观察，主要是直接观察和参与观察。直接观察可以作为个案研究的另一种证据来源，如观察会议、街头活动、工厂作业、教室及其他类似的场所；参与观察的方法提供了收集个案资料的某些特殊机会，使研究者可以在个案研究的情境中扮演某种角色，并且真正地参与正在研究中的事件。在参与观察中，研究者要注意做到：①以诚恳的态度与参与者相处，取得其信任；②不妨碍事件的进行，如不妨碍会议或教学的正常进行，多听少说；③不要预设立场，用开放的态度获取不同的观点；④做个有反省能力的听众，并学习所研究的情境的语言；⑤适时表达自我。

个案的各种资料中有一些是比较容易获得和进行分析研究的，如个人的基本状况、学习成绩、父母的职业等，但也有一些是不容易界定和分析的，如个案中与父母的关系等，而有时恰恰是这些因素对个案的行为起着决定性的作用，因此值得引起研究者的格外关注。个案研究除了收集个案的相关资料应完整外，还需要与个案本身进行沟通以深入了解研究对象，在沟通过程中研究者要特别注意个案的非语言信息，如肢体动作、面部表情等，以确定个案所反映情况的真实性。

（三）个案资料的记录

个案资料的记录既是资料收集的结果，又是资料分析的起点和基础。研究者在进入现场进行收集资料的过程中，忙于观察和访谈，不太可能在现场就能完成所有记录，即使有录像机、录音机的辅助也一样会有遗漏，因此在离开研究现场的时候要尽快整理访谈稿和做详尽的记录，这样才有真实的情境意义。个案资料的记录和整理一定要简便、清晰，可提前准备好制式表格，如访谈记录表、观察记录表等。

案例

入户指导访谈表[①]

访谈人：__________　　　　访谈日期：__________

一、基本信息					
姓名		性别		籍贯	
民族		出生日期			
家庭住址					
二、家庭情况					
家庭主要成员					
姓名	与孩子的关系	职业	学历	联系电话	对孩子的态度

① 本案例由昆明学院附属幼儿园提供。

续表

<table>
<tr><td></td><td></td><td></td><td></td><td></td><td></td></tr>
<tr><td>主要照顾者</td><td></td><td>家庭住址</td><td colspan="3"></td></tr>
<tr><td colspan="6">三、个人发展史</td></tr>
<tr><td colspan="6">1.孕产史：
为第　胎
是否服药：□否　□是，病名：　　　药名：
孕期是否有其他异常情况：　　　　出生时父亲　岁，母亲　岁。
胎位：□正常　□异常
分娩情况：□顺产　□剖宫产　□早产　□超产
□难产　□产钳　□吸引器　□其他：
是否有窒息史：□否　□是
是否有核黄疸病史：□否　□是（几天）
体重　kg　身长　cm
2.早期发育情况：
立即哭　□是　□否，发紫　分钟　　立即吸吮：□是　□否
畸形：□无　□有　　　　　　婴儿常啼哭：□是　□否　是否高烧：□否　□是
其他：
请填写时间：（月）
抬头　坐　爬（四肢爬）　走　跑　跳（双脚、原地）
3.目前情况：□没有语言　□牙牙学语　□单音　□简单句　□会与人交谈
□坐　□爬　□扶物走　□独立走
4.沟通方式：□语　□手语　□肢体语言　□沟通板
□沟通图片　□读唇　□其他</td></tr>
<tr><td colspan="6">四、疾病史</td></tr>
<tr><td colspan="6">1.既往病史：
2.家族病史：□无　□有
父母及家庭其他成员是否存在类似情况　□否　□是
3.过敏史（食物、药物）：
4.手术史：
5.用药史：</td></tr>
<tr><td colspan="6">五、入学情况</td></tr>
<tr><td colspan="6">□ 从未入学
□ 早教中心，入学时间　　。入学多久　，因　　　未继续就读。</td></tr>
<tr><td colspan="6">六、生活作息</td></tr>
</table>

续表

<table>
<tr><td>1.健康状况：
□很少生病
□常生病，经常是这些疾病
2.饮食习惯：□无异常　□挑食，偏爱　□有食物限制
□硬质　□软质　□流质　□其他
3.进食情况：□独自解决　□需协助(协助方式)
4.睡眠状况：
□午睡，一般　开始，持续　□单独睡　□和　一起睡)
□晚上睡觉，一般 开始，持续（□单独睡　□和　一起睡)
□瞌睡　□失眠，时间长达　，其它说明：
5.如厕情况：
□便秘
□大便正常，一般每天　次，时间　（□马桶　□痰盂　□蹲式便槽　□其它)
每天小便 次，一般　次小便　（□马桶　□痰盂　□蹲式便槽　□其它)
□独自解决　□需协助(协助方式)　□是否冲洗</td></tr>
<tr><th>七、兴趣爱好</th></tr>
<tr><td>食物
喜欢：
不喜欢：
饮料
喜欢：
不喜欢：
活动
喜欢：
不喜欢：
身体接触
喜欢：
不喜欢：
玩具
喜欢：
不喜欢：
其他：</td></tr>
<tr><th>八、其他表现</th></tr>
<tr><td>1.行为问题：□无　□有
2.情绪问题：□无　□有
3.感官、动作问题：□无　□有
4.注意力：</td></tr>
</table>

续表

九、关于孩子需要特别注意的事项
十、家长对孩子的教育期望

四、个案资料的分析

个案资料的收集内容和收集方式及个案研究的要求，决定了个案资料是丰富和详细的，且量大，内容散布。因此，个案资料的分析是个案研究过程中最困难的步骤，如何进行分析、从哪些方面分析，都将直接影响到研究的质量。

（一）分析的维度

1.主观—客观维度

从研究对象的主观上分析，主要是探究隐藏在个案行为背后的内在动力，如动机、态度、情感、世界观、人生观、价值观等。从客观上分析，主要是了解教育、家庭、社会环境等与儿童的生理、心理特点以及学生的成长、发展存在哪些相适应或不相适应的地方，并找出它们的矛盾关键所在。

2.现状—过程—背景维度

该维度主要是从个案当前的发展现状和水平来分析个案行为或现象的形成和发展过程与现有水平的动态关系，进而分析个案行为或现象发生的背景因素，以此来了解个案发展变化的基本特点和规律，以及影响个案发展变化的各种因素。在对所收集的历史资料与现状资料进行比较分析的基础上，厘清个案发展变化的脉络，找出哪些因素对个案在某些方面的突出发展具有比较明显的意义，形成初步的认识后，再进行深入的分析。

（二）分析的模式

美国学者伊恩提出了七种个案资料分析模式，其中前四种是主要的模式，后三种是辅助的、次要的模式。

1.类型比对模式。这一模式先由研究者提出相关理论,再借研究过程对理论加以验证,如果相符甚至能进一步证明与其相反的理论为假,则更能增强其提出的理论。

2.解释建构模式。其目标是要借由对个案的解释来分析个案研究的资料,其目的不是得出结论,而是更进一步的研究和进一步的发展研究设想。这种程序主要是跟解释性的个案研究有关。

3.时间序列分析模式。这可以直接比拟作在实验或准实验中进行的时间序列分析,或者说是将实验研究与准实验研究中常用的时间序列分析直接类推至个案研究中。所遵循的类型越复杂和精确,时间序列分析也就越能提供个案研究结论。

4.程序逻辑模式。这是类型比对和时间序列分析两种模式的结合,主要是探讨自变量和因变量之间的因果关系。这种模式对于解释性、探索性的个案研究会比描述性的研究更为有用。

5.分析次级单元模式。当个案研究设计包含嵌入的分析单元,也就是说,有一个比个案本身还小的分析单元,而且对这个单元也收集了很多资料,可以从镶嵌在个案中的这些次级单元开始分析。

6.实施重复观察模式。这一模式是指在相同的研究中,重复地观察现场或分析次级单元。

7.实施个案调查模式。当分析的个案数量相当多时,可以使用这种模式。它是一种个案间的次级分析,类似于个案背景资料分析。由于时间和费用等方面的限制,无法深入每个个案,而且这些个案都是经过选择的,因此这一模式无法做到统计处理。

五、个案的发展指导

个案的发展指导是指在对资料进行整理、分析的基础上,设计一套因材施教的方案,并加以实施。对个案的发展指导可从以下两方面进行。

1.对研究对象自身的内在因素加以矫正

对学前幼儿自身的内在因素加以矫正,可促进幼儿内在因素的健康积极发展。通过一些心理咨询与治疗,提高幼儿的心理健康水平,改善和发展幼儿的情感、情绪、人格倾向等,减少焦虑,克服一些不良性格的形成,同时通过思想教育,提高或改善幼儿的世界观、人生观、价值观、道德观等。

2.改善外部条件

改善、疏导那些不利于幼儿发展的外部条件,使之更好地适应幼儿发展的需要。例如家庭气氛、家庭教养方式、幼儿园教养措施、幼儿人际关系、社会文化环境等影响幼儿发展的因素。

六、个案的追踪

个案研究是一种深度研究，对于研究对象需要有一段较长时间的追踪与研究，以了解其发展变化，测定与评价用于指导其发展的教育措施的实践效果。在追踪研究中，要坚持观察和把握研究的目标，但与目标同时制订的发展指导的具体措施方案却不是一成不变的，要随着个案的发展变化、教育和环境的变化而不断修订，不断变化。

七、撰写个案研究报告

个案研究报告是个案研究结果的重要表现形式，大多数的个案研究最终都会以书面报告的形式来呈现。个案研究报告一般应包括题目、作者与单位署名、摘要、文献研究、问题、假设、方法与过程、结果、结论、小结、参考资料等部分。这些部分在报告中并不要求一一点明，有些部分可以合并在一起交代，有些也可以省略，但题目、作者、研究问题、研究方法与过程、研究结果与讨论等必不可少。

按表达方式的不同，个案报告可以分为以下三种类型：

1. 描述性报告。比较详细地叙述个案资料，可以将一些片段并列或串联，不用转述而用原话，尽可能用客观描述来呈现对个案的解释，具有直观、具体等特点。但整理报告的时间较长，重心难以把握，较为繁杂。

2. 分析性报告。通常对论点进行直接的论述，对论点需要提供论据，并需说明个案的各种可能表现及推理过程。分析性报告是一种企图用客观的方式呈现个案资料，但又无法全部放弃主观判断的一种呈现方式。

3. 简介性报告。着重反映个案的主要特征，比较简洁。报告整理时间较短，问题的重心突出，不过对个案的细节部分的报告不够详细。

按报告的组织结构分类，个案研究报告可分为：

1. 线性分析结构。线性分析结构有标准的步骤，依序列出研究的争议之处，探讨相关文献、方法的运用，资料收集与分析，发现衍生的结论与应用等。这种撰写法最容易让读者明了，也是最有系统的撰写法，所以一般的论文写作多采用这种方式。

2. 比较性结构。使用比较的方式，通过两种或更多种视角，如以解释性、描述性或探索性视角呈现同一个个案，这样做既是为了对个案进行生动全面的说明，也旨在使读者拥有足够的信息，并利用这些信息判断哪些解释、描述或理论与资料最相符。其主要目的在于表示事实有足够的丰富性，可以适用于任何一种模式的解释。

3.时间顺序结构。按时间先后顺序，呈现个案早、中、晚期的证据来撰写，也可以先起草整个研究的后半部，以避免前后研究事件注意力的不平衡。如此呈现，则时间的脉络很容易掌握。这样的写作结构既能够阐述因果关系，又具有允许事件不断发展的优势。同时，这种结构虽然以时间顺序为组织原则，但其各个阶段却包含不同类型的内容。

4.理论构建结构。依据特定的主题或是理论，建构其逻辑性，也就是依照理论来撰写资料，如此，则能达到个案研究的解释性或是探索性目的。在这种结构中，个案研究的各个后续部分都有助于或者构成了发展中的“理论陈述”要素，在论证的整个链条中提供了一个链环，最终促成了完整的理论陈述。

5.悬置性结构。直接将个案研究的结果和主要结论呈现于报告的开头部分，然后再提供论据、分析、解释和判断，如选择了哪些内容、排除了哪些内容、得出了什么结论、排斥了哪些可供选择的解释等，把这些在报告中慢慢铺陈出以支持结果呈现的理由，也就是预留悬疑和推论的空间，较适用于解释性的研究目的。

6.非顺序性结构。假设或结果不重要，章节排列没有一定的顺序，没有特定的结构，是一种较自由的组织方式。这种方法使人很难了解哪些是重要的或不重要的，也容易遗漏信息，存在导致人为进行臆造的风险。

本章小结

1.个案研究是指采用各种方法收集有效、完整的资料，对单一的、典型的对象进行深入细致研究的方法。

2.个案研究在学前教育领域的运用不仅作为记录幼儿成长的一种重要手段，更成了一种可以全面了解幼儿发展的研究方法。

3.个案研究同时适用于学前教育教师与学前教育专业的学生，能够促进教师专业成长、学生专业提升；个案研究能提升社会行动绩效，发现因果关系，有利于切实解决现实问题。

4.学前教育个案研究可以根据研究目的、研究对象、研究内容的不同采用追因法、追踪法、作品分析法、临床法、教育会诊法等具体的个案研究方法。

5.个案研究的基本过程包括：确定研究问题、选择研究对象、收集个案资料、分析个案资料、个案的发展指导、个案追踪研究、撰写个案研究报告。

思考与实训

1.什么是个案研究法？它具备哪些特点？

2.个案研究的方法有哪些？

3.个案研究的基本过程包括哪些步骤？

4.假设你将对一名具有攻击性行为的幼儿进行个案研究，你将如何开展你的个案研究？

专题探讨

背景资料：2022年2月20日，教育部印发了《幼儿园保育教育质量评估指南》，该指南聚焦幼儿园保育教育过程及影响保育教育质量的关键要素，围绕办园方向、保育与安全、教育过程、环境创设、教师队伍五个方面提出了15项关键指标和48个考查要点，旨在引导幼儿园全面贯彻党的教育方针，落实立德树人根本任务，尊重幼儿年龄特点和发展规律，坚持保育教育相结合，以游戏为基本活动，不断提高幼儿园办园水平和保教质量。指南中“评估方法”部分提出要强化自我评估，幼儿园应建立常态化的自我评估机制，促进教职工主动参与，通过集体诊断反思自身教育行为，提出改进措施。同时，有效发挥外部评估的导向、激励作用，有针对性地引导幼儿园不断完善自我评估，改进保育教育工作。

探讨：你认为本章学习的个案研究法是否能支持幼儿园的自我评估机制的建立？如何支持？幼儿教师如何通过个案研究开展教育行为的反思？

第九章

教育行动研究

学习目标

- 了解教育行动研究的含义、特点和类型；
- 掌握教育行动研究的过程及方法；
- 掌握教育行动研究的基本原则和具体方法，并能在学前教育研究中应用。

学习重难点

- 重点：教育行动研究的基本过程及具体方法；
- 难点：学前教育中教育行动研究的运用。

案例破冰

如何消除幼儿的挑食(偏食)现象？

幼儿园小班幼儿的挑食(偏食)现象比较普遍，每当要到进餐时间，挑食(偏食)的幼儿有的总是皱着眉头，一脸不高兴，找各种借口不吃饭；有的幼儿当老师把饭盛好后，先是把饭用勺子翻来翻去，然后再平铺，吃饭都是一粒一粒数着吃；有的幼儿只愿意点吃馒头和小花卷，偶尔也愿意吃一点白米饭，稀饭、汤，但是各种菜绝对不肯尝一口。在日常生活和教学中，我们也常会遇到这样的难题。如果你是班级教师，你将如何通过开展教育行动研究，寻求适宜的解决对策？开展教育行动研究时应该注意些什么呢？本章内容会给我们带来一定的启示，来帮助我们解答上述问题。

第一节 教育行动研究概述

一、教育行动研究的含义

行动研究，英文是action research，从英文构词就能够看得出其缘起的初衷，即将行动(action)和研究(research)有机结合。

在对行动研究的众多认识中，艾略特和凯米斯的定义影响较大。艾略特认为："行动研究是对社会情境的研究，是从改善社会情境中行动质量的角度来进行研究的一种研究取向。"①艾略特的定义指向社会科学的各个领域，特别是组织研究、社区研究、医务护理与教育，因此，它也经常被作为教育行动研究的定义。凯米斯在《行动研究法》一文中提出："行动研究是由社会情境(包括教育情境)的参加者进行的一种自我反思的研究方式"，"是实际工作者为研究自己的实践所进行的一种研究方式"。②

我国的学者在引入教育行动研究时，也对教育行动研究进行了界定，如有人认为："行动研究是对实践活动所采取的小规模的干预，以及对这一干预结果所做的反思或检查"③；还有人提出："行动研究法，是指情境的参与者(如教师)基于解决实际问题的需要，与专家学者或者组织中的成员合作，将问题发展成研究主题，进行有系统的研究，以讲求实际问题解决的一种研究方法"④。

以上所述国内外学者对教育行动研究的界定，有助于我们多视角地理解教育行动研究。毫无疑问，教育行动研究是教育研究方法体系中的一员。

结合学者们对教育行动研究的界定，以及对行动研究归属的新认识，我们认为，所谓教育行动研究，即以教育实践工作者为主体，为提高自己所从事的教育实践的理性认识、加深对实践活动及依赖的背景的理解，实现改进教育实践的目的，在教育实践中进行研究的一种研究方法。⑤

---

① Elliot, J. *Action Research for Education Change.* Milton Keynes & Phikadekphia: Open University Press, 1991, p.69.

② S.凯米斯.行动研究法(上)[J].张先怡，译.教育科学研究，1994(4):32-36.

③ 邹芳.行动研究——一项值得推广的教育研究方法[J].外国中小学教育，1994(2):12-15.

④ 宋虎平.行动研究[M].北京:教育科学出版社，2003:6.

⑤ 和学新，徐文彬.教育研究方法[M].北京:北京师范大学出版社，2015:282-283.

二、教育行动研究的特点

（一）研究目的是解决实际的问题

从研究目的的角度看，教育行动研究的出发点是解决实际教育教学中的问题，以提高教育质量为首要目的，而不是发展或建构理论体系，归纳规律。研究者基于实际工作情境发现问题，将它发展成为可能的研究问题，明确改进措施，系统地进行探索和验证。在研究中，解决问题的过程和研究的过程二者密不可分，问题的初步解决也是研究的成果。行动研究和教育实践紧密结合，教师将研究的成果运用到教育教学活动中，通过不断实践、反思、改进，推动教育教学质量的提高。

（二）研究主体是教育实践者

教育行动研究的主体不是专门的研究人员，而是教育实践工作者。教育行动研究强调教师要实际参与研究工作，将行动与研究融为一体。无论是教育实践工作者亲身投入研究过程，还是专门的专家、学者作为协助者参与研究，提供意见，开展咨询服务，教育实践者都是研究的主体。在传统的研究中，研究者只负责研究，实践者只负责具体工作和执行计划，而教育行动研究是让实践者对自己的实践进行研究，并且将结论应用于实践中，是一种实践与研究紧密结合、应用性很强的研究方法。在教育行动研究中，实践者的主体地位的获得，关键在于其对从事的科研活动具备积极主动的态度和精神，它是教育行动研究之魂。

（三）研究环境是实际工作情境

由于行动研究的目的是解放实践者，提高他们的行动能力和行动质量，改变他们所处的现实处境，因此研究的问题应该，也必须是起源于实践者的日常生活和工作。那么，教育行动研究的研究问题就应该发生在实际工作情境中，直接来源于教师自己的教育教学实践，教师针对自己在教学工作中发现的问题进行研究。离开了教育情境，教育科研也就成了无源之水、无本之木。因此，教育实践工作者在行动研究中要有问题意识，能够积极主动地发现教育教学实践中日常问题的研究价值，并将其转化为研究问题。与研究者工作无关的情境，通常不在教育行动研究的范围之内。因而，教育行动研究情境具有特定性，所得出的研究结论往往不宜进行普遍推广和应用。

（四）研究过程具有动态性

在教育行动研究的过程中，研究者可根据实际情况随时对研究假说、研究重心、研究方法等进行修改，边实践、边研究、边修改，甚至可以修改研究的课题以适应不断出现的新情况、新问题。教育行动研究的动态性体现在：研究的题目可大可小，大的可以定出一个学期乃至一个学年所要解决的问题和研究方案，小的则可以是对于一节课中的某一个具体行动的研究和改进；参与研究的人员数量可多可少，可以全体教研室教师一起参与研究解决一个大问题，也可以是教师针对自己在教学中的问题进行研究。教育行动研究是一个不断进行研究、获得反馈、动态调整的过程。

（五）研究方法具有广泛的包容性

教育行动研究并不是一种独立使用的具体研究方法，而是主张多种研究方法综合使用。在研究中，根据研究问题的性质、研究目的、研究者的能力，从已有的各种研究方法中灵活选择研究方法来研究具体问题，因此，观察法、访谈法、甚至问卷调查法、实验法等都可以在教育行动研究中发挥作用，这种多元的研究方法充分展示了教育行动研究在研究方法上的包容性。

二、教育行动研究的类型

教育行动研究内部有比较丰富的内容层次和类型，根据不同的分类标准，可以对教育行动研究做相应的类型划分。

（一）科学的行动研究、解决实践问题的行动研究和批判性行动研究

按照研究的侧重点可将教育行动研究分为科学的行动研究、解决实践问题的行动研究和批判性行动研究。[①]

1.科学的行动研究

科学的行动研究即行动者用科学的方法对自己的行动所进行的研究。持这类观点的人特别强调用测量、统计等科学的方法来验证假设。例如，在柯立尔看来，行动研究者就是实际工作者用科学的方法来解决实践中的问题。不少人认为，行动研究是一种小规模的实验研究，它用统计的方法来验证假设，用科学的方法来解决教室里的实际问题。正如英国课程论专家斯腾豪斯所言："教育科学的理想是，每一个课堂都是实验室，每一名教师都是科学共同体的成员。"[②]

2.解决实践问题的行动研究

解决实践问题的行动研究即行动者为解决自己实践中的问题而进行的研究。此类观点的代表人物有斯腾豪斯等人。他们不仅仅关心统计数据，还重视教师和学生的

① 郑金洲.行动研究：一种日益受到关注的研究方法[J].上海高教研究，1997(1)：23-27.

② 罗华陶，韩兵兵.研究型教师的定位及其培养重构[J].现代教育科学，2013(1)：67-69.

日记、磁带、照片等所有对以后的回忆和评价都有帮助的材料。在他们看来,课程的编制和研究在本质上只能是一个实践问题,而不是理论问题;理论的正确性并不依赖于“科学”的测试,而在于是否从实践中产生。他们对行动研究的典型看法是,行动研究就是由教师或其他实际工作者针对实际问题进行研究的一种方法。

3.批判性行动研究

批判性行动研究即行动者对自己的实践进行批判性思考,以“理论的批判”“意识的启蒙”来引起和改进行动。此类观点的代表人物有凯米斯等人。他们认为行动研究是追求自由、自主和解放的,从而把行动研究看作教师和其他教育实际工作者所进行的一种自我反思的研究,倡导教师等对自己的实践进行批判性思考。

上述三种类型分别强调行动研究的不同侧面:第一种类型强调行动研究的“科学性”;第二种类型更关注行动研究对教育实践的“改进”功能;第三种类型突出了行动研究的“批判性”。虽然这些类型强调的方面各有侧重,但在实际研究中,研究者是有可能同时把这三种类型研究的特征结合在一起的。

(二)内隐式“行动中获知”“行动中反思”和“对行动进行反思”

根据参与者对自己的行动所做的反思可将行动研究分为内隐式“行动中获知”“行动中反思”和“对行动进行反思”①

1.内隐式“行动中获知”

通常实践者对自己的实践知识及其来源缺乏意识,无法清楚地用语言说出来。他们也无法将自己的思考和行动分开,“我们知道的比我们能说的要多”。他们通常是行动中思考,行动和思想处于一种未分化的混沌状态。他们知道的却未必能用语言或者文字表达出来。行动中获知的研究就是实践者对自己日常的例行行动进行研究,通过观察和反思了解自己的隐含性知识,是他们日益积累的实践性知识的一种精练的展现。

2.“行动中反思”

有研究发现,当一个人在行动中进行反思时,他就成了实践中的一位研究者。这种研究者不是依靠现存的理论或技巧来处理问题,而是针对一个具体的案例来构建一个新的理论。他将目标和手段视为互相构建的关系,根据相互间具体的需要进行调整。这种研究者的思考通常不会脱离实际事物,所有的决定都一定会转化为行动,并在行动中不断加深自己对事物的探究。这种研究无需借助语言,是以一种非口语的形

---

① 陈向明.质的研究方法与社会科学研究[M].北京:教育科学出版社,2000:450-451.

式进行的，是一种针对特定情境进行的反思式交谈。它促使实践者将自己的思考转化为行动，比较不同的策略，排除不恰当的因素，将相同因素提炼出来。这种研究还可以提高实践者在不同情境中转移到另一情境的能力。这种方法通常发生在比较复杂的环境中，特别是在实践者的例行式做法不足以应付目前的问题时。

3."对行动进行反思"

在这种类型的研究要求参与者用较为精练的口语构建或形成知识，把自己从行动中抽离出来，主要是将自己的实践知识、以往的经验、当时的情境和未来的方向结合起来对自己的行动进行全面的反思。这种反思可以使实践者的内隐知识明朗化、口语化，既有利于他们进一步计划自己的行动，又可以增进参与者之间的相互沟通、学习和传承。对行动研究进行反思是幼儿教师专业化发展的必然要求和有效策略。

（三）合作模式、支持模式和独立模式行动研究

根据参与行动研究的主体与主体之间的关系可将行动研究分为合作模式、支持模式和独立模式行动研究。①

1.合作模式行动研究

在这种研究中，专家（或传统意义上的"研究者"）与实践工作者一起合作，共同进行研究。研究的问题是由专家和实践工作者一起协商提出的，双方共同制订研究计划，共同商定评价研究结果的标准和方法。这是行动研究的最高层次，也是典型的层次，理想的行动研究应该在这一层次上有所体现。

2.支持模式行动研究

在这种模式类型中，研究的动力主要来自实践者本身，他们自己提出并选择需要研究的问题，自己决定行动方案。专家则作为咨询者或者帮助实践工作者形成理论假设、设计计划的具体行动以及评价行动的过程和结果。

3.独立模式行动研究

在这种模式类型中，实践工作者独立进行研究，不需要专家的帮助和指导。他们摆脱了传统的研究理论和实践规范的限制，对自己的研究进行批判性的思考，并且采取相应的行动对教育活动进行改造。

① 陈向明.质的研究方法与社会科学研究[M].北京：教育科学出版社，2000：451.

第二节　教育行动研究的过程与方法

一、教育行动研究的过程

行动研究的提出,在解放实践工作者的缄默知识的同时,有效地推动着实践的改进。但如何使行动研究真正为实践工作者所用且用得好,已经成为很多学者关切的问题,他们纷纷为实践者提供直观的操作程序。[①]其中,凯米斯在勒温的理论基础上提出的四环节说认为,行动研究是一个螺旋式上升的发展过程,每一个螺旋发展圈包括相互联系、相互依赖的四个环节,及计划、行动、考察与反思。一个循环结束,新的循环又开始上路,这与实践工作者周而复始的工作相契合,但这种循环绝对不是在封闭的圆圈之中进行的,正是它螺旋式上升的特质,推动着实践的不断改进。阿特莱奇特等人也认为行动研究可以由四个环节组成,依次是寻找起点、理清情境、发展行动策略并付诸实施、公开实践者的知识,其运作过程也是一个不断螺旋上升的循环,所有的步骤完成之后,马上又进入新的一轮循环。[②]

因此,虽然教育行动研究受具体课题情境的影响,没有统一明确的模式或步骤,在研究实施过程中可进行灵活、开放的处理。但整体而言,教育行动研究的实施依然可以遵循一般研究的基本过程及教育行动研究的基本步骤而大致确定下来。借鉴学者们的观点,可以从以下几个方面把握教育行动研究的一般步骤。

(一)发现问题

教育行动研究的问题来自日常教育实践。对于广大教育实践者而言,日常教育实践中会遇到各种各样的问题。教育实践者对教育实践问题要敏感和持续地关注,究竟哪个问题需要研究,而且是可以通过行动研究进行的,就把教育实践中的问题提升为研究课题,研究者一开始就要加以思考。正因为如此,我国的一些学者认为在"计划"之前,应该先有对问题的"勘察"。[③]主要目的在于分析问题和确定问题。为此,研究者要考虑的是:这是个什么问题?这个问题是怎么产生的?这个问题有加以解决的必要吗?这个问题可以通过教育行动研究来解决吗?例如,某幼儿园教师发现:大班的幼

① 勒温、考瑞、艾略特、凯米斯、埃巴特、麦克南等都提出了各自的看法,具体内容详见郑金洲等.行动研究指导[M].北京:教育科学出版社,2004:30-47.

② 陈向明.质的研究方法与社会科学研究[M].北京:教育科学出版社,2000:455-457.

③ 袁振国.教育研究方法[M].北京:高等教育出版社,2000:214.

儿都争抢着担当“值日生”,但是值日活动却存在着保育员包办代替、值日活动有形式无责任等诸多问题。如果我们用入学准备的视角去关注值日活动并丰富值日活动的内容和形式,幼儿的入学准备能力将会得到提升。因此,该教师决定对这种现象进行干预,着手开展大班幼儿入学准备教育行动研究。①

对于自己感兴趣的教育实践问题是否要确定为行动研究的选题,研究者要从创新性、价值性、可行性等角度加以诊断。那些通过查阅资料或咨询经验丰富的同事就能获得答案的问题、对促进本班幼儿学习发展和改进教育教学没有明显意义的问题、当前缺乏研究条件无法实地开展研究的问题,都不适合作为行动研究的选题。因此,在确定行动研究问题时,研究者不仅要充分考察和了解自己正在面临的教育实践问题,还有必要与同事、专职研究人员或专业人员进行交流对话,也有必要查阅有关文献,从各个角度加以认识和论证。

(二)制订计划

研究计划为改进现状确定行动研究的蓝图,它始于解决问题的需要和设想,主要任务是明确问题、分析问题、制订计划。教育行动研究的计划应该包括研究总体计划和每一个具体行动步骤的计划。总体计划一般应该包括计划实施以后预期达到的最终目标和阶段性目标,每个具体行动的内容与时间安排、与各个行动之间有明显或潜在关联的各种因素。②研究者在做计划时要以大量的教育实践发现和调查结果为前提,从解决教育实践问题的需要出发,盘点各种有关的知识、理论、方法、技术、条件及其综合情况,从而全面深入地认识所面临的教育实践问题,掌握解决这些问题的策略与方法。无论是总体计划,还是每一个行动步骤的计划,都应该紧紧围绕所要解决的问题而进行。研究者要思考的是:问题解决到什么程度?达到什么效果?拟采用哪些具体策略和方法?行动研究的大致步骤和时间如何安排?准备开展几个循环的研究?等等。

例如,在上述有关新值日小组的行动研究中,在分析明确了问题后,该教师提出了解决问题的思路并拟订了解决问题的教育方案:其一,值日内容更新。不仅包括扫地、搬桌子等活动,还增加了新闻播报、天气播报、食谱播报三项内容。其二,值日形式创新。本研究中的值日不再是幼儿个体的行为,而是小组活动。它包括从值日前组员共同做计划、值日中的组员互助、值日后全班的反思评价三个活动。第一轮行动研究为教师带领下的“新值日小组”活动,第二轮行动研究为教师协助下的“新值日小组”活

① 于艺.大班幼儿入学准备教育行动研究——以A园“新值日小组”活动为例[D].青岛大学,2020.
② 刘晶波.学前教育研究方法[M].北京:人民教育出版社,2006:384.

动，第三轮行动研究为幼儿自主的“新值日小组”活动。在每一轮行动研究中都渗透入学准备教育，但关注的重点要根据幼儿的实际表现而调整。

（三）实施行动

教育行动研究的根本目的就是通过行动解决教育实践中的问题。因此，把计划付诸行动，是行动研究的核心步骤。在上述大班幼儿入学准备教育行动研究中，教师利用三个月时间，把自己制订的教育方案逐步落实到教育实践过程中，组织了新闻播报、天气播报、食谱播报等内容。本研究中的值日是小组活动，它包括从值日前组员共同做计划、值日中的组员互助、值日后全班的反思评价三个活动。

在执行计划时，研究者需要把握两个方面：首先，行动是有目的、有系统、按计划进行的，不能盲目行动；其次，行动又是灵活的、能动的，在动态生成的行动研究过程中，研究者并非一定按原计划行事，而要根据实际情况的变化，逐步认识问题，不断修正计划、调整计划。①总之，研究者按照计划实施行动时，既要有目的性和计划性，又要有灵活性和能动性。

事实上，在教育行动研究过程中，研究者在逐渐加深对所研究问题的了解和认识。当研究者对问题的认识逐渐明确，不断接受行动过程中各项信息的反馈及其他参与者的评价和建议后，就可以执行行动计划时有所修改和调整。

（四）考察分析

在教育行动研究过程中，伴随着研究计划的执行过程，研究者要同时对这个过程进行考察分析。考察内容包括行动背景、行动过程、行动结果等三个基本方面：一是行动背景因素以及影响行动的因素；二是行动过程，包括什么人以什么方式参与了计划实施，使用了什么材料，安排了什么活动，有无意外的变化，如何排除干扰等；三是行动的结果，包括预期的与非预期的、积极和消极的结果。

考察手段和方法是多样的，没有特定的程序和技术，诸如观察、访谈、问卷调查、实物分析等各种有效方式均可采用。观察主体是多元的，研究者（教育实践者）、幼儿、家长及相关人员都可以从自身的视角提供反馈信息，从而全面、深入地认识问题；观察标准则是要尽可能做到系统、全面、客观。

对于实际执行研究计划的教育实践者，最常用的考察手段是对行动过程做观察记录。在上述有关大班幼儿入学准备教育的行动研究中，该教师在落实既定教育方案后，发现研究结果表明，本班幼儿通过“新值日小组”活动有利于幼儿形成入学准备能

① 陶保平.学前教育科研方法[M].上海：华东师范大学出版社，1999：232-324.

力。此项行动研究中,“新值日小组”活动对幼儿的计划能力、前书写能力、口语表达与倾听能力、责任意识与任务意识具有正向促进作用,说明研究初见成效。

(五)评价反思

评价反思是指对行动、结果及其原因的思考。可以在行动的某一个螺旋循环结束时进行,也可以在整个行动研究结束时进行。

在反思环节中,研究者需要将与制订计划、实施计划有关的各种现象加以整理归纳,对于一个螺旋循环的评价反思,其主要任务是对研究目标、内容、方法、步骤等进行反复考虑评定,确定问题解决的效果,找出问题未解决或者未彻底解决的原因,对行动的全过程和结果做出判断和评价,并对下一阶段的计划修正提供意见,然后有针对性地制订新的研究计划。

评价反思的内容包括两方面:一是对所研究的问题给出结论,分析行动研究是否已达成预定的研究目标,对研究成效进行检验;二是对行动研究的计划、策略及具体步骤进行分析、反思和批判,发现研究过程中遇到的问题和存在的限制,为制订下一个阶段的研究计划做准备。这两个方面互为因果,不可分割。

事实上,教育行动研究中面对的问题往往是比较复杂的,通常需要通过多个螺旋循环(研究阶段)来解决,在上述有关大班幼儿入学准备教育的行动研究中,幼儿教师就是通过第一轮行动研究为教师带领下的“新值日小组”活动,第二轮行动研究为教师协助下的“新值日小组”活动,第三轮行动研究为幼儿自主的“新值日小组”活动。该教师对每一轮行动过程进行评价反思,并再次制订新的研究计划,启动下一个螺旋循环的研究工作。

在行动研究结束时,研究者还要对整个研究过程进行反思与评价。

(六)呈现成果

在每一项教育行动研究基本完成时,研究者要对整个研究过程进行整理,并以适当形式呈现研究成果。在一般性研究中,通常以研究论文、研究报告、专著等形式呈现研究成果。教育行动研究的最终目的是解决教育实践问题,因此其研究结果的呈现可以采用更加丰富的形式。除了研究论文、研究报告等文字成果外,还可以借助活动展示、研究前后的实况记录(照片、视频)的比较形式来证明研究成效。

例如:在上述有关大班幼儿入学准备教育的行动研究中,为了呈现研究效果,研究者可以通过论文与同行进行分析,通过“新值日小组”活动改进大班幼儿入学准备教育行动研究,也可以通过“新值日小组”活动现场展示本班幼儿入学准备方面能力的提升,还可以通过研究前后"新值日"活动视频,说明本班幼儿计划能力、前书写能力、口语表达与倾听能力、责任意识与任务意识均有所提高。

二、教育行动研究的基本原则

在实施教育行动研究时,需遵循以下基本原则:

(一)价值性原则

教育行动研究的价值体现在其能够解决教育实践问题或改进教育实践现状。一项教育行动研究必须具有一定的应用价值。为此,要做到:

其一,在选题时,尽可能选择那些在教育实践中普遍存在但一直未得到妥善解决的问题。这些问题可能来源于幼儿身心发展、游戏组织、幼儿园教学、幼儿园课程开发、幼儿园班级管理、幼儿园环境创设等各个方面。

其二,确保研究结果具有一定的应用价值,通过行动研究提出的教育实践途径、方法与策略,可以在同类教育情境中加以推广和应用,能够经得起教育实践的检验,同时参与行动研究的教育实践者的教育观念有所改进,教育实践能力有所提高,整体专业素养有所提升。

(二)创新性原则

虽然行动研究的问题来源于日常教育实践,但并非教育实践中的每一个问题都需要开展行动研究。一项行动研究一定要具有创新性。为此,要做到:

其一,在选题时,要选择那些在社会发展过程中新涌现的教育实践问题,或者选择那些为了落实新的教育理念、新的课程改革精神而需要探讨的教育实践问题。

其二,在制订行动计划时,对于教育实践问题的解决思路、策略和方法要有所创新,不能人云亦云,老生常谈,从而确保通过一定时期的行动研究能够提出解决教育实践问题的新思路、新策略、新方法。

(三)科学性原则

教育行动研究也是科学研究,与教育实践者日常从事的教育实践工作有所不同。一项行动研究必须具有一定的科学性。为此,要做到:

其一,参与行动研究的教育实践者要了解行动研究的一般规范,要了解教育研究的一般规范,包括确定选题、撰写研究报告及各种常用研究方法的使用规范。

其二,在确定行动研究问题时,对问题有准确定位和清楚表述,确保行动研究有确定的目标指向。

其三，在确定行动研究目标时，要有一定的理论基础，在理论基础上建立一定的研究假设，并通过行动研究验证其是否成立。

其四，对行动研究过程有一定的控制，包括研究对象的选取、研究变量的确定、研究工具的选择、研究数据的统计分析、研究结果的解释等，都要尽可能按照科学研究的规范进行操作。

（四）动态性原则

行动研究是按照螺旋式循环持续进行的，具有动态生成性。为此，要做到：

其一，为行动研究规划较长的研究时间，使其具有两至三个研究循环；

其二，灵活、能动地执行研究计划时，通过对行动过程的考察及时收集各项反馈信息，修正或调整由于干扰所引起的各种偏差；

其三，充分揭示影响行动效果的各种因素，分析行动失败的原因，并据此调整下一轮的研究计划。

（五）民主性原则

行动研究的参与者众多，除了教育实践者自己承担的独立型行动研究，在合作型行动研究和支持型行动研究中，参与人员常常包括教育实践者、教育管理人员和专职研究者。在这些人员协同进行行动研究的过程中，一定要具有民主性。为此，要做到：

其一，是否启动一项针对教育实践问题的行动研究，要看作为研究主体的教育实践者是否有兴趣和内在动力，他们要处于积极主动状态，而非受外力强迫，处于消极被动状态；

其二，在各种人员协同进行的行动研究中，各个参与者都能充分发挥自身优势，相互之间取长补短，进行平等合作，同心协力推进研究过程；

其三，在各种人员协同进行的行动研究中，在传统意义上被视为“权威”“专家”的专职研究者，要充分尊重教育实践者的发言权，鼓励他们的创新精神，肯定他们提出的新思路、新策略和新方法，并通过民主讨论使其更具有科学性、合理性。

三、教育行动研究的具体方法

在开展教育行动研究时，有以下比较常用的研究方法与比较独特的研究方式：

（一）在教育行动中较常见的研究方法

因不受研究范式[①]的制约，在教育行动研究中，对具体研究方法的运用十分灵活。

---

① 陈向明．质的研究方法与社会科学研究［M］．北京：教育科学出版社，2000：378.

定性研究方法、定量研究方法，只要能够解决研究问题，对达到目标有所帮助，无论是哪一种方法，研究者都可以拿来使用。但有一些研究方法在行动研究中使用的频率比较高，主要有观察法、访谈法、问卷法等。[①]此外，实验法、实物法在教育行动研究中也有运用。

（二）在教育行动研究中较独特的研究方式

1. 教育日志

撰写教育日志是研究者记录自己每天的教育研究实践及对其进行的反思，是一种伴随着教育行动研究全程的重要方法。在教育行动研究中，撰写研究日志不仅是收集和分析资料的方法，而且可以通过聚集这些事件，让人们更多地了解自己的假定。教育日志也称“研究日志”“教学日志”“工作日志”或“教师日志”。

教育日志是一种收集、分析资料的工具，它可以记录多方面的资料，包括那些通过观察、访谈和对话收集到的资料。作为教育行动研究成果的教育日志，记录的是教师在行动研究过程中所观察到的、所感受到的、所解释的和所反思的内容。教育日志的主体部分应该是教师对观察的记录和白描。这些资料通过相关的文本、照片、图片和解释性的评论而丰富和深化。持续书写日志，可以确保资料的收集完整无缺，保证资料客观准确。教育日志通常需要每天或几天记录一次，至少也要每周记录一次。

2. 教育叙事

教育叙事是指教师在研究过程中用叙事的方法所做的某些简短的记录，也指教师在研究中采用叙事方法呈现的研究成果。教育叙事就是讲有关教育的故事。它是教育主体叙述教育教学中的真实情境的过程，其实质是通过讲述教育故事体悟教育真谛的研究方法。它非为讲故事而讲故事，而是通过教育叙事展开对教育现象的思索、对问题的研究，是一个将客观的过程、真实的体验、主观的阐释有机融为一体的一种教育经验的发现和揭示过程。

教师所写的教育叙事，陈述的是教师在日常生活、课堂教学、教改实践活动中曾经发生或正在发生的事件，也包括教师本人撰写的个人传记、个人经验总结等各类文本。这些“故事”样式的实践记录是具体的、情景性的、灵活地描绘出教师的经验世界，是教师心灵成长的轨迹，是教师教育活动中的真实情感。

3. 教育案例

教育案例是含有问题或疑难情绪在内的真实发生的典型事件。案例的写作为教

① 刘晶波．学前教育研究方法［M］．北京：人民教育出版社，2006：398．

师提供了一个记录自己教育教学经历的机会，可以促使教师更为深刻地认识自己工作中的重点和难点，可以促进教师对自身行为的反思，提升教学工作的专业化水平。案例分析和交流，为教师之间分享经验、加强沟通提供了一种有效的方式。

教育案例是一个教育情境下的故事。在叙述一个故事的同时，人们常常还发表一些自己的看法，也就是点评。一个好的案例通常就是一个生动的故事加上精彩的点评。教育案例所描述的情境必须发生在行动研究过程中；教育案例所记录的故事需要包含教师在行动过程中的思考，解决疑难问题所采用的方法，以及疑难问题被解决的程度。

4.教育课例

教育课例也称教学课例，它展现的是某节课或某些课的教学实际场景。教育课例的形式一般表现为“教学设计+教学实录+教学反思”。

教育课例是课堂教学实录，它是真实记录教师课堂教学全过程的一种实用文体。作者听了一堂优秀教师的观摩课，听后感触较深，认为这堂课较好地体现了一种教育教学思想，有总结推广的价值；或者作者自己上了一堂课，对教学改革有了切身的体会，想总结交流一下，于是根据录音录像或者记录稿把这堂课的教学过程、方法措施等加以整理，并适当加上评析说明，这就形成了一篇课堂教学的纪实性文章，即课例。课例是教师研究课堂、改进教学、促进专业发展的最佳载体之一。

第三节　教育行动研究在学前教育中的应用

学前教育改革正在不断深化，课程开发、主题教育、人文教育、创新教育、素质教育等都已成为幼儿园教育教学改革关注的热点。实践表明，在幼儿园开展教育行动研究，有助于形成适合本园的园本管理体制，有助于为学前教育理论提供丰富的养料，有助于解决大量的幼儿园实际问题，促进幼儿园的健康发展，有助于形成园本培训和园本课程，有助于教师的专业成长，能为教师结合日常工作进行研究指明方向。

一、教育行动研究在学前教育研究中的作用

教育行动研究在学前教育研究中的作用表现为以下四点。

（一）教育行动研究促进幼儿教师的专业发展

1. 终身学习

教育行动研究为学前教育工作者的学习提供了强大的动力和明确的方向。教师结合实际工作发现问题、问题归因、计划实施、评价反思，体现了“学习工作化，工作学习化”的理念。教育行动研究的过程，实际上就是教师有目的、有计划地学习理论、学习同行经验、学习别人的优秀实践的过程。在开展教育行动研究的过程中教师能形成良好的学习氛围，同时也是构建幼儿园“学习型组织”的重要部分。

2. 自我反思

教育行动研究是一线教师把“反思”落实于教学、落实于工作的途径，是将“反思”从观念层面落实到实践层面的过程。在发现问题阶段，强调对照理论，对照《幼儿园教育指导纲要（试行）》《3—6岁儿童学习与发展指南》，反思实践，发现工作中的问题；在问题归因阶段，要求教师整理理论和经验所提供的各种归因线索，逐一反思排查，确定调查重点，并通过实际调查使问题的原因得以明确；在措施行动阶段，要求教师根据归因结果，反思自己的工作，并对自己的教育行为做出调整；在评价反思阶段，要求教师对研究的结果进行“副作用”分析和“替代”分析。在行动研究中，教师的反思行为体现得系统、具体和真实，因此可以说，没有反思就没有行动研究。

3.培养幼儿园教师的合作交流精神

教育行动研究能为教师的合作交流提供平台,并有利于提高教师合作与交流的针对性、目的性。发现问题需要同行的建议和意见;问题归因需要同行的经验;措施行动需要同行的经验和监督;评价反思需要同行的意见与参与。

4.增强幼儿园教师的责任心和敬业精神

教育行动研究的过程实际上是基层教师在工作中主动发现问题、诊断问题和解决问题的过程,这本身就是教师责任心和敬业精神的充分体现。没有责任心和敬业精神,教师是不可能做好教育行动研究的。

(二)教育行动研究有助于沟通理论与教育实践的联系

在传统的自上而下的研究模式中,研究的主体是理论研究工作者,而不是教育实践工作者。研究的目的是描述和解释教育现象,而不是改进教育实践。研究基本上游离于教育实践之外,是一种旁观者的研究,往往不为广大教师所了解、掌握和应用,对教育实践的直接指导作用也不大。这一现象,不仅影响了教育研究对实践的指导作用,而且阻碍了教育理论的发展。而教育行动研究却能够较好地解决这些问题。一方面,它的实践性是非常明显的。无论是研究的出发点、研究的目的,还是研究的整体过程,都离不开实践。另一方面,行动研究并没有走到另一个极端,也十分重视理论的作用。它强调理论工作者与实际工作者的结合,使两者互相合作、平等地对话,共同促进和提高。教师可以从专家那里获得必要的专业理论知识和研究技能,理论工作者也可以从真实的教育实践中获得第一手材料,发现新问题和新课题,甚至发现和创造新的理论,使研究成果更容易为广大学前教育工作者所接受。因此,教育行动研究是沟通教育理论与实践十分有效的途径。

(三)教育行动研究有助于推进深化教育改革,提升教育质量

行动研究的基本取向是批判性和建构性的,其知识论基础是把知识看作情境性的、暂时的、发展的,因而对实践持有不断的改革和改良态度是行动研究的基本表征。①因此,教育行动研究与教育改革有着十分密切的关系。一方面,通过行动研究,教育改革的思想、理念能够更好地贯彻到教育实践者的行动中,并在与具体情境的互动中不断地被创新和发展;另一方面,作为研究者的教育实践工作者,在行动研究的过程中,专业水平不断得到提升,这又反过来促进教育实践工作者依据经济、社会、科技

① 梁永平,张奎明.教育研究方法[M].济南:山东人民出版社,2008:215.

等与人的发展需要和教育实践中的问题和不足,自觉寻求变革,从而推动教育自下而上的变革,进而有效提升教育质量。

(四)教育行动研究有助于提高幼儿园管理效能

将教育行动研究用于幼儿园行政管理,可以提高幼儿园行政管理效能。幼儿园行政管理工作庞杂,教育管理人员应与教师共同协商,确定幼儿园工作中心,获取足够的反馈信息,通过修改和调整,制订合理的规章制度,避免主观的官僚作风造成的工作损失,提高工作效能。

二、教育行动研究在学前教育研究中的操作

学前教育研究中的教育行动研究指针对学前教育实践中产生的问题,在学前教育情境中,情境参与者(如教师)与专家学者或其他相关人员协作,边研究边反思,以解决学前教育实际问题为目的一种研究方法。[①]学前教育一线教师参与教育行动研究,不仅有利于提高教育研究的针对性和有效性,而且有利于研究成果在学前教育实际工作中的运用和及时反馈,同时也极大地提高了学前教育工作者的教育水平。

(一)引导教师从单纯的实践者向行动研究者转变

1.注重资料收集

教育行动研究主要依赖于观察和行为资料,因此是实证性的。在研究过程中,应选择科学的收集方式,记录观察资料和行为资料。档案袋不同于一般的档案或收集品,是根据研究主题,精心收集资料,建立资料库。档案袋是教育行动研究项目的具有实证性的材料,是研究过程的生动的简历,是活的、有目的的工作文件,是评价工具,是教师行动反思和专业发展的重要依托,是促进教育行动研究进展的重要媒介。研究课程,可以建立课程档案袋;研究教师专业发展,可建立教师专业成长档案袋;研究学前儿童发展水平,可建立学前儿童成长档案袋等。档案袋记录教师的观察,描述教师的行动,记载教师的灵感和创意,也是对事件的分析和综合。教师可以运用自己的写作风格和特色,将备忘录、描述性记录、解释性记录、深度反思等不同形式有机结合,形成定期编制档案袋的习惯,为研究提供生动素材。

2.掌握对信息资料的归因方法

对原始资料的整理和对研究问题的归因是非常必要的。对问题的归因有三种来

---

① 周希冰.学前教育科学研究[M].北京:高等教育出版社,2006:179.

源,如下表所示。

问题归因的三种来源

来源	载体	途径	意义
理论	文献资料、专家	参加国培(省培)或者学历提升继续教育、业务培训、接受现场指导、查阅文献资料等	培养教师有目的地查阅资料、请教专家等良好的学习习惯,促进教师终身学习及可持续健康发展
经验	本人、同行	同行交流、教研活动、教育科研经验交流等	形成同行交流的习惯,培养自我反思能力,提高批判性思维能力
调查	幼儿园教师、家长、学前儿童等	观察、访谈、问卷、家访等	培养教师科学严谨的学术研究态度

资料来源:张宝臣,2020

3.形成自己的研究成果

教育行动研究成果主要的表达形式有撰写教育日志、教育叙事活动案例、教育反思、教学课例等。这些都是对行动研究过程的记录、描写、阐释和反思。写作本身就是一种有效的学习过程,也是描述、综合、分析和阐释经验的过程,是教师从单纯的实践者向行动研究者转变的重要途径。

(二)提高学前教育行动研究的层次水平

教育行动研究要求不断地将行动的经验概括上升为一定的理论。在行动中促进教师与园长、与专业研究工作者的合作,促进参与研究的教师之间的相互交流。

1.教育行动研究的类型

教育行动研究的类型大体上有两种:一是独立性的行动研究,二是联合性的行动研究。这两种不同的研究类型使教育行动研究表现为三个层次。

(1)个体的研究。这是指教师对自己工作中遇到的实际问题单独进行研究,提出解决方法,改进自己的工作,研究者与实践者统一于一人,这样可以充分发挥教师的主动性、积极性和创造性。由于规模小,研究问题具体,易于实施,但力量单薄,研究的深度有限,因而信度和效度不高。

(2)研究小组的研究。在幼儿园范围内组织若干教师组成研究小组,邀请高校专家、行业专家进行指导,也可自行开展研究。这种类型的研究可发挥多个教师集体的智慧和力量。这样,研究的样本扩大了,但在理论指导上仍较为欠缺。

(3)幼儿园组织的研究。这是指由幼儿园组织专家、研究者、教师、政策人员等一批较为成熟的研究队伍进行研究,这种研究组织吸收多方面的力量参加,得到多方支持,这是行动研究的典型,也是最高和理想的层次。

2.教师要提高行动研究的层次水平

教育行动研究需要借助于理性思维的力量,提出解决问题的新设想、新方案,增强科学的预见性,避免行动的盲目性。它要求不断地将行动的经验概括上升为一定的理论。幼儿园应开展教学观摩活动、集体备课、教育技术会诊、网上咨询、学术沙龙、个案研究报告会等多种活动以促进教师与专业研究工作者的合作,促进参与研究教师之间、教师与学前儿童家长之间、教师与社区之间的互动。

(三)构建幼儿教育行动研究的管理机制

1.时间保证

教师忙于应付日常工作,几乎没有时间反思教育教学活动。所以,要给教师减负,把教师从烦琐的简单劳动中解放出来,从事创造性的劳动,这样可以极大地激发教师的工作热情,有效缓解职业倦怠。因此,幼儿园要为教师减去不必要的工作负担,增加教师进行科学研究的时间。

2.提供帮助

教师开展教育行动研究需要理论上的帮助。教育理论书籍是书面载体,教育专家是活化载体,两者缺一不可。构建幼儿园开展教育行动研究的理论支撑体系,需要加强幼儿园教师图书室、资料室的建设。同时,幼儿园还应该聘请有关专家作为教师开展行动研究的引路人和指导者。

3.建立激励机制

幼儿园在晋职、晋级、评优等方面应该向开展行动研究的教师倾斜,鼓励教师多读书、多行动、多反思,在幼儿园逐步形成学习的氛围、研究的氛围。园领导要充分认识到行动研究对教师队伍建设、幼儿园保教质量提高的重要意义,建立和完善相应的激励机制。

本章小结

1.教育行动研究的特点主要体现在:研究目的是解决实际的问题;研究主体是实践者;研究环境是实际工作情境;研究过程具有动态性;研究方法具有广泛的包容性。

2.从不同的角度,根据不同的分类标准,教育行动研究可分成不同的类型。按照研究的侧重点的不同,可以划分为科学的行动研究、解决实践问题的行动研究和批评行动研究;从参与者对自己的行动所做的反思来划分,可以分为内隐式“行动中获知”“行动中反思”和“对行动进行反思”；根据参与者行动研究的主体与主体之间关系的不同，可分为合作模式、支持模式和独立模式行动研究。

3.教育行动研究的基本过程是：发现问题、制订计划、实施行动、考察分析、评价反思、呈现结果。

4.教育行动研究的基本原则包括：价值性、创新性、科学性、动态性、民主性。

5.开展教育行动研究时，常用的研究方法包括：观察法、访谈法、问卷法、实验法、实物法等；比较独特的研究方式包括：教育日志、教育叙事、教育案例、教育课例。

6.在学前教育研究中，教育行动研究对学前教育工作者的专业发展；教育理论和教育实践的沟通联系；推进深化教育改革，提升教育质量；提高幼儿园行政管理的效能都有积极的作用。

7.教育行动研究在学前教育研究中的操作，一是引导教师从单纯实践者向行动研究者转变；二是提高学前教育行动研究的层次水平；三是构建学前儿童教育行动研究的管理机制。

思考与实训

1.结合实际，谈谈如何在教育实践中开展教育行动研究？

2.在学前教育专业杂志上挑选一篇教育行动研究的文章，仔细阅读这篇文章，然后评价这些教育行动研究在“行动”和“研究”的结合上做得如何？

3.请根据教育行动研究的程序，设计一个学前教育行动研究的研究计划，并在实践中实施。

专题探讨

背景资料：随着全球化进程的推进，西方文化浸染着少年儿童，再加上信息化时代智能手机等电子产品的影响，民间游戏渐渐远离幼儿生活。“植物大战僵尸”“愤怒的小鸟”“吃鸡”等成为孩子们津津乐道的游戏，而跳皮筋、踢毽子、滚铁环等民间游戏却受到冷落。中共中央、国务院办公厅联合印发的《关于实施中华优秀传统文化传承发展工程的意见》中指出，中华传统文化的继承与发展要“贯穿国民教育始终”，“以幼儿、小学、中学教材为重点，构建中华文化课程和教材体系”。聚焦于将民间游戏融入幼儿园课程，既是国家文化政策的应然要求，也是对当代儿童游戏方式与生活方式的重构，是对中华儿女美好童年的回归。

探讨：你是如何看待此现象？如果你是研究者，将如何开展民间游戏融入幼儿园课程的实践与行动，如何制订研究计划，以及如何实施教育行动研究？

第十章

学前教育中的质性研究方法

学习目标

- 了解质的研究的定义以及质的研究的基本程序；
- 理解质的研究与定性研究、定量研究的区别；
- 掌握质的研究设计，质的研究中资料的收集、整理与分析。

学习重难点

- 重点：质的研究的基本程序以及质的研究中数据资料的收集整理；
- 难点：质的研究中资料的收集、整理与分析。

案例破冰

幼儿眼中的"爱"与"和平"

什么是"爱"呢？什么是"和平"呢？这两个词对于成人而言并不陌生，也不难回答。但是在幼儿园小朋友眼中，"爱"和"和平"又是什么呢？作为成人的我们往往是站在自己的角度去思考孩子的问题，总是用我们的眼睛来告诉他们世界是什么样的，而忽略了他们小眼睛里的世界。当你无法理解孩子，当然也就无法做好教育。

作为幼儿教育工作者，我们会经常面对这样的问题，对成人司空见惯的现象和概念，孩子究竟是如何看待的呢？只有了解了孩子的世界，才能帮助教师更好地做好教育，这个时候质性研究的方法就能很好地帮助到你。接下来，就让我们一起学习教育中的质性研究方法。学习结束后，请尝试用质性研究的方法去看看孩子眼中的世界吧……

第一节 质的研究概述

一、什么是质的研究

质的研究是一个跨学科、超学科的领域,被运用到与"精神科学"有关的学科,如人类学、社会学、教育学、历史学、心理学、护理学、政治学、管理学等。它不是来自一种哲学、一个社会理论或一种研究传统,质性研究受到很多不同的社会思潮、学术理论和研究方法的影响。

质的研究可以被认为是以研究者本人作为研究工具,在自然情境下采用多种资料收集方法,对社会现象进行整体性探究,主要使用归纳法分析资料和形成理论,通过与研究对象互动对其行为和意义建构获得解释性理解的一种活动。它具有探索社会现象、对意义进行阐释,以及发掘总体和深层社会文化结构的作用。

关于质的研究的起源,可以追溯到人类学的民族志研究。民族志研究通常需要研究者到研究现场,对特定文化的人群进行详细、生动、情境化的描述,用来探究特定文化中人们的生活方式、行为模式和价值观念等。最早将质的研究应用于社会学研究的是以社会学家乔治·米德(George Mead)为代表的"芝加哥学派"。

20世纪中叶,随着自然科学技术的迅猛发展,特别是以生物工程、航天技术和电子计算机为标志的新技术革命的发展,人们对自然科学技术越发崇拜,主要应用于自然科学研究领域的量化研究方法以其数量化、精确化、形式化和可操作性等特点深受研究者的青睐,人文社会科学领域的研究者也越来越倾向于采用量化的手段开展研究,越来越强调严格的实验设计,越来越喜欢用数据来说明各种社会问题和社会现象,量化研究方法被大量地应用到社会科学研究领域,质的研究开始受到冷落。

20世纪70年代后,研究者开始对量化研究在社会问题/现象的研究中存在的缺陷进行反思。他们意识到量化研究应用于社会科学研究时容易将复杂多变的社会现象做形式化、凝固化、简约化以及静态化的处理。这样往往会损害社会现象本身的整体性、意义性和动态性,不能从微观层面对社会现象进行深入细致的分析。而质的研究正好能弥补这些不足。研究者们开始重新审视质的研究的重要性,质的研究方法又重回研究者的视野,逐渐被越来越多的研究者所采用。

在我国，质的研究最早萌芽于20世纪初的社会调查，起初是由一批外籍传教士，学者和教授发起的。20世纪二三十年代是中国学术界社会调查发展最迅速的时期，成立了两个社会调查机构，分别是：位于北京的中华教育文化基金董事会社会调查部，和位于南京的国立中央研究院社会科学研究所社会学组。20世纪50年代，由于种种原因，我国的社会科学研究基本上处于停滞状态，社会调查工作没有取得实质性的进展。直到改革开放以后，我国的社会科学研究开始受到重视，组织变得更加健全，方法也更加规范，特别是20世纪90年代质的研究方法被系统介绍和讨论以来，越来越多的学者和学生开始使用质的研究方法开展研究。如李书磊的《村落中的"国家"——文化变迁中的乡村学校》(1999)、陶庆的《福街的现代"商人部落"：走出转型期社会重建的合法化危机》(2007)。

二、质的研究的特点

根据陈向明博士对质的研究的定义，她提出质的研究区别于传统意义上的定性研究，开创性地从研究环境、研究者的角色、收集资料的方法、结论和理论的形式，理解的视角和研究关系等几个方面对质的研究进行了概念定义，同时也对质的研究的特点进行了概括。

(一)自然主义的探究传统

质的研究起源于人类学的民族志研究，因此，质的研究必须在自然情景下进行，对被研究者的真实生活以及其社会组织的日常运作等方面进行考察。研究者必须要与被研究者有直接的接触，有面对面的交往。研究者本人就是一个研究工具，需要长期在实地进行考察，与被研究者交谈，了解他们日常生活的状态和过程，以及他们所处的社会文化背景对他们的影响。

自然探究的传统要求质的研究者注重社会现象的整体性和关联性。这种研究方法强调以整体性的观点去看待社会现象，认为任何研究对象都是一个整体的结构，这个整体是不能被分割的，该结构中任何一个成分的变化都会引起整个系统的变化。因此，使用质的研究方法对一个事件进行考察时，不仅要了解该事件本身，而且还要去了解事件发生和变化时的社会文化背景，以及该事件与其他相关事件之间的联系。对社会现象的理解要用系统的观点，从不同角度、不同方面运用不同的方法去探究。

（二）不断演化的研究过程

现实社会是不断变化和发展的，因此，质的研究也是一个不断演化的过程，是对变化的现实的持续探究。在这一动态的研究过程中，研究者和被研究者双方都会发生改变，甚至研究设计也可能会变，收集和分析资料的方法也会变。动态变化的研究过程对研究者的决策乃至研究结果的获得都会产生重要的影响。在进行质的研究时，研究者需要时刻保持清醒，谨慎细致决策。

（三）自下而上地分析资料

质的研究中，在收集资料的方法上主要采用访谈、观察和实物分析。通过对文字、图片以及录音等描述性的记录材料来对被研究对象在研究现场中的语言、行为、情绪等方面的特点进行分析，从而解释社会中各种复杂现象的内在逻辑关系。通过观察，访谈等方法收集到的资料往往存在较为凌乱、缺少条理性等问题，必须要对其进行加工和处理。在质的研究中，资料分析主要采用归纳的方法，自下而上地在已有资料的基础上建立分析的类别和理论假设，然后通过相关检验逐步得到充实和系统化。质的研究更强调的是发现了什么，并不着急于去验证。因此，质的研究结果只适用于特定的情景和条件，并不能推广到样本之外。质的研究目的是对特定的社会场景进行理解和分析，而不是对与该场景类似的情形进行推论。

（四）对研究对象的“解释性理解”

质的研究是对情景的独特性进行理解的一种努力，这种独特性是特定场景以及场景中的互动所展现出来的。在质的研究中，研究者要从参与者而非研究者的视角来理解所研究、所关注的现象，从被研究者的角度出发去理解他们的行为及其背后的意义。质的研究的主要目的就在于是对被研究者的个人经验和意义建构做“解释性理解”。研究者只有了解了被研究者的思想感情、价值观念以及生活准则才能够理解他们对自己的行为和周围环境的解释，进而才可能理解他们具体的外在行为。因此，在研究中，研究者要放下自己预设的偏见以及假设。

（五）重视研究关系

相较于量化研究中人为地割裂研究者与研究对象之间的关系。质性研究更强调研究者本身就是研究工具，并非客观的权威存在。质的研究注重对研究对象的“解释性理解”，因此，质的研究特别重视研究者与研究对象之间的互动，在研究报告中也就要求研究者对自己的身份角色、理论取向、自己与被研究者的伦理问题等因素对研究产生的影响进行反思。

三、质的研究的主要类型

质化研究是一个涵盖了诸多不同变体的大概念。不同的学者对这些变体的称呼也各不相同,大致包括取向(Tsech,1990)、理论传统(Patton,1990)、研究策略(Denzin and Licoln,1994)、流派(Wolcott,1992),或者主流传统(Jacob,1987,1988;Laney,1993)。泰斯克(Tsech)所列的45种质化研究的方法是一个囊括了研究设计、数据分析技术(内容分析、话语分析)和学科取向(民族志、口述史)的综合的清单。巴顿(Patton)则根据“特定的研究者提出问题的种类”来确定质化研究的类型。不同的学科或者不同的学术传统对应不同的问题。他界定了十种观点,阐明了每一种观点的学科基础,以及在每一个研究中所关注的焦点。他所列举的十种观点包括:民族志、现象学、探索法(heuristics)、民族方法学(ethnomethodology)、符号互动论、生态心理学、系统理论、混沌理论、诠释学(hermeneutics),以及定向研究(orientational inquiry)。邓津与林肯(Denzin and Lincoln,1994)也采取了不同的策略,将个案研究、民族志和参与观察、现象学、民族方法学、诠释实践、扎根理论、传记方法、历史社会科学,以及临床研究等,归于“研究策略”的题名之下。[①]

在以上诸多质的研究类型中,以下五种研究方法常常被用于教育研究中:基本的或一般的质化研究(basic or generic qualitative study)、现象学(phenome nology)、民族志(ethnography)、扎根理论(grounded theory)、个案研究(case study)。

(一)基本的或一般的质化研究

在教育质化研究中,一些研究者只是想寻求发现和理解一种现象、一个过程,或者参与者的观点或世界观。他们并不去关注文化和建构扎根理论,也不是具有严格的个体界定和系统边界的个案研究。我们通常把这一类研究称为教育研究中最普通的质化研究。这种基本的教育质化研究通常会引用教育心理学、发展心理学、认知心理学和社会学的概念、模型和理论,通过访谈、观察和文本的分析来收集资料。其结论是一个混合体,包含了描述和在研究理论框架概念基础上的分析。但这些分析并不会像在扎根理论中那样要延伸到理论的建构上去,也和个案研究不同,没有边界系统或者界定调查范围的功能单元。

---

① 莎兰·B.麦瑞尔姆.质化方法在教育研究中的应用:个案研究的扩展[M].于泽元,译.重庆:重庆大学出版社,2008:7-8.

（二）现象学研究

现象学是一个哲学流派，是所有质化研究的基础和支撑。围绕着这个领域的写作存在着诸多的争论。质化研究对于经验和解释的强调来自现象学哲学，但是，研究者也可以用特定的现象学工具进行现象学的研究。在进行现象学的研究中，研究者关注的焦点在于经验（现象）的结构或本质。①

（三）民族志研究

民族志是一种被人类学家用来研究人类文化和社会的质化研究形式。当“民族志”这个词语与“田野工作”“个案研究”“参与观察”“质化研究”交替使用时，就会产生一些混乱。对于人类学家来说，“民族志”这个词语有两层含义，第一，它指的是一套收集数据的方法。民族志技术是研究者用来收集关于社会秩序、场景，以及被调查的社会情境的策略。一般的收集数据的技术有：①访谈；②文件分析；③考察生活史；④写作调查日记；⑤参与观察等。第二，民族志还可用来指代使用民族志技术收集数据后形成的书面文本。它是对数据的社会文化解释。作为解释性的描述，或者参与者的符号意义和社会互动模式的重构，“民族志为读者重建了特定人群的共同信仰、实践、人造物、民俗知识，以及行为方式”。②我们不难发现，民族志能够提供对一个研究单元的社会文化解读，对于文化背景的关注使得民族志这种研究方法和其它类型的质化研究区分开来。

（四）扎根理论

扎根理论是由社会学家格拉泽和施特劳斯（Glaser and Strauss,）于 1967 年首次介绍的一种具体的研究方法论。扎根理论与其它质化研究一样，把研究者作为收集和分析资料的工具，采取归纳的思维方式，力图从资料中获得意义。这种质化研究的最终结果是一种来自或者说扎根于数据的理论，所以，被叫作扎根理论。

由扎根理论发展而来的理论常常是“实在的”，而不是形式的或“标签式的”理论。这种理论有具体的指代物，是日常世界中的情景，例如幼儿园艺术课程改革、0—3 岁幼儿社区托育机制的构建等。正是因为实在的理论非常具体，所以对于实践更为有用，这是一些关注更加宏观图景的理论所缺乏的。

① 莎兰·B.麦瑞尔姆.质化方法在教育研究中的应用：个案研究的扩展[M].于泽元，译.重庆：重庆大学出版社，2008：12.

② 莎兰·B.麦瑞尔姆.质化方法在教育研究中的应用：个案研究的扩展[M].于泽元，译.重庆：重庆大学出版社，2008：11.

(五)个案研究

在量化研究中我们也常使用个案研究法,甚至个案研究也可以进行实验,但是,在教育研究中个案研究更多的还是运用质化研究的方式进行。设计个案研究的目的在于深度理解背景以及当事人的意思。其关注点在于过程而不是结果,在于整体的背景而不是具体的变量,在于发现而不是确认。从个案研究中所获得的洞见能够直接影响政策、实践,以及未来的研究。

个案研究区别于其他质化研究类型之处在于其对于单元和有界系统的精确描述和分析,比如,一个人、一个项目、一个事件、一次干涉,或者一个社区等。教育领域质化个案研究的基本架构上常常要使用来自人类学、历史、心理学、社会学等学科的概念、理论和模型。①

① 莎兰.B.麦瑞尔姆.质化方法在教育研究中的应用:个案研究的扩展[M].于泽元,译.重庆:重庆大学出版社,2008:14.

第二节 质的研究的基本程序

一项标准的质的研究的基本程序大致包括了以下几个步骤:①研究设计,这是质的研究的准备阶段,主要包括建立理论框架,确定研究问题以及选定研究对象及研究方法;②研究资料收集阶段常使用的方法有访谈、观察以及实物收集;③资料整理与分析,主要包括对资料的整理、归纳和深入分析;④撰写研究报告。

一、质的研究设计

我相信没有人会在开始旅行时,只想着走出门,而不知道自己要去哪里,或者要做什么?当我们开始一项研究的时候也是如此。任何一项研究活动都带有目的性,我们要做什么?通过这项研究,你想要知道什么?我们需要一个问题或者关注的焦点来指引研究的进程,或者说需要一个具体实施研究的计划。这个计划就是研究设计。一个好的研究设计,能够帮助你明确要研究的问题,并指引你找到问题的答案或结论。一项完整的质的研究设计,应该包括研究的理论框架构建、研究问题的确定、研究的目的和意义、对研究现状的把握,以及研究方法、研究对象的选择等。

(一)理论框架构建

很多研究者往往在研究中受挫后才发现原来是由于缺乏研究框架所致。至今,也仍然有一些研究因为缺少清晰的理论框架表述而导致研究方案或研究报告被学术审查委员会或出版机构拒绝。由此可见,理论框架在研究设计中多么重要。

质的研究的设计导向是归纳性的构建,而非对概念、假设和理论的检验。因此,一项质的研究如果没有理论的或者概念的框架是很难想象的。正如贝克尔(Becker)指出的那样,"如果我们连起码的固有的理论知识都没有,那么我们就根本没有办法工作,我们将不知道我们首先该做什么"。[①]而解决这一问题的方法就是使框架清晰化。

理论框架是研究者带进研究的取向或者立场,它是一个结构,是研究的固着点和框架。每一个研究都有理论框架。如何去明确研究的理论框架呢?首先,这取决于你的学科取向是什么。学科取向是一个棱镜,通过它研究者可以确定自己对什么感兴

① Becker, H.S."Theory: The Necessary Evil." In D.J.Flinders and G.E.Mills(eds.), *Theory and Concepts in Qualitative Research*.New York: Teachers College Press, 1993: 221

趣，对什么感到疑惑，进而确定你会提出什么问题，而这些问题则会决定你采取什么形式展开研究。在面对同一现象时，不同的研究者可能会提出完全不同的问题，这就是学科取向所决定的。但是，从不同的学科取向出发是可以获得相同的事实的，这一点已经得到证实。除此之外，明确自己的理论框架的另一条最清晰的途径是，关注你正在阅读的、你所关心的主题的有关文献。你可以归纳总结杂志的题目有哪些，使用过哪些关键词去数据库检索文献，你会弄清楚自己所要进行的研究是否已经被研究过。在查阅文献的过程中，你会发现哪些是反复出现的概念、模型以及理论？还会发现这一领域的主要作者、研究者。

研究框架要依赖特定文献库和学科取向的概念、术语、定义、模型和理论。反过来，研究框架又要生成研究的问题、具体的研究题目、资料收集和分析的技术，以及指导如何解释你的研究发现。一项研究的所有方面都会受到理论框架的影响。理论框架帮助我们研究者明确研究问题以及研究目标，同时，在质的研究中它也决定了研究者不去看、不去注意、不去听什么。正如施万特（Schwandt）形容的那样，“去理论化的研究是不可能的”。理论框架支撑着所有的研究。因为没有任何一项研究可以不提出问题，所以在任何的质化研究中都有理论的呈现。问题如何表述及其如何进入问题表述反映了理论的取向。①

（二）研究问题的确定

明确研究的问题是开启研究之旅的必经之路，如果一项研究没有界定研究问题，那注定不会有任何收获。从哪里去获得我们的研究问题呢？最直接的、最合乎逻辑的答案是，在每天的实践中。例如，作为教育者在每天的教学工作中，什么是你感兴趣却又不明白的东西？什么使你感到疑惑？又是什么让你感到好奇？比如，你很想引导孩子参与到课堂的活动讨论中，但是都失败了，你很想知道这个情况背后的原因是什么？有哪些因素和这个情况相关？是孩子自身的原因使他们不愿参与到课堂中，还是自己的引导方式有问题？又或者是课堂的氛围？或者是其他外在的原因？这些实践经验都是帮助你提出研究问题的重要来源。

研究问题也可以来自文献，特别是某一领域的早期研究或理论。几乎每一项研究都会有一部分内容是对未来的研究提出建议的，其中的大多数是可以通过质化的方式达到的。除此以外，问题还可以来源于当前的社会和政治问题。例如，在“二孩”政策来临后，如何更好地去开展早期教育？是开展托幼一体化，还是依托社区建立托育服务？

---

① 莎兰．B．麦瑞尔姆．质化方法在教育研究中的应用：个案研究的扩展[M]．于泽元，译．重庆：重庆大学出版社，2008:35.

值得一提的是,在寻找研究问题的过程中,我们还需要选择那些适合质的研究的问题类型。首先,我们要考虑所选择的问题是属于“概括性问题”还是“特殊性问题”。“概括性问题”是一个指向某一特定人群,对其具有一定普遍意义的问题;“特殊性问题”则是由某一个个体或者个案所呈现的问题,不具有普遍代表性。在质的研究中,两类问题都可以选择,但质的研究认为,小样本的研究结果很难代表整体,但“野心”过大,反而会“欲速则不达”。独特的个案虽不能证实整体情况,但是可以为我们提供新的知识内容和新的认识事物的方式,因此,研究者更倾向于选择特殊性问题开展质的研究。

其次,我们还需要考虑所选择的问题是“差异性问题”还是“过程性问题”。“差异性问题”探讨的是事情的异同,得到的答案是“是”或“否”。“过程性问题”则是探讨事情发生和发展的过程,目的是了解在这个过程当中研究对象发生了哪些变化,是如何发生的,有哪些因素起到了作用。一般而言,“过程性问题”更适合质的研究。

最后,我们还需要考虑自己的研究问题属于以下几类问题的哪一类:①描述性问题;②解释性问题;③理论性问题;④推论性问题;⑤评价性问题;⑥比较性问题;⑦因果问题。“描述性问题”和“解释性问题”都可以对现象的状态和意义进行探究,因此,更适合进行质的研究。还应注意的是,我们需要谨慎处理“因果类问题”,也即那些需要对事情的前因后果直接进行探寻的问题,这类问题是不适宜进行质的研究的。如果我们在进行质的研究时,一开始就有意寻找事物发生的原因,就很容易忽略掉其他非因果关系的资料,这就有悖于质的研究的初心。

接下来我们就需要进行问题陈述或者是描述研究问题的核心。这一过程,反映出了你的具体的理论框架,引导读者走向你所拥有的具体的问题。你需要指出关于这个主题的具体方面在信息上的不足,可能是在已经存在的文献中没有人表述过这个问题,或者这些研究是不够的或有缺陷的,可能是研究对象、研究方法、研究设计等原因。再往下,你就需要明确你研究的具体的、精确的目标了。你需要陈述一系列的研究问题,这些问题往往反映了研究者的思考,它们会引导研究,确定接下来的资料收集。

(三)确定研究对象

研究对象不仅包括个人,还包括研究的时间、地点、事件等,因此,在开始质的研究之前,我们就应该想清楚,我们希望到什么地方?在什么时间,以及向什么人收集什么方面的资料?这些对象可以为我提供哪些信息?这些信息又可以如何回答我的研究问题?在想清楚这些问题之后,明确了研究对象,我们将进行抽样。

由于质的研究并不强调研究本身的推广价值,因此,在定量研究中常使用的随机抽样原则并不是质的研究对象选择的基本要求。在质的研究中,研究对象的选择主要采用目的抽样,即抽取那些能够为本研究问题提供最大信息量的样本。在选择样本的时候,我们需要根据研究的问题和目的决定抽样的标准。根据这些标准,我们来进行抽样的具体做法可以有:机遇抽样、滚雪球抽样、方便抽样。

案例

滚雪球抽样

这是一种通过知情人士不断扩大样本量的方式。当我们通过一定的渠道找到了一位知情人士,我们可以问他/她:"您知道还有谁对这类事情特别了解吗?您认为我应该再找谁了解情况?"通过如此一环套一环地往下追问,我们的样本像一个雪球一样越滚越大,直到抽取的样本足够大,收集到的信息达到饱和为止。这是一种通过局内人寻找消息灵通人士的有效办法。此种抽样方式的缺点是找到的被研究者很可能是同一类人,他们很可能具备类似的或者相同的特点或观念。

二、研究资料的收集

数据是在研究场景中发现的普通信息片段。质化数据包括直接引用人们(在访谈中谈到的)经验、观点、感觉和知识,也包括通过观察所记录的"对人们行为活动的直接描述",以及从各类文件中抽取出来的"片段、引语或者整个文章"(Patton,1990)。正如沃尔考特(Wolcott,1992)所说的那样,数据收集就是问、看和综述的过程。[①]值得注意的是,数据从来就不是像人行道旁边的垃圾袋一样"待在那里"等我们去收集。从一开始,它就必须被研究者注意到,并把它作为自己研究的数据来为自己的研究目的服务。并且,收集信息总是包括选择信息以及收集信息的技术。接下来,我们将简要讲述如何通过观察、访谈以及文件资料来获取质化数据。

(一)通过观察获得数据

观察是人类认识世界的一个最基本的,也最为重要的方法,也是从事科学研究的一个重要手段。在质的研究中,观察可分为参与式观察与非参与式观察两种形式。参与式观察是指观察者与被观察者一起生活、工作,在密切的相互接触和直接体验中,

① 莎兰.B.麦瑞尔姆.质化方法在教育研究中的应用:个案研究的扩展[M].于泽元,译.重庆:重庆大学出版社,2008:49.

倾听和观察他们的言行。这种形式的观察，通常在自然情景下进行，观察者能够对被观察的现象获得比较具体的感性的认识，而且有助于观察者深入到被观察者的文化内部，了解他们对自己行为意义的解释。同时，观察者也可以及时地询问自己想要了解的问题。在质的研究中，观察者既是研究者又是参与者，因此，观察者不仅要和当地人保持良好的关系，而且在参与当地人活动的同时，必须保持研究所必需的心理和空间距离。

非参与式观察则不要求研究者直接进入被研究者的日常活动，研究者通常是置身事外，作为旁观者了解事情的发展动态。在取得允许的情况下，观察者也可使用录像对现场进行记录。非参与式观察能够使研究者与研究对象保持一定的距离，能进行比较客观的观察，操作也相对容易。但是非参与型观察的缺点也较为明显：第一，非参与式观察的情景往往是需要人为干预的，被研究者知道自己是在被观察，很有可能出现"研究者效应"；第二，在非参与式观察中，研究者很难对研究的现象进行深入研究，也不能对所感兴趣的问题进行及时的提问；由于受到一些条件的限制，非参与式观察可能会记录不清以及看不到一些事情的发生。

在进行观察之前，我们需要制订观察计划并设计观察提纲。观察计划是研究者根据所要研究的问题和目的而制订的计划。这一计划至少应该包括以下几方面内容：(1)所观察的内容、对象以及范围。(2)观察的地点。包括地理范围以及该地方的特点。(3)观察的时刻、时间长度、频率以及次数。(4)采取何种方式、手段来进行观察。是参与式还是非参与式？是隐蔽式的还是公开式？是否使用录像？(5)效度。观察中有哪些可能影响效度的问题？如何处理这些问题，从而比较准确地获取观察资料？

根据观察计划，我们还应当提出更细致的观察提纲。这一提纲为观察提供了方向，在进行观察时，还应当根据实际的具体情况进行及时修改。一份完善的观察提纲，至少应当回答以下几方面的问题。①

1.谁？包括有谁在场？他们是什么人？他们的角色、地位和身份是什么？这是一个什么样的群体？在场的这些人在群体中各自扮演什么角色？谁是群体的负责人？谁是追随者？

2.什么？包括发生了什么事情？在场的人有什么行为表现？他们说了什么，做了什么？他们说话、做事时使用了什么样的语调和肢体语言？他们互相之间的互动是怎么开始的？哪些行为是日常生活的常规？哪些是特殊表现？不同参与者之间在行为上有什么差异？他们的行为是如何产生和发展的？

3.何时？包括有关行为或事件是什么时候发生的？持续了多久？频率如何？

① 陈向明．教师如何作质的研究[M]．北京：教育科学出版社，2001：127.

4.何地？包括有关行为或事件是在哪里发生的？这个地点有什么特色？

5.为什么？包括促使事件发生的原因是什么？有关人员对此有什么看法？有关人员的目的、动机和态度是什么？

(二)通过访谈建立理解，获得数据

访谈是研究者寻访被研究者，并且与其交谈的一种活动。与问卷调查相比，访谈具有更大的灵活性以及对意义进行解释的空间。由于质的研究涉及人的理念、意义建构和语言表达，因此，访谈便成为质的研究中一个十分普遍且有用的收集资料的方法。

根据访谈的结构化程度，我们可以把访谈的类型分为：高结构化访谈、半结构化访谈、非结构化/非正式访谈。在通常情况下，质的研究中的访谈是更开放的或低结构化的。低结构化的方式意味着个体受访者可以用独特的方式来界定世界，因此访谈的问题需要更加开放。在质的研究中，访谈者在研究初期往往使用开放型访谈，随着研究的逐步深入，慢慢转向半开放型访谈，就前面开放型访谈中出现的重要问题进行追问。

与观察一样，在进行访谈之前我们需要根据研究目的制订访谈提纲。但这份提纲应该是粗线条的，大致地列出，研究者认为应当了解的主要问题和应当覆盖的内容。在具体的访谈时，根据受访者的实际情况及时进行调整修正。

在开始访谈时，一个重要的原则是尽可能自然地结合受访者当时的具体情境开始访谈，我们可以先通过聊聊家常询问一下对方的个人经历、家庭情况等。在双方建立一定关系后，访谈就正式开始了。提问、倾听和回应是访谈过程中最为重要的三项工作。访谈的问题千变万化，会根据研究的问题、访谈者的习惯以及当时的情景而有所不同。访谈问题的类型大致可分为：①开放型与封闭型问题；②具体型与抽象型问题；③清晰型与含混型问题。研究者在进行提问时，应尽量使用开放的、具体的和清晰的问题。必要的时候可以就来访者所说的概念、词语、观点进行追问。

在访谈中，倾听是一项重要且无形的工作。听既是一门技术，又是一门艺术，要求我们不仅有意识地学会听的技能，而且要用心地去体会对方的内心。在访谈过程当中，研究者要学会“积极关注地听”，“接收地听”且“建构地听”，还要能够“有感情地听”和“共情地听”。在倾听过程当中，还要遵守一些基本的倾听原则，如不要轻易打断对方，学会容忍一定的沉默。在质的访谈中，访谈者不仅要提问，认真地倾听，而且还要适当地做出回应，将自己的态度、意向和想法及时传递给对方。这样才能够在一定程度上限定访谈的整体结构以及访谈的节奏。

(三)从文件资料中获得数据

这里所说的文件资料包括与研究有关的文字、图片、音像和物品资料。收集和分析文件资料的意义在于,作为特定文化中特定人群所持观念的物化形式的存在,这些文件实物的收集与分析可以扩大研究者的视野,增加多种研究手段和分析视角,同时还可以用来与从其他渠道获得的材料相互补充和检验,提高研究的“可靠”性。

三、整理和分析资料

质的研究的资料分析和写作都是一个渐进的过程。总的来说,资料的收集和整理、分析应大致同步进行,通常是边收集边整理、分析乃至尝试写作,发现缺漏后再不断地补充收集资料,再整理、再分析,继续写作……如此循环往复,直至最终完善。

资料整理和分析的基本程序是:以尽可能客观的态度阅读原始资料,并从中寻找核心概念和意义;赋予原始资料概念与意义,然后再以新的方式重新组合,按一定的标准归类、编码,进行深入分析,旨在找到资料中的主题或故事主线,并在它们之间建立起必要的联系,得出初步的研究结论。质的研究中资料的整理与分析的具体方法我们将在下一节详细介绍。

四、撰写研究报告

质的研究报告的写作是一个思考和对现实的解释性建构过程。与其他研究报告不同的是,质的研究报告的显著特点是,它特别强调对研究现象进行整体性的、情景化的、动态的深度描绘。在讨论研究结果之前,通常都会有一定的篇幅介绍,包括研究的地点、时间、社区任务、事件活动等。质的研究报告力求原汁原味地呈现有价值的素材,通过详尽而细致的描述力图将读者带到现场,让读者有身临其境的感觉。

质的研究报告的呈现方式主要分为两类——类属型和情境型。类属型写作主要使用分类的方法将研究结果按照一定的主题进行归类,然后分门别类地加以报道。这种写作的手法优点是:①有助于比较有重点地呈现研究结果;②逻辑关系梳理得比较清楚,层次比较分明;③符合一般人将事物进行分类的习惯。但这种写作方法却容易丢失一些重要信息,如在研究中的具体场景、受访者的个性特征和生活故事等内容。情境型写作则非常注重研究的情境和过程,注意按事件发生的时间序列或事件之间的逻辑关联对研究结果进行描述。由于注重研究事件的具体情景,研究者通常将收集到的资料按照个案的方式呈现出来。正因为如此,采用情境法写作的研究报告没能将研究结果分门别类地列出来，也不对研究方法和研究结果分开处理，对于想一眼看到研究结果而对过程不感兴趣的人来说，往往是不够简洁。但采用情境法写作的研究报告有以下优点：①可以比较生动、详细地描写事件发生时的场景；②可以表现当事人的情感反应和表情变化；③可以揭示事件间的衔接关系；④可以为研究者提供自我反省的机会。

在研究报告的构成上，质的研究报告与普通的研究报告较为类似，主要由以下六部分构成：

1.问题的提出，包括研究的现象和问题；

2.研究的目的和意义，包括个人的目的和公众的目的、理论意义和现实意义等；

3.背景知识，包括文献综述、研究者个人对研究问题的了解和看法、有关研究问题的社会文化背景等；

4.研究方法的选择和运用，包括抽样标准、进入现场、与被研究者建立和保持关系的方式、收集资料和分析资料的方式、写作方式等；

5.研究的结果，包括研究的最终结论、初步的理论假设等；

6.对研究结果的检验，讨论研究的效度、推广度和伦理道德问题等。这一部分在一般的研究报告中是很少有的，但在质的研究报告中却是非常重要的一块，也反映了质的研究的研究特色。

第三节 质的研究中资料的收集整理与分析

在上一节，我们已经介绍了如何去收集质的资料。获得资料之后，我们将要对它们进行整理和分析。整理和分析资料，指的是对所收集的原始资料进行加工，使其逐步趋于系统化和条理化的过程。通过一定的分析策略，我们可以将原始资料"打散"，"重组"，"浓缩"，然后在新的基础上进行整合，其最终的目的是对原始资料进行意义解释。资料的分析与整理，在语义概念上似乎是两个活动，但实际上是同步进行的，资料的整理必须建立在一定的分析基础之上，而任何一个整理行为都受制于一定的分析体系。两者的关系如下图所示。

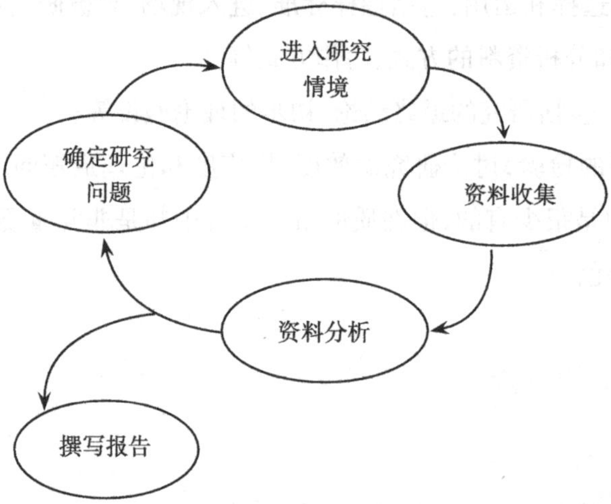

资料整理和分析关系图[①]

一、资料分析的具体步骤

在质的研究中，我们会获得大量的原始资料，及时整理资料不仅可以使我们较为系统地把握已经收集到的资料，而且能够为下一步的资料收集提供聚焦的方向。由于时间和研究方法的原因，我们在进行质的研究时经常需要及时将当天获得的资料及时补充完善，初步整理。质的研究对资料整理的要求比较严格，通常需要将资料的内容一字不漏地整理出来，如访谈结束后需要形成访谈逐字稿。在具体整理资料之前，我们要养成习惯，先将每一份原始资料进行编号，然后在这个基础之上建立一个编号系

① 陈向明.质的研究方法与社会科学研究[M].北京：教育科学出版社，2000：160.

统。编号系统通常包括以下几方面的信息:①资料的类型(如访谈、观察、文件分析);②资料提供者的姓名、性别、职业等基本信息;③收集资料的时间,地点和情境;④研究者的姓名、性别和职业等相关信息;⑤资料的排列序号。给所有资料编号完成以后,应当复印一份,以便分析时用来剪贴和分类,原件应当妥善保存,以便今后查找。当然,你也可以借助质性分析软件,如Nvivo进行资料整理归类。

对原始资料做初步处理后,我们要开始进行资料的具体分析。资料分析主要有如下步骤:阅读原始资料,登录,寻找本土概念,资料的系统化。

分析资料的第一步是认真阅读原始资料,熟悉资料的内容,仔细琢磨其中的意义和相关关系。在阅读资料时,我们应该采取一种主动"投降"的态度,即把自己有关的前设和价值判断暂时悬置起来,让资料自己说话。资料有它自己的生命,只有当我们与它待在一起到一定的时间,与它有足够的互动以后,它才会相信我们,才会向我们展现自己的真实面貌。在阅读资料的过程中,我们还应当重视与资料互动的过程。虽然资料本身有自己的特性,会对人的理解有所限定,但是阅读情境的可能性却是无穷的。每一次阅读都是读者与作者和文本之间一次新的遭遇,都可能产生新的意义解释(Eco,1992)。任何理解都离不开参与者的前设和个人背景,因此对资料的分析在某种意义上来说也就是研究者对自己的分析。

登录是资料分析中一项最基本的工作,是将资料打散,赋予概念和意义,然后再以新的方式重新组合在一起的操作化过程。寻找意义的工作主要就是通过登录来完成的,即将有意义的词、短语、句子或段落标示出来。登录要求我们具有敏锐的判断力、洞察力和想象力,不仅能够抓住资料的性质和特点,而且可以在不同的概念和事物之间建立起联系。登录的一个十分具体的工作是找到有意义的码号,"码号"是资料分析中最基础的意义单位,是资料分析大厦中最小的砖瓦。

研究者收集到的原始资料往往数量非常大,内容也十分庞杂,如果我们对每一个词都进行登录,那显然是不切合实际的。因此,就像对研究对象进行抽样一样,我们也需要对所收集到的资料进行"目的性抽样",即抽取那些能够最有力地回答研究问题的资料。寻找"本土概念"就是资料抽样的一种方法,即那些能够表达研究者观点和情感感受的语言,将这些概念作为登录的码号。"本土概念"应该是被研究者经常使用的、用来表达他们自己看世界的方式的概念。这些概念通常有自己的个性和特色。在寻找本土概念的时候,我们需要特别注意不要将语词和概念混为一谈。通常,我们以为对方使用的语词与自己所理解的概念之间存在一致的关系,而实际上对方是在用一个相同的语词表达一个不同的概念。这就需要研究者仔细甄别。和登录一样,寻找本土概念也可以有很多不同的标准。

案例

寻找本土化概念举例

在一项对大学生能力的调查中，访谈者期望从“理解能力、分析能力、社交能力、动手能力这些方面来解释大学生的“能力”。访谈时他问受访的学生：“你认为在进入大学的学生中，他们的能力主要表现在什么方面?”对方回答说，这类学生可以分成两类：一类是会学的同学，一类是能学的同学。访谈者立刻意识到了“会学”和“能学”这一对概念是受访者本人的“本土概念”，马上开始追问。

结果，他发现“‘会学’的同学看起来并不紧张，但学习有方法，效率比较高，因此学习能力很强，学习成绩也很好；而‘能学’的同学学习比较刻苦，主要是通过时间加汗水来提高学习能力和成绩的。”这位受访者主要是从学生的学习能力方面来理解访谈者的问题，而不是从访谈者事先设想的那些方面。由于访谈者及时地捕捉住了这一对本土概念，他对受访者眼中的“能力”有了更加确切的理解。

资料分析的系统化包括建立编档系统和归类系统。第一轮登录完成以后，我们可以将所有的码号都汇集起来，组成一个编码本。这是一个按照一定分类标准组合起来的码号系统，反映的是资料浓缩以后的意义分布和相互关系。在建立编码系统时，我们还要考虑这个系统是否能够在今后撰写研究报告时有效地为自己服务，是否与自己的写作风格相匹配。编码和档案系统建立以后，我们需要对资料进行归类，即将相同或相近的资料合在一起，将相异的资料区别开来。归类时不仅需要识别资料的属性，而且需要对不同的资料进行比较，找到事物之间的联系。归类的标准不是绝时的、唯一的，存在很大的人为因素和相对性。归类主要有类属型和情境型两种方式，前者将资料按意义主题分成类别，后者将资料按照一定的时间序列或意义关联进行叙述。对不同分析方式的选择取决于原始资料本身的特点。

二、数据分析的策略

在进行数据分析时，我们要知道一些数据分析策略往往和不同的理论传统以及原理相关。通常在教育领域的质的研究中,以下分析策略是经常被使用的。

(一)民族志分析

民族志研究主要关注日常生活的文化和社会规则,其显著的特征是有丰富的、密集的描述。“分析的主要任务,是透过多样的数据(记录、人造物和日记)并浓缩它们,同时对这些观察的概念性和理论性意义的关注则要少一些”(Miles and Huberman,1994)。不少人类学家都提出了不同的类别框架来组织分析他们的数据。例如,莫道克及其同事(Murdock,1982)所著的《文化材料的轮廓》中列举了近80种描述的类别,每一个种类又可以划分出不少于9个亚类,通过这些种类读者可以给自己的数据编码。①劳夫兰德夫妇(Lofland and Lofland,1995)也提出了一些组织一个社会的种类和亚类,他们所提出的四个比较宽泛的种类包括:①经济;②人口学;③人们生活的基本场景;④环境,包括“自然的”和“人造的”。虽然教育方面的民族志研究也可以使用这些类别框架,但更多时候分类框架是从数据自身得到的。

(二)叙事分析

叙事分析的核心是“人们体验世界的方式”(Connelly and Clandnin,1990)。作为一种研究方法,对经验的研究主要是通过故事来进行的,重点在于人们所讲述的故事以及这些故事是如何被交流的,也在于讲述故事的语言。第一人称的经验叙述形成了这种研究方法的“文本”模式。不管这种陈述是自传、生活史、访谈、日志、信件还是其他我们收集来“以组成我们生活”的材料,这种文本都采用符合特定学科或者观点的方法进行分析。社会学或者社会语言学的叙事分析模式强调叙事的结构及其与社会背景的关系。而“理解、回顾以及总结故事的过程”则反映出了心理学叙事分析的特征。此外,带有一定思想观念的叙事分析通常被用于对生活史进行阐释。总体而言,当我们把数据看作叙事性的,最大的优势就在于对多种分析策略的使用可能性保持开放的态度。

(三)现象学分析

在现象学分析中几种常见的具体技术有:延迟(epoche)、悬置(bracketing)、多角度想象(imaginative variation)、第一和第二次序的知识(first and second order knowledge)。延迟是“研究者介入事件而造成对事件本身的改变,或者至少研究者觉察到自

---

① 莎兰·B.麦瑞尔姆.质化方法在教育研究中的应用:个案研究的扩展[M].于泽元,译.重庆:重庆大学出版社,2008:107.

己对所探究的现象有一定的偏见、观点或者假设时,所采取的暂不做判断的过程。这种判断的暂停对于现象学研究来说是十分关键的,它要求撇开研究者的个人观点从而能够洞察经验本身”(Katz,1987)。多角度想象就是力图从多个不同角度或者观点来看待研究对象,如穆斯塔卡斯(Moustakas,1990)所解释的那样:“多角度想象的任务是通过想象的运用、改变参考框架、应用极端进而翻转的手法,来寻求可能的意义,从而在多样的角度,不同的位置、角色和功能上来接近现象的本质。其目的在于对一个经验形成结构性的描述,使构成所体验现象的因素得以凸显并沉淀下来……使所体验到的现象呈现它本来的面目。”现象学分析的另一个版本是解释学探究(Moustakas,1990)。解释学探究比现象学探究更具有个人化的特色,因为研究者会把自身的经验作为数据的一部分进行处理。

(四)不断比较方法

不断比较的方法是由格拉泽和施特劳斯(Glaser and Strauss,1967)用来发展扎根理论所运用的一种数据分析方法。由于不断比较的基本策略和质化研究中的概括、概念建构等彼此相容,因此这种数据分析方法也常常被并不寻求建立实质性理论的质化研究者所采用。这种方法的基本策略正如它的名字——不断地进行比较。研究者从访谈、田野笔记或者文件分析中的一个片段开始,并把它与相同场景或者不同场景中的片段进行对比。这种对比会产生暂时性的类别,可以彼此进行对比或者与其他案例进行对比。比较在不同类别的概念之内或者之间不断进行,直到形成理论。

三、利用计算机进行数据的整理与分析

计算机在管理大量数据方面的能力超强,同时它也可以方便研究团队成员之间的交流合作。例如,数据可以直接从观察现场传送到研究后方,那里的其他研究者可以对田野笔记进行阅读,并将之与自己的研究所得进行比较。通过电脑的运用,持续不断的分析可以在几个研究人员那里同时展开。计算机一方面可以帮助研究者管理数据,另一方面也可借助相应的软件协助研究者对数据进行整理和分析。

近年来,专门为质化研究所设计的软件开始逐渐普及,研究者对这些程序(如:The Ethnography,QUALPRO,NUDIST,Nvivo等)的认识也在不断提升。这些软件能够在“搜索标识衔接以及重新组织资料表述和储存你自己的反思观点,并将其理论化”方面提供帮助。计算机化的速度使得研究者能够更好地处理资料,能比手动的方法更好地进行分类和提炼想法。分析性程序也提供了清楚的审计跟踪,有助于提高分析的可

信度。但是在做访谈或者田野笔记时，计算机化程序的有效性仍取决于使用软件的那个人。本章的课程资源将通过几个视频简单介绍Nvivo的使用。

对在质化数据分析中使用计算机帮助，很多学者表示担忧。最常被提及的担忧主要分为如下几个大的方面：这些工具会扭曲质化研究或者改变它的本质；它们会使研究者和数据疏远或者导致错误；它们会被不正确地使用等。对这些担忧的一个建设性态度是阐明这些担忧，并对它们进行讨论，观察实践中的研究成果，并持续地评估这些新工具带来的影响。想要使用软件的研究者应该确定他们选择软件的标准，对这些应用软件的效果保持批判性的思考。幸运的是，一些电脑辅助质化研究的先行者已经为我们树立了积极的榜样，他们时刻对数据分析工具和研究过程之间的关系保持着批判性的反思。同时，在借助这些软件进行分析时，你需要记住，你仍是数据分析的主导，你需要不断地根据自己的研究来审视软件分析的结果。

本章小结

本章从质的研究的定义出发，结合质的研究的起源与发展，阐述了质的研究的特点与研究理念。从质的研究的流程出发，具体介绍了质的研究过程中如何设计、如何收集数据、如何整理和分析资料，以及如何撰写研究报告。核心内容总结如下：

1. 质的研究可以被认为是以研究者本人作为研究工具，在自然情境下采用多种资料收集方法，对社会现象进行整体性探究，主要使用归纳法分析资料和形成理论，通过与研究对象互动对其行为和意义建构获得解释性理解的一种活动。

2. 常被用于教育研究中的质的研究类型有：基本的或一般的质化研究、现象学研究、民族志研究、扎根理论、个案研究 。

3. 一项质的研究的基本程序包括：研究设计，研究数据收集，资料整理与分析，撰写研究报告。

4. 在质的研究中进行取样时一般不采用随机抽样，主要采用目的抽样。常用的方法包括机遇抽样、滚雪球抽样和方便抽样。

5. 对质的资料分析基本步骤包括：阅读原始资料，登录，寻找本土化概念，资料的系统化。

思考与实训

1. 选择2—3位同学作为研究对象，以“你为什么选择学前教育专业”为研究主题，结合本章中质的研究中访谈的具体要求，开展一次质的研究。

2. 在见习或者实习或者日常生活中，选择一名幼儿作为研究对象，对家庭教育在幼儿发展中的影响开展一次质的研究。

专题探讨

背景资料：家庭教育是提高整个学前教育质量的有效途径和方法，可以说，家庭教育关系到儿童的健康成长、家庭的和睦、社会的和谐安康，同时家庭教育的质量对国家、民族乃至整个人类社会的发展都有着深远的影响。重视家庭教育尤其是支持学前儿童家庭教育已成为很多国家的选择。然而，随着社会经济的快速发展、家庭结构的变化，家庭育儿压力逐渐凸显，甚至出现有些家庭无法承担养育责任。2010年《儿童早期教育现状与需求调查报告》显示，我国近六成家长在早期教育期望与自身能力之间存在较大差距，家庭教育面临诸多困难。2021年，“三孩”政策全面放开，幼儿人口数量的增多必然将增加家庭的育儿负担，新的家庭育儿问题也将产生。如何解决这一问题将成为当前学前教育事业发展中不容忽视的问题。有学者认为应当重视社区——这一与幼儿和家庭最为密切的外部环境在家庭教育中的作用。也有学者更看重幼儿园托育一体化建设。

探讨：你如何看待当下学前家庭教育现状？根据上述背景材料你认为是否可以设计一项质性研究？你将从哪些方面进行准备来开展研究？

第十一章 研究资料的整理与分析

学习目标

- 掌握对文字资料进行分析的方法与步骤;
- 掌握对数据资料进行分析的方法与步骤;
- 能够使用描述统计、推断统计的方法分析数据资料。

学习重难点

- 重点:质的研究的基本程序以及质的研究中数据资料的收集整理;
- 难点:数据资料的分析。

第一节 文字资料的整理与分析

在学前教育研究中会获得大量的文字记录的资料，如访谈记录、教师教案、教育日志、观察记录等。文字资料的数量化水平较低，通常情况下对文字资料是进行定性分析。如果需要进行数量分析则需要进一步进行编码和整理。

一、文字资料的整理

对文字资料进行分析前，首先要对其进行整理，以便使散乱、无序的资料系统化。不同研究者的整理步骤也略有不同，但是通常情况下可划分为审查、分类和归纳、汇编三个基本步骤。

(一)审查

文字资料的审查主要是为了保证资料的真实、完整。对收集到的原始文字资料需要逐一检查，对存疑的资料要进行剔除。例如访谈资料如果后续研究中需要分析，便需要把访谈的录音转化为逐字稿，并将逐字稿与录音进行核对，确保资料真实、有效。在收集资料的过程中，研究者往往会把有可能相关的材料都先收集起来，在进行资料审查的时候就需要对资料的关联度进行审查，对关联度较低的材料进行删除。

(二)分类和归纳

为了便于研究分析，需要对原始资料进行分类和归纳。分类的依据可以根据研究需要来确定，常用的分类方法包括按照时间、地点、方法、研究对象等进行分类。例如研究“父母对不同性别孩子教养方式的差异”就可以按照“父母性别”或“幼儿性别”进行分类。在分类的基础上对各个类别资料中的观点加以概括，例如在对某一问题进行前期的资料收集的时候，会发现对于该问题存在两种或多种不同观点，对这些观点应当加以分类并进行一定的归纳，概括出不同观点的核心是什么。

(三)汇编

汇编是在审查的基础上对资料进行统一的汇总、编排。经过汇编后资料会更有逻辑性，例如对教育史进行研究，一种简单的汇编方式就是按年代排列，这样就能展示出不同年代教育观念的变迁过程。汇编时应当根据自己的研究目的来确定汇编的逻辑规则,以便后续研究的展开。

二、 文字资料的分析步骤

资料分析的基本思路是按照一定的标准将原始资料进行浓缩,通过各种不同的分析手段,将资料整理为一个有一定结构、条理和内在联系的意义系统。实际上,问卷法、访谈法和文本分析一样,都是将输入的零碎和定性的资料提炼为具有一定意义关联的资料。资料分析的主要步骤有如下几个方面:1. 阅读原始资料;2. 登录;3. 寻找“本土概念”;4建立编码和归档系统。

(一)阅读原始资料

分析资料的第一步是认真阅读原始资料,熟悉资料的内容,仔细琢磨其中的意义和相关关系。在对资料进行分析之前研究者起码应该通读资料两遍,直到感觉已经对资料了如指掌,完全沉浸到了与资料的互动之中。阅读资料的时候,研究者应当采取一种主动“投降”的态度。这就意味着研究者应当把自己有关的前设和价值判断暂时悬置起来,让资料自己说话。一般来说,如果条件允许的话,研究者应当尽量敞开自己的胸怀,尽可能多地从不同的层面解读资料,让尽可能多的意义进入我们的意识。多层次的解读可以从不同的角度对资料进行投射,使资料本身所蕴含的多重意义透过多重视角显现出来。

(二)登录

登录是资料分析中最基本的一项工作,是一个将收集的资料打散,赋予概念和意义,然后再以新的方式重新组合在一起的操作过程。登录要求研究者具有敏锐的判断力、洞察力和想象力,不仅能够很快地专注于资料的性质和特点(特别是哪些隐藏在语言下面的深层意义),而且可以很快地在不同概念和事物之间建立起联系。

1. 思考单位

思考单位是对资料进行梳理的维度,既可以从资料的意义和内容入手(如社会角色、人际关系、行为规范),也可以从资料的语言单位入手(如词、短语、句子、段落等)。在研究的不同层次、不同阶段可以选择不同层次的思考单位,如果研究较为宏观的问题,可以选择“段落大意”作为“思考单位”;而如果是研究的问题比较微观,就需要从“词语”着手。

2. 设码

登录的一个十分重要的、具体的工作是找到对本研究问题有意义的登录号码(code)。"码号"表示的是资料分析中最基础的意义单位,是资料分析大厦中最小的砖瓦。寻找码号的一个标准是有关词语或者内容出现的频率。如果某些现象在资料中反复出现,形成一定的模式,那么这些现象往往是资料中最为重要的内容,是被研究者关注的焦点,需要进行重点登录。在设立码号时,还应该考虑到码号与码号之间的关系,注意它们所代表的不同现象之间的联系。通过在码号之间建立起相关关系,资料的内容会不断浓缩,登录的码号也会更加集中。

在一项对美国留学生对中国学生的跨文化人际交往活动及其意义进行揭示的研究中,研究者对资料进行了逐级登录。首先在开放式访谈中找到了受访者使用的"本土概念",如"兴趣、愿望、有来有往、有准备、经常、深入、关心别人、照顾别人、留面子、丢面子、含蓄、体谅、公事公办、情感交流、热情、温暖、铁哥们、亲密、回报"等。然后在关联式登陆中,研究者在上述概念之间找到了一些联系,在七个主要类属下面将这些概念——交往、人情、情感交流、交友、局外人、自尊、变化——联接起来。在每个类属下面又分别有相关的分类属,比如在"人情"下面有"关心和照顾别人、体谅和容忍、留面子和含蓄"等,在"局外人"下面有"游离在外、圈子、不知所措、不安定、不安全、孤独、相加、自由自在"等。①

为了使登录快捷、节省空间,登陆中的每一个码号都应该用相应的数字或符号加以表示。例如在对幼儿游戏进行的研究中,将"材料序号、材料名称、观察对象、案例序号、活动名称、所涉领域、核心经验所在领域、幼儿游戏行为的观察、幼儿游戏行为的分析、教师的策略和游戏类型"等作为游戏活动的编码维度。②

(三)寻找"本土概念"

为了保留资料的"原汁原味",登录时应该尽量使用被研究者自己的语言作为码号。被研究者自己的语言往往代表的是对他们来说有意义的"本土概念",以此为码号可以更加真切地表现他们的思想和情绪感受。"本土概念"应该是被研究者经常使用的,这些概念通常有自己的个性特色,与学术界或社会上一般人使用的概念不太一样。

寻找本土概念没有一定的程式可循,主要依靠研究者的直觉和经验。如果我们一定要寻找某些规律的话,我认为,那些被研究者经常使用的概念对他们来说通常比较

① 陈向明.扎根理论的思路和方法[J].教育研究与实验,1999(4):6.

② 邹海瑞.基于游戏的幼儿园教与学研究——以三所幼儿园的三类游戏实践为例[D].华东师范大学,2017.100-101.

重要。如果这些概念反复地被他们使用,说明这些概念在他们的生活中占据比较重要的位置,使用的频率比较高。其次,被研究者在使用的时候带有强烈感情色彩的概念往往比较贴近他们的心。这些概念不必多次被使用,但是如果被使用的时候伴随着明显的情感,便表明它们对被研究者来说是十分重要的。再次,如果我们相信自己的判断力的话,那些在阅读的时候容易引起我们注意的概念通常也是有其存在道理的。如果这些概念在上下文中明显地凸现出来,这说明它们对我们有吸引力,值得我们注意。

(四)建立编码和归档系统

第一轮登录完成以后,我们可以将所有的码号都汇集起来,组成一个编码本。这是一个将所有的码号按照一定的分类标准组合起来的系统,反映的是资料浓缩以后的意义分布和相互关系。编码本有两个主要作用:

(1)将码号系统地排列出来,使我们了解现有码号的数量、类型以及码号所代表的意义之间的联系,可以帮助我们决定现有的码号是否合理、是否需要增加新的码号或减少码号、是否需要改进码号系统的整体结构;

(2)为我们今后查找码号(特别是码号所代表的具体意义)提供方便。

编码本中码号不宜过多,应该能比较集中地反映原始资料的内容。有的学者认为,第一次登录时采用码号不应该超过30个。

编码本所反映的编码系统是研究者目前对资料进行分析的基本框架,其具体的内容和结构应由具体研究的目的和问题来决定。一般情况下,实地研究的登录系统可以从以下方面进行考虑:

1.场景/情境;

2.行为者(参与事件的人);

3.行为(有关人员的单一行为);

4.活动(有关人员从事的一系列相关行为);

5.事件(有关人员从事的一系列相关活动);

6.时间(事件发生的前后序列);

7.实物(在场的物品);

8.目标(有关人员希望完成的事情);

9.感受(人们所感受到的和表现出来的情绪);

10被研究者看问题的方式、角度;

11.研究者使用的方法;

等等。

以上编码维度仅供参考，在自己的研究中，必须根据实际的研究问题来建立编码系统。

三、文字资料的分析方法

（一）类属分析

对原始资料进行登录并建立了编码系统以后，研究者需要将所有的资料按照一定的标准进行归类和进一步的分析。在质的研究中，归类标准的选择不是绝对的、唯一的，很大程度上受到研究者本人所持理论假设的影响。如果我们认为现实是由相同或不同类型的现象所组成的，那么我们便会倾向于使用分类的方式对资料进行归类——类属分析的方式。

类属分析指的是在资料中寻找反复出现的现象以及可以解释这些现象的重要概念的一个过程。在这个过程中具有相同属性的资料被归入同一类别，并以一定的概念命名。

类属分析的基础是比较。比较可以采取很多不同的方式，如同类比较（根据资料的同一性进行比较）、异类比较（根据资料的差异性进行比较）、横向比较（在不同的资料之间进行比较）、纵向比较（对同一资料中的各个部分进行前后顺序的比较）、理论与证据比较（将研究者的初步结论与后续收集到的资料进行比较）等。

通过比较设定了有关的类属以后，我们需要对类属之间可能存在的关系进行识别，如因果关系、时间前后关系、语义关系、逻辑关系、平行关系、包含关系、下属关系等等。将类属之间存在的关系建立起来以后，我们还可以发展出一个或数个“核心类属”。核心类属是所有类属中最上位的意义单位，可以在意义上统领所有其他的类属。与此同时，每一个类属下面还可以进一步发展出下属类属，表示的是该类属所包含的意义维度和基本属性。

研究案例

扎根理论运用于中国教育研究的实例

陈向明老师在她开设的“教育质性研究方法”课上，要求每位同学都独立开展一项小研究。在1999年的课上，有一位同学提出的研究问题是：人到中年为何还来北大读研。访谈者当时问受访者“你到北大来学习，家里人是如何想的？”对这一问题，可以使用扎根理论的方法进行分析，见下表：

原始资料	一级:开放编码	二级:核心编码			三级:选择编码
		类属	属性	维度	
我爱人是从事商业服务行业的,当会计,天天很忙,孩子上幼儿园,她得天天接送。我在家时,由我接送;我出来,接送孩子就得她去。她父母身体不太好,有时还得照顾老人。我祖母半身不遂,所以,我父母还得照顾老太太,帮不了我们家的忙。这样,负担全靠她支撑了。我出来时,她也哭过。不让我出来,她觉得她对不起我;可出来了,我又觉得对不起她。她还怕我学成了,变心甩了她;我哪能呀!糟糠之妻不能忘,就凭她支持我出来这一点,以后就得好好营造这个家。	家庭负担重 爱人工作忙 小孩小 老人需要照顾 家庭责任分担变化全部靠妻子承担	家庭负担变化	爱人工作 孩子 老人 责任分担变化	忙-不忙 小-大 需要照顾-不需要照顾 部分靠他-全部靠他	核心类属:夫妻间关系伦理支援类属;1.妻子做出反应;2.丈夫做出反应 情境条件:家庭负担变化 因果条件:丈夫外出读研
	妻子用哭表达歉疚和担心	妻子做出反应	担心 歉疚 表达方式	高-低 高-低 被动-主动	初步假设: 1.当双职工家庭上有老下有小,一方长期离家时,会造成夫妻关系紧张。
	丈夫产生歉疚感	丈夫做出反应	歉疚 承诺 表达动机	低-高 高调-低调 主客结合-主客分离 家国同构-家国分离	2.平衡婚姻稳定的基础有三个:(1)双方的情感状况;(2)社会地位的平衡;(3)家庭责任的分担。当(2)和(3)发生变化时,(1)也会发生变化。
		夫妻间伦理关系			
我不爱说大话,为社会也好,为国家也好,那都是客观的;主观上主要还是想营造好这个家。没有家,哪有国呀!想想她为我付出这么多,这辈子也得好好爱她。俗话说,"海枯石烂,永不变心"。	主观与客观统一,家国同构 夫妻间关系伦理,个体行动时空感 文化传统影响		社会地位 家庭责任 回报时间 性别差异 文化传统	平衡-不平衡 分担-不分担 现在-未来 口惠-眼泪 变化-坚守	3.丈夫离家,妻子会比较担忧;而反过来并非如此,而且通常妻子出来的机会比较少。 4.当丈夫现时无法回报妻子时,通常会使用文化格言作为口惠,高调许诺未来报答;而妻子通常使用"弱者的武器"(眼泪、身体辛劳)来应对。

通过对资料进行编码分析之后,得出了初步的结论:当婚姻中一方离家追求事业发展、家庭负担和双方社会地位的稳定状态被打破时,双方会采取不同行动在情感上重新获得平衡。换言之,当处于社会变迁中的个体重新安排自己的事业定位时会给家庭稳定带来冲击,导致夫妻各自采取不同行动,重新协商婚姻稳定的基础。虽然这个结论与研究问题"人到中年为何还来北大读研"关系似乎不够紧密,但通过仔细分析可以看出,受访者其实是在间接回答研究

问题：外出读研不仅有提升自己专业地位和水平的诉求，同时也在迂回地为自己的家庭谋求福利。①

（二）情景分析

除了类属分析外，情景分析也是常用的分析方式。如果我们认为现实是由一个个具体的时间和过程所组成的，具有连续性和动态性，那么我们便会采取叙事的方式对资料进行归类——情景分析的方式。

情景分析指的是：将资料放置于研究现象所处的自然情景之中，按照故事发生的时序对有关事件和人物进行描述性的分析。这是一种将整体先分散然后再整合的方式，首先看到资料的整体情形，然后将资料打碎、进行分解，最后将分解的部分整合成一个完整的、处于真实情境中的故事。情景分析强调对事物做整体的和动态的呈现，注意寻找将资料连接成一个叙事结构的关键线索。

情景分析的结构可以有很多不同的组成方式，如前因后果、排列时间流动序列、时空回溯、圆周反复等方式。情景分析的具体内容也十分丰富，可以是研究现象中的主题事件、人物、社会机构、时间、地点、状态、变化等。

对资料进行情景分析的主要思路是：把握资料中的有关重要信息，找到可以反映资料内容的故事线发展出故事的有关情节，对故事进行详细的描述。进行情景分析时应该特别注意资料的语言情境和社会文化情境、故事发生的时空背景、叙述者的说话意图、资料所表达的整体意义以及各部分意义之间的相关联系。

情景分析的第一个步骤是系统认真地通读资料，发现资料中的核心叙事、故事的发展线索以及组成故事的主要内容。第二个步骤是按照已经设立的编码系统为资料设码。与类属分析不同的是，情境分析中的设码不是将资料按差异进行分类，而是寻找资料中的叙事结构，如引子、时间、地点、冲突、高潮、问题的解决、结尾等。

设码的工作完成以后下一步的任务是对资料进行归类。归类的具体做法与上面介绍的有关类属分析的做法基本相同，但是归类以后对资料的处理有所不同。类属分析是把相同的资料内容放到一起，然后进行分门别类的陈述；而情景分析是在归类的基础上将内容浓缩，然后以一个完整的叙事结构呈现出来。因此，在情景分析中，资料归类以后需要将有关内容整合为一个具有情景的整体。这个整体的各个部分之间应该具有内在的联系，包括时空意义或结构上的联系。

① 陈向明．扎根理论在中国教育研究中的运用探索[J]．北京大学教育评论，2015，13(1)：14.

第二节　描述性统计

在学前教育研究中会接触到以数据方式收集到的资料，例如幼儿身高、体重测量的数据，对教师、家长进行的问卷调查等。在数据收集完成后首先需要对数据进行整理。收集到的数据大多是零散、无序的，在进入运算之前需要先对数据进行核实，剔除不真实的部分，如问卷数据中，如果出现全部选择某一个答案的数据就应该剔除。剔除完数据之后，需要对数据进行汇总，一般来说需要列表录入数据，目前在研究中通常使用Excel表格工具来录入和管理数据。

对数据进行了整理和录入之后，就可以对数据进行初步的描述性统计。描述性统计常用的统计量有平均数、标准差、标准分数、相关系数等。

一、算术平均数

算术平均数简称平均数或均值。它是一组数据的综合与数据的个数相比得到的，通常用$\overline{X}$表示：

$$\overline{X}=\frac{\sum_{i=1}^{N}X_i}{N}\left[\text{可简写为}\ \overline{X}=\frac{\sum X}{N}\right]$$

$\overline{X}$表示平均数，$\sum$表示累加求和，X代表具体的观察数值，N代表观察值的个数。

例如：某幼儿园5名幼儿的体重分别是15千克、17千克、16千克、18千克和20千克，他们的平均体重就是：

$$\overline{X}=\frac{15+17+16+18+20}{5}=17.2$$

他们的平均体重是17.2千克。

二、方差和标准差

方差和标准差是描述一组数据离散程度的统计量数，方差或者标准差越小说明数据的离散程度越小，数据分布越集中整齐；反之，方差或者标准差越大，表明数据离散程度越大，数据分布参差不齐。方差通常用S^2表示，标准差常用S表示。

方差指的是观测值与平均数的差的平方的算术平均数，公式如下：

$$S^2 = \frac{\sum_{i=1}^{N}(X_i - \overline{X})^2}{N} = \frac{\sum_{i=1}^{N}x_i^2}{N}$$

对方差开平方后得到标准差，公式如下：

$$S = \sqrt{\frac{\sum_{i=1}^{N}(X_i - \overline{X})^2}{N}} = \sqrt{\frac{\sum_{i=1}^{N}x_i^2}{N}}$$

$\overline{X}$表示平均数，$\sum$表示累加求和，X和X^2代表原始数据及其平方，N表示观察值个数。

例如，幼儿在某项心理测试中得分为80、90、50、60、50，其平均数为

$$\overline{X} = \frac{80 + 90 + 50 + 60 + 70}{5} = 70$$

方差为：

$$S^2 = \frac{(80 - 70)^2 + (90 - 70)^2 + (50 - 70)^2 + (60 - 70)^2 + (70 - 70)^2}{5} = 200$$

标准差 $S = \sqrt{200} = 14.14$

三、差异系数

差异系数是一组数据的标准差与其平均数的百分比，又称相对差异量数，用符号CV表示。前面所介绍的差异量数标准差，是具有与原始数据相同单位的量数，称为绝对差异量数。若比较的两组变量单位不同，或单位虽然相同但平均数又相差悬殊时绝对差异量数就不适用。如身高标准差为11厘米，体重的标准差为4千克，两者显然不能进行比较。为此需要引入一种不具有测量单位的相对差异量数。其中常用的是差异系数，其计算公式为：

$$CV = \frac{S}{\overline{X}} \times 100\%$$

例：某市2个月组女童的体重的平均数为5.45千克，标准差为0.62千克；6岁组女童的平均体重为19.02千克，标准差为2.12千克。试比较两组女童体重的离散情况。

$$CV_{2个月} = \frac{0.62}{5.45} \times 100\% = 11.38\%$$

$$CV_{6岁} = \frac{2.12}{19.02} \times 100\% = 11.14\%$$

2个月组女童的体重离散情况稍大。

四、标准分数

标准分数也叫Z分数，是一种具有相等单位的量数。它是将原始分数与团体的平均数之差除以标准差所得的商数，是以标准差为单位度量原始分数离开其平均数的分数之上多少个标准差，或是在平均数之下多少个标准差。它是一个抽象值，不受原始测量单位的影响，并可接受进一步的统计处理。计算公式如下：

$$Z = \frac{X - \overline{X}}{S}$$

Z为标准分，X为实际得分，$\overline{X}$为平均数，S为标准差。

标准分数是以标准差为单位表示一个原始分数在团体中所处位置的相对位置量数。标准分数从分数对平均数的相对地位、该组分数的离中趋势两个方面来表示原始分数的地位。

例：测验一个班级的数学成绩，平均数为80分，标准差为8分；又测验了该班的语文成绩，平均数为70分，标准差为5分。甲生在数学测验中得了81分，在语文测验中得了78分，问该生哪一学科的成绩在班上比较优？

$$Z_{数} = \frac{81 - 80}{8} = 0.125$$

$$Z_{语} = \frac{78 - 70}{5} = 1.6$$

计算结果表明，语文的成绩更好一些。

五、相关系数

相关系数是两列变量间相关程度的数字表现形式，或者说是用来表示相关强度的指标，一般使用字母r表示，取值范围：$-1 \leqslant r \leqslant 1$。相关系数在教育统计中也是常用的一个指标，例如研究幼儿身高与营养摄入的关系，幼儿性格与家庭教养的关系等。目前比较常用的相关关系是皮尔逊积差相关，公式如下：

$$r = \frac{\sum XY}{NS_{x_i}S_{y_i}}$$

$$X = x_i - \overline{x}, Y = y_i - \overline{y}$$

r为积差相关系数；

$\sum$ 表示累加求和；

X，Y为两个变量的离均差，$X = x_i - \overline{x}$，$Y = y_i - \overline{y}$；

N为成对数据的数目；

S_{x_i}为变量X的标准差；

S_{y_i}为变量Y的标准差。

如果直接运用原始数据观测值计算皮尔逊相关系数，可以推出如下公式：

$$r=\frac{\sum XY-(\sum X)(\sum Y)/N}{\sqrt{\sum X^2-(\sum X)^2/N}\cdot\sqrt{\sum Y^2-(\sum Y)^2/N}}$$

r为积差相关系数；

$\sum$ 表示累加求和；

X和Y分别表示变脸X和Y的观测值；

N为成对数据的数目。

例如：8名幼儿语言测试得分为X，社会测试得分为Y，求两者相关程度。

序号	语言X	社会Y	X^2	Y^2	XY
1	86	78	7396	6084	6708
2	87	90	7569	8100	7830
3	88	86	7744	7396	7568
4	79	85	6241	7225	6715
5	77	88	5929	7744	6776
6	82	81	6724	6561	6642
7	80	82	6400	6724	6560
8	81	80	6561	6400	6480
总计	$\sum X$=660	$\sum Y$=670	$\sum X^2$=54564	$\sum Y^2$=56234	$\sum XY$=55279

代入公式之后可以得出语言和社会测试的相关系数

$$r=\frac{55279-660\times 670/8}{\sqrt{54564-660^2/8}\times\sqrt{56234-670^2/8}}=0.034$$

第三节 推断统计

推断统计是在描述统计的基础上，在一定的可靠性水平上，根据样本的统计量对总体参数进行推断统计的方法。在教育研究中，设计的总体包含的个体数目较大，我们不可能对所有个体逐一地进行考察，而通常依照某种抽样思想从总体中随机抽取一定数目的样本进行研究，然后根据样本的信息推断总体的情况，这样的统计方法叫作推断统计。

假设检验是常用的推断统计方法，它指研究者利用样本信息，根据一定的概率，对总体参数或分布的某一假设进行拒绝或保留的决断。假设检验包括参数检验和非参数检验。平均数差异显著性检验是常见的参数检验，卡方(χ^2)检验是常见的非参数检验。

一、假设检验的原理

(一)假设与假设检验

1.假设：是根据已知理论与事实对研究对象所做的假定性说明。

2.假设检验中一般有两个相互对立的假设，即零假设和备择假设。

(1)零假设是研究者根据样本信息期望拒绝的假设，以H_0表示。

(2)备择假设与零假设相互排斥，是研究者根据样本信息期望证实的假设，以H_1表示。

(二)假设检验的原理与方法

小概率原理，假设检验的基本思想是概率性质的反证法。为了检验虚无假设，首先假定虚无假设为真。在虚无假设为真的前提下，如果导致违反逻辑或违背人们常识和经验的不合理现象出现，则表明“虚无假设为真”的假定是不正确的，也就不能接受虚无假设。若没有导致不合理现象出现，那就认为“虚无假设为真”的假定是正确的，也就是说要接受虚无假设。

(三)双侧检验与单侧检验

1.双侧检验：只强调差异而不强调方向性的检验被称为双侧检验。

2.单侧检验：强调某一方向的检验被称为单侧检验，又分左侧检验和右侧检验。通常适用于检验某一参数是否“大于”“优于”“快于”，或“小于”“劣于”“慢于”另一参数等一类问题。

二、平均数的显著性检验：*Z*检验和*t*检验

*Z*检验是一般用于大样本(即样本容量大于30)平均值差异性检验的方法。它是用标准正态分布的理论来推断差异发生的概率,从而比较两个平均数的差异是否显著。

*t*检验,亦称student *t*检验(student's *t* test),主要用于样本含量较小(例如$n<30$),总体标准差σ未知的正态分布资料。

*Z*检验与*t*检验的区别：

区别一：*Z*检验适用于变量符合*Z*分布的情况,而*t*检验适用于变量符合*t*分布的情况；

区别二：*t*分布是*Z*分布的小样本分布,即当总体符合*Z*分布时,从总体中抽取的小样本符合*t*分布,而对于符合*t*分布的变量,当样本量增大时,变量数据逐渐向*Z*分布趋近；

区别三：*Z*检验和*t*检验都是均值差异检验方法,但t分布逐渐逼近*Z*分布的特点,*t*检验的运用要比*Z*检验更广泛,大小样本时都可以用*t*检验,而小样本时*Z*检验不适用。SPSS软件里面只有*t*检验,没有*Z*检验的功能模块。

平均数差异检验的步骤：

第一,根据问题要求,提出虚无假设和备择假设。

第二,选择适当的检验统计量。

第三,规定显著性水平。

显著性水平的大小应根据研究问题的实际情况而定。若要求结果比较精确,则显著性水平应小一些;反之,可稍大一些。

第四,计算检验统计量的值。

第五,做出决策。

(一)*Z*检验

$$Z=\frac{\overline{X}-\mu_0}{SE_{\overline{X}}},\text{其中}SE_{\overline{X}}=\frac{\sigma_0}{\sqrt{n}}$$

$\overline{X}$为样本平均数；

μ_0为总体平均数；

$SE_{\overline{X}}$为样本平均数的标准误；

n为样本数量。

例1 某地区统考数学,假设该统考数学成绩服从正态分布,已知其总平均分为50分,标准差为12分。从该地区随机选择一个班作为样本,该班有学生50人,经计算该班平均成绩为53分,试问该班成绩与总成绩的差异是否显著。

解:①建立假设:$H_0:\mu=\mu_0, H_1:\mu\neq\mu_0$

②计算统计量:

$$SE_{\overline{X}}=\frac{\sigma_0}{\sqrt{n}}=\frac{12}{\sqrt{50}}=\frac{12}{7.07}=1.7$$

$$Z=\frac{\overline{X}-\mu_0}{SE_{\overline{X}}}=\frac{53-50}{1.7}=1.76$$

③判断结果:查正态分布表,双侧$\alpha=0.05$时$Z=1.96$,因为$1.76<1.96$,所以$P>0.05$差异不显著,接受H_0,拒绝H_1。

故该班数学成绩与总平均成绩的差异不显著。

例2 对学前某专业课在全国同类高校内进行统一测试,已知全体考生成绩服从正态分布,其总平均分为64分,总标准差为8.6分,从某高校随机抽取20份试卷,经计算得到这20份试卷的平均成绩为70分,问该校学生的平均成绩是否显著地优于全体学生的平均水平?

解:①建立假设:$H_0:\mu=\mu_0, H_1:\mu\neq\mu_0$

②计算统计量:

$$SE_{\overline{X}}=\frac{\sigma_0}{\sqrt{n}}=\frac{8.6}{\sqrt{20}}=\frac{8.6}{4.47}=1.96$$

$$Z=\frac{\overline{X}-\mu_0}{SE}=\frac{70-64}{1.92}=3.125$$

③查正态表(单侧)得:当$\alpha=0.05$时$Z=1.645$,$3.125>1.645$,$P<0.05$差异显著,拒绝H_0。故该校学生的平均成绩极显著地优于全体学生的平均水平。

(二)t检验

单样本t检验

当总体分布为正态分布,总体方差未知时,样本平均数的抽样分布服从自由度为$n-1$的t分布,此时可用t检验方法进行检验。在检验中,计算统计量的值的公式为:

$$Z=\frac{\overline{X}-\mu_0}{SE_{\overline{X}}},\text{其中}SE_{\overline{X}}=\frac{S_0}{\sqrt{n-1}}=\frac{S_{N-1}}{\sqrt{n}}$$

$\overline{X}$为样本平均数;

μ_0为总体平均数;

$SE_{\overline{X}}$为样本平均数的标准误;

n为样本数量。

例3 已知4岁正常男童平均体重为15.6千克，从某幼儿园中随机抽取20名4岁男童，经测量计算出这20名男童平均体重为16千克，标准差为1.76千克，试问该幼儿园4岁男童的体重与4岁正常男童平均体重有无显著性差异？

解：①建立假设：$H_0:\mu=\mu_0$，$H_1:\mu\neq\mu_0$

②计算统计量：

$$SE_{\overline{X}} = \frac{S_n}{\sqrt{n-1}} = \frac{1.76}{\sqrt{20-1}} = 0.4$$

$$t = \frac{\overline{X} - \mu_0}{SE_{\overline{X}}} = \frac{16 - 15.6}{0.4} = 1$$

③判断结果：

当$\alpha=0.05$时，$df=20-1=19$时，$t_{(19)0.05/2}=2.093$

因为$1<2.093$，所以，$P>0.05$，差异不显著。

故该幼儿园4岁男童平均体重与正常男童平均体重无显著差异。

三、平均数差异的显著性检——t检验

（一）平均数差异检验的步骤

1.建立假设。

双侧检验的假设：$H_0:\mu=\mu_0$，$H_1:\mu\neq\mu_0$

或者（双总体）$H_0:\mu_1=\mu_2$，$H_1:\mu_1\neq\mu_2$

单侧检验的假设：$H_0:\mu\leqslant\mu_0$，$H_1:\mu>\mu_0$

或者（双总体）$H_0:\mu_1\leqslant\mu_2$，$H_1:\mu_1>\mu_2$

2.根据给定条件确定抽样分布的形态，确定相应的检验方法，并计算出统计量的值。

3.确定α，查出理论值，从而确定出H_0的拒绝和接受区域。

4.做出判断。如$Z>Z_0$，即$P<0.05$，则拒绝H_0，接受H_1。

（二）独立样本Z检验

1.双总体分布为正态，且方差已知使用Z检验，Z检验的公式为

$$Z = \frac{(\overline{X}_1 - X_2) - (\mu_1 - \mu_2)}{SE_{D_{\overline{X}}}} = \frac{D_{\overline{X}} - \mu_{D_{\overline{X}}}}{SE_{D_{\overline{X}}}}$$

由于在假设检验中，通常设定$\mu_1=\mu_2$，所以$\mu_1-\mu_2=0$，公式可简化为

$$Z=\frac{(\overline{X}_1-X_2)}{SE_{D_{\overline{X}}}}$$

$\overline{X}$为样本平均数；

μ为总体平均数；

$SE_{\overline{X}}$为样本平均数的标准误。

例4 从某市城区随机抽取5岁男童30名，测得其平均体重为20.15千克，从该市郊区随机抽取25名5岁男童，测得其平均体重为18.25千克，已知该市城区5岁男童体重的标准差为1.85千克，郊区5岁男童体重的标准差为1.78千克。能否根据这次抽样推断出该市城区与郊区5岁男童平均体重的差异是否显著。

解：1.建立假设：

$H_0:\mu_1=\mu_2, H_1:\mu_1\neq\mu_2$

2.计算检验的统计量

$$SE_{D_{\overline{X}}}=\sqrt{\frac{\sigma_1^2}{n_1}+\frac{\sigma_2^2}{n_2}}=\sqrt{\frac{1.85^2}{30}+\frac{1.78^2}{25}}=\sqrt{0.114+0.127}=0.49$$

$$Z=\frac{\overline{X}_1-\overline{X}_2}{SE_{D_{\overline{X}}}}=\frac{20.15-18.25}{0.49}=3.87$$

3.判断结果：查表得$Z_{0.01/2}=2.58$，因为$3.87>2.58$，所以$P<0.01$，差异极其显著。故根据这次抽样，可以推断出该市郊区5岁男童平均体重有极其显著的差异。

(三)独立样本t检验

当双总体为正态分布，双总体方差均未知，从双总体所抽出两样本平均数的差数服从$df=n-1$的t分布，可用t检验方法进行检验。

1.两个样本容量不等的独立样本t检验

则标准误的计算公式为：

其检验公式为：$t=\dfrac{D_{\overline{X}}-\mu_{D_{\overline{X}}}}{SE_{D_{\overline{X}}}}=\dfrac{\overline{X}_1-\overline{X}_2}{SE_{D_{\overline{X}}}}$

其中$E_{D_{\overline{X}}}=\sqrt{\dfrac{n_1S_1^2+n_2S_2^2}{n_1+n_2-2}\cdot\dfrac{n_1+n_2}{n_1n_2}}$

例5 某校进行速度测验，共选择40名参加，其中男生22人，女生18人，男生测验的平均分为72分，标准差为8分，女生测验的平均分为70分，标准差为7.6分。已知该速度测验结果服从正态分布，试问男女生速度测验的平均结果有无显著性差异。

解：①建立假设：$H_0: \mu_1 = \mu_2, H_1: \mu_1 \neq \mu_2$

②计算检验的统计量：

$$SE_{D_{\overline{X}}} = \sqrt{\frac{n_1S_1^2 + n_2S_2^2}{n_1 + n_2 - 2} \cdot \frac{n_1 + n_2}{n_1n_2}}$$

$$= \sqrt{\frac{22 \times 8^2 + 18 \times 7.6^2}{22 + 18 - 2} \times \frac{22 + 18}{22 \times 18}} = 2.55$$

$$t = \frac{\overline{X_1} - \overline{X_2}}{SE_{D_{\overline{X}}}} = \frac{72 - 70}{2.55} = 0.78$$

③判断结果：

当α=0.05时，$df=n_1+n_2-2=22+18-2=38$时，$t_{(38)0.05/2}=2.021$

因为0.78<2.021，所以P>0.05，差异不显著。

2. 两个样本容量相等的独立样本t检验

两个样本容量相等时，标准误计算公式为：

$$E_{D_{\overline{X}}} = \sqrt{\frac{S_{n_j-1}^2 + S_{n_2-1}^2}{n}} = \sqrt{\frac{S_1^2 + S_2^2}{n - 1}}$$

$$t = \frac{\overline{X_1} - \overline{X_2}}{SE_{D_{\overline{X}}}}$$

例6 某市进行一次测试，已知统考成绩服从正态分布，从该市A校和B校各抽取20名学生，经计算两校的测试平均成绩分别为82分和77分，标准差分别为7.2分和7.5分，试问A、B两校在该次物理统考中的平均成绩差异是否显著。

解：①建立假设：$H_0: \mu_1 = \mu_2, H_1: \mu_1 \neq \mu_2$

②计算检验统计量

$$SE_{D_{\overline{X}}} = \sqrt{\frac{7.2^2 + 7.5^2}{20 - 1}} = 2.38$$

$$t = \frac{82 - 77}{2.38} = 2.10$$

③判断结果，查表得：

$t_{(38)0.05/2} = 2.093, t_{(38)0.01/2} = 2.861$

因为2.093<2.10<2.861，所以0.05>P>0.01，差异显著。故该市A、B两校在该次测试中的平均成绩差异显著。

（四）相关样本t检验

在教育研究中，经常会需要对同一组被试进行前后测，例如使用某一种训练方法对同一组学生进行训练前后成绩的差异，因为是针对同一组被试，这两组数据是相关数据，需要使用相关样本t检验，在计算相关样本t检验的时候需要考虑样本的相关系数r，在相关样本t检验中计算公式如下：

$$SE_{D_{\bar{X}}} = \sqrt{\frac{s_1^2 + s_2^2 - 2rs_1s_2}{n-1}}$$

$$t = \frac{\overline{X_1} - \overline{X_2}}{SE_{D_{\bar{X}}}}$$

例7某实验小组进行一项学习方法实验，在实验前，经过精心匹配，分成两个小组，一为实验组，一为对照组，各组均为20人。实验结束后，对两组均进行智力测验，经计算，其智商成绩分别为：实验组平均智商为106，标准差为16；对照组平均智商为104，标准差为15，两组测验的相关系数为0.75，试问该学习方法对提高智力是否有显著影响。

解：①建立假设：$H_0: \mu_1 = \mu_2, H_1: \mu_1 > \mu_2$

②计算统计量：

$$SE_{D_{\bar{X}}} = \sqrt{\frac{s_1^2 + s_2^2 - 2rs_1s_2}{n-1}}$$

$$SE_{D_{\bar{X}}} = \sqrt{\frac{16^2 + 15^2 - 2 \times 0.75 \times 16 \times 15}{20-1}} = 2.5$$

$$t = \frac{106 - 104}{2.52} = 0.79$$

③判断结果：查表得$t_{(38)0.05}$=1.729

因为0.79<1.729，所以P>0.05，差异不显著。故该学习方法实验对学生智力提高没有显著影响。

四、两个样本方差之间的差异显著性检验——F检验

在研究中，除了检验两组数据集中趋势的差异（如样本平均数的差异显著性检验）以外，常常还关心两组数据的离散程度是否有显著不同，这时需要对两组数据的方差进行差异检验。也就是说，通过样本方差的差异对其各自的总体方差是否有差异进行推断。

计算公式如下：

$$F = \frac{S_{大}^2}{S_{小}^2}$$

$S^2_{大}$和$S^2_{小}$分别代表两个样本的方差；

$df_1=df_{分子}-1, df_2=df_{分母}-1$

对本章例5也可以进行F检验，

解：①建立假设：$H_0: \sigma_1^2=\sigma_2^2, H_1: \sigma_1^2 \neq \sigma_2^2$

②计算统计量：

$$S^2_{n_1-1}=\frac{n_1}{n_1-1}S_1=\frac{22}{21}\times 8^2=67.05$$

$$S^2_{n_2-1}=\frac{n_2}{n_2-1}S_2=\frac{18}{17}\times 7.6^2=61.16$$

$$F=\frac{S^2_{n_1-1}}{S^2_{n_2-1}}=\frac{67.05}{61.16}=1.10$$

③判断结果：

查F值表得：$F_{(21.17)0.05/2}=2.58$，因为$1.1<2.58$，所以$P>0.05$，差异不显著。

五、卡方(χ^2)检验

卡方检验就是统计样本的实际观测值与理论推断值之间的偏离程度，实际观测值与理论推断值之间的偏离程度决定了卡方值的大小，卡方值越大，二者的偏差程度就越大；反之，二者的偏差越小；若两个值完全相等时，卡方值就为0，表明实际观测值与理论推断值完全符合。

(一)χ^2检验的特点

1.数据属于间断性点计数据；

2.数据所来自总体的分布是未知的，不一定呈正态分布；

3.该检验不是对总体参数而是对总体分布所做的检验。

(二)χ^2检验的基本公式

$$\chi^2=\sum\frac{(f_0-f_e)}{f_e}$$

f_0代表实际频数；

f_e代表理论频数；

$\sum$表示累加求和。

例8：某项民意测验，答案有同意、不置可否、不同意三种。调查了48个人，结果选同意的24人，选不置可否的12人，选不同意的12人。问持这3种意见的人数是否有显著不同。

解：$f_e=48\times1/3=16$

设 $H_0: f_0=f_e=16$

$H_1: f_0\neq f_e$

$$\chi^2=\frac{(24-16)^2}{16}=\frac{(12-16)^2}{16}+\frac{(12-16)^2}{16}=6$$

$df=3-1=2$，查表得 $\alpha=0.05$，$df=2$ 时，$P=5.991$，$6>5.991$

该调查的被试在这项民意测验中持这三种意见的人数有显著不同。

本章小结

1. 文字资料的整理可划分为审查、分类和汇编三个基本步骤。

2. 文字资料分析的主要步骤有如下几个方面：1. 阅读原始资料；2. 登录；3. 寻找“本土概念”；4. 建立编码和归档系统。

3. 类属分析指的是在资料中寻找反复出现的现象以及可以解释这些现象的重要概念的一个过程。在这个过程中具有相同属性的资料被归入同一类别，并以一定的概念命名。

4. “情景分析”指的是：将资料放置于研究现象所处的自然情景之中，按照故事发生的时序对有关事件和人物进行描述性的分析。这是一种将整体先分散然后再整合的方式，首先看到资料的整体情形，然后将资料打碎、进行分解，最后将分解的部分整合成一个完整的、处于一个真实情景中的故事。

5. 方差和标准差是描述一组数据离散程度的统计量数，方差或者标准差越小说明数据的离散程度越小，数据分布越集中整齐。

6. 差异系数是一组数据的标准差与其平均数的百分比，又称相对差异量数，用符号 CV 表示。前面所介绍的差异量数标准差，是具有与原始数据相同单位的量数，一般称为绝对差异量数。

7. 标准分数也叫 Z 分数，是一种具有相等单位的量数。它是将原始分数与团体的平均数之差除以标准差所得的商数，是以标准差为单位度量原始分数离开其平均数的分数之上多少个标准差，或是在平均数之下多少个标准差。

8. 相关系数是两列变量间相关程度的数字表现形式，或者说是用来表示相关强度的指标，一般使用字母 r 表示，取值范围：$-1\leqslant r\leqslant 1$。

9. 推断统计是在描述统计的基础上，在一定的可靠性水平上，根据样本的统计量对总体参数进行推断统计的方法。

10.Z检验是一般用于大样本(即样本容量大于30)平均值差异性检验的方法。它是用标准正态分布的理论来推断差异发生的概率,从而比较两个平均数的差异是否显著。

11.t检验,亦称student t检验(student's t test),主要用于样本含量较小(例如n<30),总体标准差σ未知的正态分布资料。

12.卡方检验就是统计样本的实际观测值与理论推断值之间的偏离程度,实际观测值与理论推断值之间的偏离程度决定了卡方值的大小。

思考与实训

1.设计一个与学前教育相关的访谈,收集访谈内容后尝试进行整理和分析。

2.尝试设计一个与学前教育相关的定量研究,并使用本章学习到的方法进行数据分析。

专题探讨

本科生小A在写作毕业论文的时候,想要测查幼儿园小篮球训练对幼儿运动能力的促进作用,选择了某个中班的20个幼儿进行训练。训练前对幼儿双脚连续跳、平衡、动作协调性、十米往返跑等能力进行了测查,经过了一个学期训练之后又对前测过的运动能力进行了后测。通过对比前后测的数据,发现幼儿进步明显,因此,得出了通过小篮球训练对幼儿运动能力能够得到显著提升的结论。结合本章所学,评价一下小A的研究是否合理?是否有什么可以改进的地方?如果让你来进行这项研究,你会怎么设计?

第十二章

学前教育研究结果表述

学习目标

- 理解研究结果表述的结构、类型、方法及具体步骤；
- 能够根据数据结果撰写相应的研究报告或者论文。

学习重难点

- 重点：能够理解研究结果表述的结构、类型、方法及具体步骤；
- 难点：能够根据数据结果自主撰写具有科学性的研究报告或者论文。

案例破冰

教育观念推动我国学前教育行业的发展

一直以来，中国社会对子女的教育都十分重视，根据国家统计局数据，2013年，我国城镇居民人均文教消费支出仅为1988元，占城镇居民人均消费支出的10.75%；2019年，我国城镇居民人均文教消费支出达3328元，占比达11.87%。2013—2019年，我国家庭人均文教消费支出保持着稳定增长，占人均消费总支出的比重始终保持在10%~12%，成为占比仅次于衣、食、住等方面的支出。年轻的“80后”“90后”一代父母更将教育的年龄不断提前，且更加重视婴幼儿的培养和教育，并更舍得投入。

由此催生了学前教育行业的蓬勃发展，婴幼儿早教市场的消费潜力已经不亚于婴幼儿产品市场。①

将研究过程中获取的数据以最客观、简单、直接的形式表述出来，这将能够帮助读者以最快的速度获取核心信息，即“家庭观念促进了我国学前教育行业的发展”。这不仅能够提高阅读的时间经济性，也能大大提升研究论文的科学价值和使用价值。

---

① 前瞻产业研究院.2020年中国学前教育行业市场分析：公办幼儿园比重持续上升 教师质量水平不断提高[R/OL].[2020-11-12].

第一节 学前教育研究结果表述的内涵

数学家科尔莫戈罗夫说过科学是人类的共同财富，而真正的科学家的任务就是丰富这个令人类都能受益的知识宝库。将研究数据进行科学的、有价值的表达，让读者准确获取信息显得尤为重要。

一、学前教育研究结果表述的意义

学前教育研究结果的表述，是对学前教育研究工作的目的、过程、方法、成果的总结，是呈现研究成果的重要形式。好的研究成果若能以直观、科学和有价值的形式呈现在读者面前，便可以让读者了解它的研究价值和推广意义。一个好的研究成果表述一般具备以下优势：

（一）有利于研究成果的交流和推广，使研究成果在更广大的范围内得到相应的应用和推广，从而产生出更大的社会效益和经济效益。

（二）有利于训练和提高研究者的科研能力。学前教育科学研究成果的表述，能反映出研究者的观点、立场和方法，体现出研究者的专业水平、研究能力、写作能力和创造能力。

（三）有利于知识的深化和理论的发展。学前教育科学研究成果的表述是对研究过程进行高度的概括，它揭示了一定的教育规律，实现了理论的升华，也为理论研究者及实践工作者提供有价值的研究基础和参考资料。

二、学前教育研究成果表述的类型

根据研究成果的性质和特点，可以将学前教育研究成果的表述形式分为学前教育研究报告和学前教育研究论文两种形式。

（一）学前教育研究报告

1.学前教育研究报告的含义

学前教育研究报告是用观察、实验和调查等实证性研究方法收集学前教育研究中的实际材料，以事实和数据来呈现研究的结果，并就研究结果进行科学理论上的讨论的成果表述形式。

学前教育研究报告最为显著的特点是其基于客观的事实材料和丰富的具体数据。研究报告要求研究者对研究方法和材料做具体、清楚的描述，客观地呈现研究过程，合理地解释研究结果。所以，教育科学研究报告中的事实材料和具体数据是其主要的构成内容。如案例所示，研究报告应以具体事实为依据展开科学论述。

案例介绍

"有园上"越来越不成问题

"到2020年，全国学前三年毛入园率达到85%，普惠性幼儿园覆盖率达到80%。"这是党中央、国务院确定的学前教育普及普惠目标。

截至2018年，我国学前三年毛入园率为81.7%，普惠性幼儿园覆盖率为73.1%。要完成普及普惠目标，扩大普惠性资源供给是根本。为了让公益普惠资源惠及更多孩子，2019年，教育部推动各地一手抓城镇小区配套园治理，一手抓多种渠道挖潜扩大增量。①

2.学前教育研究报告的类型

学前教育研究报告是对研究过程和研究结果的总结，是以事实和数据来说明和解释问题的表述形式。根据研究中所采用的方法，可将研究报告分为观察报告、调查报告、实验报告以及经验总结报告等类型。

(1)观察报告。观察报告是对某种教育现象在较长一段时间内进行观察，将观察结果进行记录和分类整理，并分析、探求其原因或规律的一种教育科学研究报告。

(2)调查报告。调查报告是对某种学前教育现象进行调查，并将调查结果加以整理分析，以探究教育规律，找出解决问题的方法和途径的一种教育科学研究报告。

(3)实验报告。实验报告是在学前教育实验之后，对整个实验过程进行全面总结，从而提出客观的、概括的、能反映研究全过程及其结果的结论的一种学前教育科学研究报告。

(4)经验总结报告。经验总结报告是在学前教育实践过程中，通过积极探索，将积累起来的经验，经过筛选加工，分析研究，寻找规律，得出有指导意义的结论，并上升到一定的理论高度，使其具有更广泛应用价值的一种学前教育科学研究报告。

---

① 中华人民共和国教育部.2019中国学前教育年度报告.[R/OL].[2020-02-02].http://www.moe.gov.cn/jyb_xwfb/s5147/202002/t20200203_417501.html

(二)学前教育研究论文

1.学前教育研究论文的含义

学前教育研究论文是用概念、判断和推理等思辨的方法来证明和解释教育教学中的现象和问题,并从理论上对现象和问题加以分析和讨论的成果表述形式。教育科学研究论文要求研究者能够提出较新的观点或较新的理论体系,并阐述新旧观点之间的关系。

2.学前教育研究论文的类型

学前教育研究论文是以理论分析为主要方式,以阐述对学前教育教学中某一事实和问题的理论性认识为主要内容的表述形式。根据研究内容的不同,可将学前教育研究论文分为评论性论文和说明性论文。

(1)评论性论文。评论性论文就是学前教育领域中的一个问题或观点,对大量的文献资料或问题进行评价和讨论,从而得出有意义的结论。

(2)说明性论文。说明性论文是就学前教育中或日常生活中的某些具有典型性的现象进行理论分析和讨论,对复杂的现象进行深入的探讨,从而给予科学的解释和说明。

案例介绍

某学者在阅读了《当代独生子女学前教育现状调查》一文后,撰写了一篇题为《独生子女是否应该区别对待?与××商榷》的文章,通过理论分析,对作者文章中的观点提出了异议。这一成果的表述属于评论性论文。

某学者通过对幼儿在幼儿园和生活环境中出现的人际交往行为进行了理论层面的分析和探讨,撰写了《幼儿人际交往行为研究》。这一成果的表述属于说明性论文。

总之,由于研究目的、内容和方法的不同,使学前教育科研论文有了不同的形式。所以,在写作的整体框架结构上,不同形式的学前教育科研论文有所差异。

三、学前教育科学研究成果表述的要求

学前教育科学研究的根本目的是探索学前教育中的客观真理,为学前教育实践服务。研究成果表述质量的高低,直接影响到研究目的的实现。所以,在进行学前教育

科学研究成果的表述时，必须遵循一定的要求和原则。

（一）客观性

科学研究的质量在于它的客观性，研究成果的表述正是这一性质的最终体现。注重学前教育科学研究成果表述的客观性，就是要求研究者在进行研究成果的表述时尊重客观事实，以事物的本来面目为依据，不主观臆测或随意歪曲事实结果，做到实事求是。也就是说，研究者在对所获得的材料进行处理、分析和概括时，要严格地依据客观事实。

（二）科学性

科学研究的生命在于它的科学性，研究成果的表述也不例外。注重学前教育科学研究成果表述的科学性，就是要求研究者在进行研究成果的表述时准确地使用学术概念，并对所使用的概念做科学的定义或界定；对作为重要论据的数据材料做正确无误的统计处理，并用规范的形式加以呈现；对研究结论的推断应有理有据，符合逻辑。

（三）创造性

科学研究的价值在于它的创造性，研究成果的表述亦然。注重学前教育科学研究成果表述的创造性，就是要求研究者在进行研究成果的表述时，着眼于研究成果的理论意义和应用价值，注重研究成果的有效性，避免重复他人已经做过的研究工作，并力求创新与突破。

（四）规范性

科学研究的特色在于它的规范性，研究成果的表述更是一样。注重学前教育科学研究成果表述的规范性，就是要求研究者必须注重表述形式符合规范。研究者应该做到：(1)遵循研究成果表述的规范，论文的结构和内容符合阅读理解习惯；(2)注重研究成果撰写时，要采用严密的逻辑结构和正确的论证方法；(3)研究成果表述语言文字要准确、简明，尤其是定量、定性的词语必须确切，不能模棱两可。①

---

① 张宝臣.学前教育科学研究方法(第三版)［M].上海：复旦大学出版社.2012:163-174.

第二节 研究结果表述的方法

撰写学前教育研究结果，不论是研究报告还是研究论文，其方法与步骤都大致相同，其写作框架都是从题目开始，到撰写框架，再到细节的描述，而具体内容都是从研究问题的提出开始，再到研究问题的解决，紧接着是研究方法和结果梳理，最后到研究讨论与结论部分。

一、研究报告和论文的题目

在文章正式起草前，初学者可以确定一个相对粗泛的题目，在文章撰写过程中，可以予以修改调整，到完稿后再仔细审视题目，最后敲定。因为在一些学前教育研究课题中题目的确定比较容易，选题、假设确定了，题目就敲定了，但有时候，随着研究的逐步深入，原定的题目可能就难以概括文章的内容，或题目过大、过小、过于片面，这时就需要研究者不断更改和凝练新题目。

二、拟定写作提纲

学前教育研究报告有相对固定的格式，只要套用即可，但具体内容的构思还需要列提纲。比如“研究结果”这部分，尽可能有不同层次、不同角度得出的结果，不同的研究就有不同的结果。而研究论文的提纲，实际上是文章的整体思路或框架，它没有固定的格式，往往是一个大标题，几个小标题。应注意的是，提纲必须围绕主题，做到切题，结构完整，层次分明，条理清晰，富有内在逻辑。

三、研究报告或论文的撰写

在撰写初稿时，研究者可以尽快地根据提纲完成初稿，甚至力求将初稿一次完成。研究者需要注意：

(1)可以不必在文字上过多地考虑，但要保证自己能够毫不费力地看懂，并且一定要从一开始就在论文的内容上考虑读者的接受水平，不仅能让同行看懂，也应当把读者面设想得更大一些，尽可能地让所有与学前教育有关的行业人员都能看懂。

(2)研究者应当注意科研论文中使用术语的一致性,避免使用多个语义相近的关键术语,以免读者在阅读时产生理解上的混乱或误解。

(3)在撰写初稿时,研究者应当注意行文的严谨性和严肃性。科研论文不一定要有很好的文采,但是非常注重文字的流畅通顺和内容的简洁明确。

四、对初稿的内容、结构、文字的推敲与修改

在完成了初稿之后,研究者对论文内容的推敲和修改不仅要从论文观点表述、论证和验证是否前后一致,有无逻辑漏洞入手,也得准确到每一个字和数据,反复多次地查缺补漏、调整段落和删改内容。

第三节 研究报告表述的方法

研究报告是一种以书面形式反映研究过程及其结果的信息传递形式。从形式上看，一般的研究报告要包括以下几个部分：标题、摘要、关键词、前言、研究方法和过程、结果与分析、结论与讨论、参考文献、附录。学术论文就是用文字、数字和图表等，将有关科学研究的过程、方法和结果，用书面的方式向其他人公布的一种信息传递形式。从形式上看，一般的学术论文要包括以下几个部分：标题、摘要、关键词、前言、正文（本论）、结论、致谢、参考文献等。①

一、标题

实验报告的题目是论文内容主旨的集中体现。它是以最恰当、最简明的词语体现论文、报告中最重要的内容的逻辑组合。首先，题目应表明本研究的核心内容，恰如其分地反映研究的特色与亮点，而且要避免笼统抽象。其次，要简洁精练，字数一般不宜超过20字。如还不能表述论文的主要内容，可采用正、副标题的方式处理，正标题写得概括些，副标题再进行补充、说明和限定，写得具体些。再次，要合乎逻辑，即词语的运用和搭配要符合事理。具体要做到：主题确切，切口适宜，言之有物，特色鲜明。

二、摘要

摘要是对研究报告的内容所做的简明扼要的介绍，通常作为一个独立的部分放在研究报告的开头，要反映研究的主要内容、方法、结果和结论等，要求高度概括、简洁明了，能够成为一篇完整的短文。摘要的用途在于便于读者筛选获得其所想要的文章，同时更利于其以较少的时间获取文中的主要内容。

1.论文都应有摘要（3000字以下的文章可略去）。摘要的编写应符合GB6447－86的规定。

2.摘要的内容包括研究的目的、方法、结果和结论。一般应写成报道性文摘，也可以写成指示性或报道—指示性文摘。

---

① 刘晶波.学前教育研究方法［M］.北京：人民教育出版社，2006：249-270.

3. 摘要应具有独立性和自含性，应是一篇完整的短文。一般不分段，不用图表和非公知公认的符号或术语，不得引用图、表、公式和参考文献的序号。

4. 摘要的篇幅：报道性的以300字左右为宜，指示性的以100字左右为宜，报道—指示性的以200字左右为宜。

5. 英文摘要内容应与中文摘要所表述内容相对照，不同期刊对英文摘要的篇幅有不同要求，但整体来说，英文摘要也遵循简明扼要、涵盖论文核心内容的原则。

案例介绍

单亲家庭儿童相对剥夺感与心理适应的循环作用关系：一项追踪研究

熊猛[1,2] 刘若瑾[1] 叶一舵[3]

（1 长江大学教育与体育学院心理学系，湖北 荆州 434023）（2 Department of Psychology, The University of Edinburgh, Edinburgh EH89JZ, UK）（3 福建师范大学心理学院，福州 350117）

摘 要 本研究基于经典相对剥夺理论和发展情境理论，采用纵向设计，以湖北省某地区273名单亲家庭儿童为被试，进行连续3次的追踪测查，考察单亲家庭儿童相对剥夺感与心理适应的特点及其循环作用关系。结果发现：(1)单亲家庭男生的抑郁和孤独感水平比女生高；贫困单亲家庭儿童的相对剥夺感、抑郁和孤独感水平比非贫困单亲家庭儿童高，自尊水平比非贫困单亲家庭儿童低；(2)控制了性别、学段和家庭经济状况后，在个体内水平上T1时的相对剥夺感显著负向预测T2时的心理适应，进而显著负向预测T3时的相对剥夺感，同时T2时的相对剥夺感也能显著负向预测T3时的心理适应；(3)相对剥夺感与心理适应的循环作用在不同家庭经济状况单亲儿童中存在显著差异，贫困单亲家庭儿童的心理适应对其相对剥夺感的作用比非贫困单亲家庭儿童更大。可见，单亲家庭儿童的相对剥夺感与心理适应存在循环作用关系，即前测(Tn)的相对剥夺感会导致后测(Tn+1)的心理适应不良，进而影响后测(Tn+2)的相对剥夺感，研究结果对于单亲家庭儿童心理适应的干预具有一定启示意义。

关键词 相对剥夺感，心理适应，单亲家庭儿童，循环作用关系

分类号 B844

*熊猛，刘若瑾，叶一舵.(2021).单亲家庭儿童相对剥夺感与心理适应的循环作用关系：一项追踪研究.心理学报，53(1)，67–80.

三、关键词

关键词指的是当前研究中最主要的概念，一般包括标题里的关键概念及正文中的重要概念。读者看到关键词就可以明白文章主要研究的是哪些重要内容，或涉及哪些重要概念。

1.关键词是为了便于做文献索引和检索而选取的能反映论文主题内容的词或词组，一般每篇文章标注3—5个。

2.关键词应尽量选用规范词。新学科、新技术中的重要术语和地区、人物、文献、产品及重要数据名称，也可作为关键词标出。

例如【案例介绍】内所示，关键词包括"相对剥夺感，心理适应，单亲家庭儿童，循环作用关系"与标题"单亲家庭儿童相对剥夺感与心理适应的循环作用关系：一项追踪研究"相呼应，涵盖了标题内的核心概念，囊括了该研究的基本范畴。

四、前言

前言是学术论文正文的起始部分。前言的内容一般包括研究的目的、意义、主要方法、范围和背景等，应开门见山、言简意赅，不与摘要雷同或成为摘要的注释，避免公式推导和一般性的方法介绍。一般要概述本领域研究进展，说明作者研究的意图、创新之处及理论或现实意义。一般来说，优秀的论文前言部分应界定关键术语、说明研究问题、研究目的和假设。

1.界定关键术语

核心概念界定，就是我们要对课题名称中的特定概念、关键词或者公众理解不清的词语来进行解释或定义，只有这样才不会引起歧义，才会让读者正确地理解和认识所要研究的课题。对于文章中的关键术语必须给予界定，最好能写出操作性的定义。一般来说，对一些术语进行操作性的定义有助于阐明某些术语的实验背景含义。对于研究者和读者来说关键术语是同样重要的，便于大家在同一层面的含义上来理解、界定这些术语。通常情况下，如果研究者发现先前研究中的一些定义是很清楚的，也可以直接借用过来，但是须经过一定的修正，以便于更好地适用于当前的研究。

2.说明研究问题

学术问题总是在一定理论的启发、指导下提出的，学术问题总是与一定理论相联系的，与其说是确认了一个问题，不如说是寻找到了一个看待问题的理论视角。在明确提出研究问题之前，学术论文需要对已有的大量研究进行回顾与分析。文献的评述主要是对于与确认问题有关的研究领域进行综述和评论，这是一个学术性研究必备的环节。之所以要对已有的研究进行综述和评论,是因为科学研究是一个知识积累的过程,学术成就要透过学术社群集体的努力才能累积。每一项具体的科学研究都是建立在一个假设之上,都是对科学知识系统的检验和补充。从前人的研究中,我们可以获取丰富的信息,针对所研究的问题说明已有的研究采用了哪些方法,进行了哪些研究,形成了哪些理论,还存在哪些不足。

总结起来说,进行文献回顾有四个目的:

① 明确行业内已经为人所熟悉的知识本体,宣告这项研究的可信度;

② 梳理已有的研究成果,展示当前研究与已有研究之间的关系;

③ 总结并组织已有的研究成果,交代仍需解决的问题与研究方向;

④ 提出自己的研究,吸引读者的兴趣。

值得注意的是,在进行文献评述之前一般要对研究文献进行筛选,但并不是所有相关文献都需要进行梳理与点评:

① 聚焦研究的主题,选取那些与自己所研究的问题和采用的理论框架相近的文献;

② 选取发表时间和年代较新的研究文献,掌握领域的发展动态;

③ 选取那些被研究者引用频率较高的研究文献,提高所选用文献的置信度;

④ 选取学术刊物上的研究文献。

迅速筛选文献的步骤:

① 先通过标题与摘要确认文献最初的关联性;

② 确认其相关后,就快速地浏览“引言”与“结论”部分,从而判断这篇文献是否值得投入时间与精力去阅读;

③ 随后即可筛选出与自己的研究主题高度相关的核心文献,另外那些相关度较低或者不相关的文献则可以作为外围文献,从而大大节省文献积累时间。

文献评述的价值在于,避免作者在撰写论文时闭门造车,避免以狭隘的视角分析科学问题,把握自己研究问题的一般性与新颖性,做恰当的推断、合理的演绎。同时把自己的研究问题纳入一个已经存在的学术传统、规范之中,利用前人研究的成果,借助一些有益的且被公认的概念和理念,规范地表述自己的见解,有利于被其他研究者阅读与认可,便于进行学术共同体的交流、沟通。

文献评述是对该领域内已有的研究结果的总结,是介绍别人在这个领域里已经做了什么样的研究工作,以便读者更好地了解这项实验研究的背景,同时说明自己的研究问题是怎样在别人研究的基础上提出来的,它有什么样的理论和实践依据。文献评述时,需要总结以往的研究曾经采用过哪些方法,有什么样的成果,解决了什么样的问题，尚未解决的问题是什么。这样能够使读者一目了然，更清楚地理解这篇实验报告的研究基础和背景，知道作者的这项实验研究的新意和亮点在哪里，有什么样的新的突破。

撰写这部分时，要注意用语凝练，言简意赅，简练地将以往的研究进行总结和评述，不要堆砌材料，篇幅不能太长。

案例介绍

4、5岁儿童一般语言能力和心理理论关系的纵向研究

张丽锦[1] 吴南[1,2]

（1 宁夏大学教育学院，银川 750021）（2 北京大学心理系，北京 100871）

1.问题提出

作为儿童认知的核心领域之一，心理理论在过去30多年的时间里一直是发展心理学家关注的热点。心理理论(Theory of Mind，ToM)是指个体对自己或他人的心理状态，如意图、愿望、信念等的认识和理解，并以此对他人的心理和行为进行解释和推理的能力(Happe，Brownell，& Winner，1999)。目前该领域关注的焦点之一在于探讨儿童心理理论的获得机制，特别是语言在儿童心理理论获得中的作用。就这一问题，西方一种主要观点认为：语言先于心理理论产生，是心理理论发展的前提基础。但究竟是一般语言能力还是语言中的某些成分在儿童心理理论发展中起决定作用，却一直存在分歧。尽管西方对英语国家儿童语言和心理理论关系的研究十分丰富，但对汉语儿童二者关系的研究却进展缓慢。从文献调研来看，围绕二者关系展开的研究多始于静态的横向设计，结果多停留在二者相关关系层面的讨论(如，金宇，静进，2006；莫书亮，苏彦捷，2003；张旭，方俊明，2004)，对于汉语儿童的语言和心理理论之间是否存在因果关系的研究也非常有限。

介绍核心概念，说明研究问题的研究价值，强调研究问题的前沿性。

纵观西方的研究，主张是语言的一些成分(心理状态动词和补语句法)在儿童心理理论发展中起主要作用的研究者认为：考查儿童心理理论能力的错误信念任务中包含着丰富的心理状态动词和补语句法，正是这些成分向儿童传达了第三者的想法和心理状态，儿童借助于对心理状态动词和补语句法的理解获悉到自己的想法和别人的想法是不同的，并做出合理判断，形成对事件

和他人行为的正确推理，从而顺利完成错误信念任务（Astington & Jenkins，1999；de Villiers & Puers，2002；Hale & Tager-Flusberg，2003；Lohmann & Tomasello，2003；Cheung，Chen，& Yeung，2009）。然而，有研究发现……中国儿童在很早的时候就学会使用这些心理状态动词，但随着年龄的增长，受文化的影响中国儿童在以后的同伴游戏、交谈中却越来越少地使用这些动词，甚至在一些成人身上……（Tardif&Wellman，2000）。后来的研究主张，是一般语言能力，而非单独的心理状态动词和句法制约儿童心理理论任务的完成（Ruffman，Slade，& Rowlandson，etal.，2003；Carol & Miller，2006；Milligan，Astington，& Dack，2007）。……

如案例所示，进行文献评述时，要分析该课题目前国内外研究的状况，并说明本课题研究需要解决的问题。

*张丽锦，吴南.（2010）.4、5岁儿童一般语言能力和心理理论关系的纵向研究.心理学报，42(12)，1166-1174.

3.研究目的和假设

研究目的实际上就是本研究开展的初衷。一般来说，在提出了明确的研究问题之后，研究目的便清晰了。大多数情况下，先有目的，而后提出假设。但是有时也可先有假设后有目的，因为在教育研究中有些问题也许早已有了假设，只是等待研究验证而已。

该部分的陈述力求简洁清晰，不需做过多论述，只需简洁明了地表述清楚即可。

五、研究方法

方法介绍在学术论文中之所以重要，主要是因为科学研究不仅看重结论，而且看重研究过程。因为其他研究人员只有理解了研究所采用的方法和具体的操作步骤，才能对一项研究的科学性进行评判，因此，在报告中必须明确地说明是如何进行研究的。

在教育研究中，仅用单一的方法进行研究并不容易得出科学的研究结果。每一种方法都有其优点与局限性，采用单一的方法往往只能获取部分信息，而遗漏许多其它有用信息，难以得出全面准确的结论。因此，我们提倡使用综合的方法，或几种方法并用，或以一种方法为主，其它方法为辅开展研究。例如，进行某项调查研究时，主要采用问卷调查以得到大量数据，但也要辅之以访谈调查，以使结论更加可靠，材料更加丰富。

在一个比较正式的课题研究过程中，根据不同的研究目的和要求，往往会用到两种以上方法。

教育课题研究的基本方法主要有:① 观察法;② 调查法;③ 测验法;④ 行动研究法;⑤ 文献法;⑥ 经验总结法;⑦ 个案研究法;⑧ 案例研究法;⑨ 实验法;等。

方法介绍包括对研究设计、资料收集和分析、研究质量和局限性的说明。

第一,对研究设计的说明。对研究设计的说明包括以下一些内容:

① 对研究方式进行说明,包括对研究中使用的资料收集方法和资料分析方法的说明,即说明是使用实验研究、问卷调查、实地研究和二次数据分析中的哪一种来收集资料的;以及采用了何种定性或定量分析方法。

② 对研究对象进行说明,包括对研究对象总体和总体的构成情况进行说明;对具体研究的样本进行说明。对于问卷调查、实验研究和二次数据分析,要详细介绍具体抽样方法、样本规模和抽样误差。

③ 对研究变量进行说明,包括:研究变量的类型;研究变量的抽象定义和操作定义;研究变量的测量指标;研究变量的测量方式和程序。

第二,对资料收集和分析的说明。资料收集的说明就是具体介绍资料收集的过程,包括样本的具体选取过程、资料收集的具体实施过程。在这一部分中要特别注意说明研究设计中没考虑到,但在收集资料的具体过程中遇到的问题和解决方法。

资料分析的说明就是具体介绍资料分析的过程,包括对资料的处理、整理及分析的过程。特别要说明实际采用的定性的和统计的分析方法,定量分析还需要说明所使用的统计软件以及计算机机型等。

第三,对研究质量和局限性的说明。对研究质量及局限性的说明,包括对研究方式、样本、资料收集和分析等方面的质量进行评估。特别是要指出研究设计上的局限性、具体研究过程中出现的失误、研究结论的限制条件,以及进一步改进和完善的设想。

案例介绍

2.方法

2.1实验一:4、5岁儿童语言和心理理论能力

前测

2.1.1被试选取城市两所普通幼儿园4、5岁儿童80名,各年龄组40名,男女各半。4岁组首次测试时年龄为4岁0个月到4岁6个月,M=51.85月,SD=2.06月;5岁组首次测试年龄为5岁0个月到5岁6个月,M=63.61月,SD=2.61月。

交代研究对象

2.1.2测量工具和实验材料一般语言能力测试:选用华东师范大学修订的

麦卡锡幼儿智能量表(中国修订版)的语言分量表(MSCA-CR)(陈国鹏,李丹,1994)测查儿童的语言能力,包括图画记忆、词语知识、词语记忆、词语流畅性、反义类推5部分。

交代研究工具

心理理论能力测试:心理理论测试包括3个任务:意外地点任务,意外内容任务,外表-事实区分任务。意外地点和意外内容任务根据Wimmer和Perner(1983)的经典范式改编,外表-事实区分任务根据Flavell等人(Flavell,Green,&Flavell,1999)的经典范式改编。意外地点任务材料为6张图片(9cm×12cm),意外内容任务的材料为儿童牙膏、空铅笔盒,外表-事实区分任务的材料是猴子形状的圆珠笔一支。

问卷调查法

2.1.3程序实验在儿童熟悉的房间单独施测。一半被试先进行语言能力测试,另一半先进行心理理论能力测试。施测后赠以卡通橡皮为礼物。

2.1.4计分语言能力测试:麦卡锡幼儿智能量表语言分量表的5个测验中,图画记忆测验满分6分,词语知识测验满分29分,词语记忆测验满分25分,词的流畅性测验满分18分,反义类推测验满分为18,总分为96分。

心理理论能力测试:儿童必须先回答出控制问题(意外地点任务中的记忆问题和真实问题,意外内容任务和外表-事实区分任务中的事实问题),再进行错误信念问题测试。如果被试在主试提示后仍不能正确作答控制问题,则不进行错误信念问题测试。控制问题是用来考查儿童是否明白和记住任务的场景,不参与记分。错误信念问题回答正确1个计1分,回答错误计0分,每个心理理论任务满分2分,3个任务共6分,4分以上为一般通过,6分为完全通过。

实验法

*张丽锦,吴南.(2010).4、5岁儿童一般语言能力和心理理论关系的纵向研究.心理学报,42(12),1166-1174.

六、结果与分析

这是研究报告的重心部分,需要说明每一结果与研究假设的关系,介绍研究中收集到的材料和数据,并充分展示所分析数据结果。一般数据结果最好用经过整理的图表加以描述,并对其进行简要的说明。这样做的优点是既利于研究者整理实验结果,又便于读者阅读，获取有效信息。

结果的分析主要包括两方面，一是对研究中所收集的原始数据、典型案例、观察资料等用统计表、曲线图结合文字的形式进行初步的整理、分析。既有对定性资料的归纳，又有对定量资料的统计分析等；二是在对资料进行初步整理分析的基础上采用一些逻辑推理或统计的手段，得出研究的最终结果或结论。

结果部分的撰写，要注意以下要求：

(1)阐述研究结果要以准确无误的数据资料说明问题，以陈述事实为主，不应夹杂研究者的主观议论和分析，应保证结果的客观性和准确性。

(2)定量与定性分析相结合。对数据资料，不仅要严格核实，注意图表的正确格式，而且要采用一定的统计分析技术，从数量变化中揭示出所研究事物的内在必然关系，而不是事实的简单罗列。

(3)资料翔实，层次清晰。结果是在对研究所收集的事实材料的客观分析、比较、综合、归纳的基础上所得来的，因此结论的获得必须要经过严谨的论证，不要任意地夸大。

在结果与分析部分应该注意：

1.图

① 图要精选，应具有自明性，切忌与表及文字表述重复。

② 图要精心设计和绘制，要大小适中，线条均匀，主辅线分明。

③ 图中的术语、符号、单位等应与表格及文字表述所用的一致。

④ 图在文中的布局要合理，一般随文编排，先见文字后见图。

⑤ 图应有以阿拉伯数字连续编号的图序和简明的图题。图序和图题间空1个字距，一般居中排于图的下方。

2.表

① 表应精心设计，具有自明性。表中数据应按一定的规律和顺序编排。表的内容切忌与插图及文字表述重复。

② 为使表的结构简洁，并便于排版，建议采用三线表，必要时可加辅助线。

③ 表中的参数应标明量和单位的符号。若所有栏的单位相同，可将该单位标注在表的右上角，不写“单位”二字。

④ 表中的术语、符号、单位等应与插图及文字表述所用的一致。

⑤ 表中内容相同的相邻栏或上下栏，应重复标示或以通栏表示，不能用“同左”“同上”等字样代替。

⑥ 表一般随文排,先见文字后见表。

⑦ 表应有以阿拉伯数字连续编号的表序和简明的表题。表序和表题间空1个字距,居中排于表的上方。

案例介绍

3. 结果

鉴于本研究为纵向研究,为便于前、后测实验数据的比较分析,将结果合并对比呈现。

3.1 4、5岁儿童前、后测任务中语言任务成绩的比较

对4、5岁儿童前、后测语言成绩进行2(年龄:4、5岁)×2(测试任务:前测、后测)的重复测量方差分析(见表1),发现年龄主效应非常显著,$F(1,78)=39.17$,$p<0.001$,5岁儿童的语言成绩始终显著高于4岁儿童;前、后测任务之间差异也极其显著,$F(1,78)=172.93$,$p<0.001$;年龄和测试任务之间交互作用不显著,$F(1,78)=0.1$,$p>0.05$。

表1 4、5岁儿童两次测试的语言成绩(M和SD)

年龄(岁)	语言	
	前测	后测
4	51.31(8.10)	59.2(7.84)
5	60.58(6.01)	68.1(5.73)

如案例所示,数据结果的展示应充分报告分析方法和结果,以客观的视角阐述数据结果,结合图表展示数据的全貌。

*张丽锦,吴南.(2010).4、5岁儿童一般语言能力和心理理论关系的纵向研究.心理学报,42(12),1166-1174.

七、讨论与结论

讨论是研究者对于研究结果的理论或者实践意义进行的解释。研究者根据研究的客观事实和结论,结合自己的认识与理解,讨论与实验结果有关的问题,将研究结果放在一个更广阔的背景下讨论,而后对当前教育理论或实践的发展提出自己的认识、建议和设想。

讨论大致包括:①对实验结果进行理论上的分析和论证;②指出本实验中所遇到

的困难，对本实验的局限性进行探讨，并提出进一步的相关研究的建议；③提出可供深入研究的问题以及本实验研究中尚未解决或需要进一步解决的问题，对未来的研究以及如何推广研究提出建议等一系列内容。对研究结果或结论的讨论并不是简单地再次解释和重复研究结果部分已经总结了的观点，而是要将研究结果与绪论中的理论联系起来，说明从理论的视角看，能够从研究结果中得出哪些与理论相关的推论。还可以把研究结果与文献评论中提到的那些研究的结果进行比较，彼此验证各自的研究结果，了解自己的研究结果对其他研究的修正和发展。另外，还可以讨论在研究中遇到的新问题，以及用研究结果推论这些新问题时必须具备的条件及所受到的限制；讨论研究中没能解答的那些问题，以及研究可能存在的缺陷。对研究结果的讨论不宜过长。有的学者指出研究结果讨论的长度与研究结果的清晰程度之间往往存在着一种负相关性，因为讨论过长反而会使读者在理解研究结果时不得要领，抓不住核心。

结论主要是回答从实验结果本身概括或归纳出来的判断。下结论要恰如其分，留有余地，谨慎进行，同时对于实验结果的推广应用做结论时，解释更要慎重。结论是文章的主要结果、论点的总体概括，应准确、简明、完整、有条理。如果不能得出结论，也可以没有“结论”而进行必要的讨论，可以在结论或讨论中提出建议、设想、改进的意见或待解决的问题。①②

案例介绍

4.2 4、5岁儿童语言和心理理论的因果关系因年龄不同而表现不同

从纵向研究两阶段测试的结果来看，两个年龄组儿童的前测语言、前测心理理论以及与后测心理理论之间在相关程度上存在年龄差异，4岁组儿童相关显著高于5岁组。交叉-滞后组相关分析发现：4岁组儿童的相关矩阵符合交叉-滞后法的原理（同步相关、稳定相关均一致），结果也初步显示出语言和心理理论之间的因果关系，一定程度上支持了西方文化背景下的同类研究。研究认为3~4岁儿童之所以能够理解错误信念任务，是因为在这一时期儿童开始理解了该任务中大量的语言成分及包含这些成分的语言情境（Nelson，2005），语言的理解掌握保证儿童始终追踪错误信念的线索，同时，也保证了儿童可以正确表达出错误信念表征。国内的一项以2岁10个月~3岁10个月儿童为被试的纵向研究（张旭，2006）发现，语言和心理理论之间没有必然的因果作用方

① 秦金亮.学前教育研究方法［M］.北京：高等教育出版社．2015：260-274.
② 茹荣芳.学前教育研究方法(第2版)［M］.北京：清华大学出版社，2021：199-210.

向，这与本研究及西方的研究结果不尽一致。……

如案例所示，对研究结果的分析与讨论应基于前人理论和实证研究支撑，从而说明本研究所做的发展，研究结果的特点。

八、致谢

1.致谢是作者对该文章的形成做过贡献的组织或个人予以感谢的文字记载，内容要实在，语言要诚恳、恰当、简短。

2.致谢文字的字号或字体通常与论文的正文有所区别，并编排在参考文献之前。

九、参考文献

为了反映论文的科学依据和作者尊重他人研究成果的严肃态度以及向读者提供有关信息的出处，应在论文的结论（无致谢段时）或致谢段之后列出参考文献。

参考文献中所列出的一般应限于作者直接阅读过的、最主要的、发表在正式出版物上的文献。私人通信和未公开发表的资料，一般不宜列入参考文献，可紧跟在引用的内容之后注释或标注在当页的地脚。

参考文献的著录应执行GB7714－87的规定，采用著者－出版年制或顺序编码制。

著者－出版年制的著录要求如下：

1.按论文中引用文献出现的先后用（著者，出版年份：起始或起止页码）标注。

2.参考文献的著录按在文章中引用的顺序排列，一般采用小于论文正文的字号编排。

3.参考文献中的每条文献著录项目应齐全，对相同的项目不得用"同上"等表示。

4.文献的作者不超过3位时，全部列出；超过3位时，后面加"等"字；作者姓名之间不用"和"或"and"，而用"，"分开；中国人的姓名一律采用姓前名后著录法。

顺序编码制，其著录要求如下：

1.按论文中引用文献出现的先后用阿拉伯数字连续编序，将序号置于方括号内，并视具体情况把序号作为上角标，或作为语句的组成部分。

2.参考文献的著录按在文章中引用的顺序排列，一般采用小于论文正文的字号编排。

3.参考文献中的每条文献著录项目应齐全，对相同的项目不得用"同上"等表示。

4.文献的作者不超过3位时，全部列出；超过3位时，后面加"等"字；作者姓名之间不用"和"或"and"，而用"，"分开；中国人的姓名一律采用姓前名后著录法。

各类参考文献的标注方式:

期刊:[序号]作者.篇名[J].刊名,出版年份,(卷号或期号):起止页码.

专著:[序号]作者.书名[M].出版地:出版社,出版年份:起止页码.

论文集:[序号]作者.篇名[C].出版地:出版者,出版年份:起始页码.

译著:[序号]原著作者.书名[M]或[C].译者,译.出版地:出版社,出版年份:起止页码.

报纸:[序号]作者.篇名[N].报纸名,年-月-日(版次).

学位论文:[序号]作者.篇名[D].出版地:保存者,出版年份:起始页码.

研究报告:[序号]作者.篇名[R].出版地:出版者,出版年份:起始页码.

专著或论文集中的析出文献:[序号]析出文献主要责任者.析出文献题名[A].原文献主要责任者.原文献题名[M]或[C].出版地:出版者,出版年.析出文献起止页码.

汇编:[序号]作者.书名[G].出版地:出版社,出版年份:起止页码.

国际、国家标准:[序号]标准编号,标准名称[S].

专利:[序号]专利所有者.专利题名[P].专利国别:专利号,出版日期(年-月-日).

条例:[序号]颁布单位.条例名称[Z].发布日期(年-月-日).

电子文献:[序号]主要责任者.电子文献题名[文献类型标识/载体类型标识].电子文献的出处或可获得地址,发表或更新日期/引用日期.

文献类型标识:数据库[DB]、软件程序[CP]、电子公告[EB];载体类型标识:网络[OL]、光盘[CD]、磁带[MT]、磁盘[DK];其他如:[M/CD]——光盘图书、[J/OL]——网上期刊等。

未定义类型文献:[序号]主要责任者.文献题名[Z].出版地:出版者,出版年.

古籍文献资料、未公开出版文献以脚注标注。

需要注意,文中不同地方引用同一参考文献,标注序号一致;一文一序号。

本章小结

本章节学习了学前教育研究报告和论文的撰写方法。

1.学前教育研究结果的表述,是对学前教育研究工作的目的、过程、方法、成果的总结,是呈现研究成果的重要形式。

2.在进行学前教育科学研究成果的表述时,必须遵循客观性、科学性、创造性、规范性等要求。

3.撰写学前教育研究结果,不论是研究报告或是研究论文,其方法与步骤大致相同，其写作框架都从题目开始，到撰写框架，再到细节的描述，而具体内容都是从研究问题的提出开始，再到研究问题的解决，紧接着是研究方法和结果的梳理，最后到研究讨论与结论部分。

4. 研究报告是一种以书面形式反映研究过程及其结果的信息传递形式。从形式上看，一般的研究报告要包括以下几个部分：标题、摘要、关键词、前言、研究方法和过程、结果与分析、结论与讨论、参考文献、附录。

思考与实训

结合先前章节的理论与实践，尝试将所收集的数据结果以研究报告的形式进行撰写，并做小组汇报。

专题探讨

背景资料：学前教育是国民教育体系的重要组成部分，是为终身学习和全面发展奠定基础的重要阶段。2010年，党中央、国务院颁布的《国家中长期教育改革和发展规划纲要(2010—2020年)》指出，要基本普及学前教育，大力发展公办幼儿园，积极扶持民办幼儿园，同年国务院发布了《国务院关于当前发展学前教育的若干意见》，要求积极扶持民办幼儿园，特别是面向大众、收费较低的普惠性民办幼儿园发展，采取政府购买服务、减免租金、以奖代补、派驻公办教师等方式，引导和支持民办幼儿园提供普惠性服务。推进民办幼儿园普惠高质发展的工作正在全国范围内紧锣密鼓地开展中，但是2022年的一项调查显示，某省份超过半数的民办幼儿园5年内未领取过地区政府的相关补贴、奖励，也未享受过税务和租金方面的优惠政策。这导致一部分普惠性收费的民办园难以维持运营，办学积极性严重受挫，纷纷关停幼儿园，也导致了地区政府公共服务水平下降，公信力下降。

探讨：如果你是此次调查的团队成员，你将如何运用收集到的数据撰写出层次分明、重点突出的调研报告，以此向某省省政府和教育系统提出政策建议？

参考文献

一、论文部分

1. 李康．小朋友是怎么学会撒谎的?[J]．当代教育家，2018(6)．

2. 徐琳．"学前教育研究方法"概念的静态语义分析及其动态生成[J]．学前教育研究，2011(1)．

3. 孙泽文，叶敏，程远志，等．教育科学研究的特征、层次与价值思考[J]．教学与管理(理论版)，2016(27)．

4. 虞永平，田燕．论陈鹤琴的幼儿园课程思想[J]．山东教育，2003(18)．

5. 张传燧，戴文静．陈鹤琴教学法特色研究[J]．学前教育研究，2006(3)．

6. 周智慧．多元文化背景下民族地区幼儿园地方文化课程的行动研究[J]．民族教育研究，2019(30，1)．

7. 李冬．学前教育科学研究的伦理问题及对策分析[J]．教育导刊(下半月)，2015(7)．

8. Fridlund A J，Beck H P，Goldie W D，et al. Little Albert：A neurologically impaired child.[J]. History of Psychology，2012，15(4)．

9. 安红梅．论教育研究文献检索的价值与方法[J]．西北成人教育学院学报，2009(2)．

10. 姚霞．教育科学研究的文献资料检索流程[J]．四川教育，2001(11)．

11. 李麦浪．"参与式观察"在幼儿教育中的实际运用(四)——"参与式观察"记录方法与分析整理[J]．教育导刊．幼儿教育，2002(12)．

12. 叶平枝．儿童社会退缩的概念、分型及干预研究述评[J]．学前教育研究，2005(11)．

13. 鲍秀兰，虞人杰，李着算．中国12城市正常新生儿20项行为神经评价[J]．中华儿科杂志，1990(3)．

14. 刘文，梁楠，杨丽珠．基于气质评定的幼儿同伴关系促进实验[J]．学前教育研究，2007(5)．

15. 邹雪城．中国"学前教育科研方法"教材研究——聚焦实验法[D]．华东师范大学，2020．

16. 俞陈潇．初中生心理健康影响因素和政策建议的实证研究——基于2014年中国教育追踪调查[D]．浙江大学，2015．

17. 刘少英．学前幼儿同伴关系发展追踪研究[D]．华东师范大学，2009．

18. S．凯米斯．行动研究法(上)[J]．张先怡，译．教育科学研究，1994(4)．

19. 邹芳．行动研究——一项值得推广的教育研究方法[J]．外国中小学教育，1994(2)．

20. 于艺．大班幼儿入学准备教育行动研究——以A园"新值日小组"活动为例[D]．青岛大学，2020．

21. 陈向明 . 扎根理论的思路和方法[J]. 教育研究与实验，1999(4).

22. 邹海瑞 . 基于游戏的幼儿园教与学研究——以三所幼儿园的三类游戏实践为例[D]. 华东师范大学，2017.

23. 陈向明 . 扎根理论在中国教育研究中的运用探索[J]. 北京大学教育评论，2015，13(1).

二、图书部分

1. 陈时见 . 教育研究方法 . 第 2 版 . 北京：高等教育出版社，2016.

2. 邓伟志 . 社会学辞典[M]. 上海：上海辞书出版社，2009.

3. 张宝臣，李志军 . 学前教育科学研究方法[M]. 上海：复旦大学出版社，2007.

4. 张燕，邢利娅 . 学前教育科学研究方法[M]. 北京：北京师范大学出版社，1999.

5. 刘晶波 . 学前教育研究方法[M]. 北京：人民教育出版社，2006.

6. 裴娣娜 . 教育研究方法导论[M]. 合肥：安徽教育出版社，1995.

7. 梁永平，张奎明 . 教育研究方法[M]. 济南：山东人民出版社，2008.

8. 李方 . 现代教育研究方法[M]. 广州：广东高等教育出版社，2010.

9. 和学新，徐文彬 . 教育研究方法[M]. 北京：北京师范大学出版社，2015.

10. 霍力岩，姜珊珊，李敏谊，等 . 学前教育研究方法[M]. 北京：高等教育出版社，2011.

11. 陶保平 . 学前教育科研方法[M]. 上海：华东师范大学出版社，1999.

12. 由显斌，左彩云 . 学前教育研究方法[M] . 北京：高等教育出版社，2010.

13. 伯克·约翰逊，拉里·克里斯滕森 . 教育研究：定量、定性和混合方法[M]. 马健生，等，译 . 重庆：重庆大学出版社，2015.

14. 菲利普 · 钟和顺 . 会读才会写：导向论文写作的文献阅读技巧[M]. 韩鹏，译 . 重庆：重庆大学出版社，2015.

15. 袁振国 . 教育研究方法[M] . 北京：高等教育出版社，2000.

16.Sheila Riddall-Leech. 观察：走进儿童的世界[M]. 潘月娟，王艳云，译 . 北京：北京师范大学出版社，2008.

17. 叶澜 . 教育研究方法论初探[M]. 上海：上海教育出版社，1999.

18. 刘良华 . 教育研究方法：专题与案例[M]. 上海：华东师范大学出版社，2007.

19. 卢家楣 . 教育科学研究方法[M]. 上海：上海教育出版社，2012.

20. 陈向明 . 质的研究方法与社会科学研究[M]. 北京：教育科学出版社，2000.

21. 马云鹏 . 教育科学研究方法导论[M]. 长春：东北师范大学出版社，2001.

22. 郑金洲，陶保平，孔企平 . 学校教育科研方法[M]. 北京：教育科学出版社，2003.

23. 肯尼思 · D. 贝利 . 现代社会研究方法[M]. 许真，译 . 上海：上海人民出版社，1986.

24. 袁荃 . 社会研究方法[M]. 武汉：湖北科学技术出版社，2012.

25. 拉伊.实验教育学[M].沈剑平,瞿葆奎,译.北京:人民教育出版社,2007.

26. 江芳.教育研究与实践[M].合肥:中国科学技术大学出版社,2017.

27. 梅瑞迪斯·高尔,乔伊斯·高尔,沃尔特·博格.教育研究方法(第六版)[M].徐文彬,侯定凯,范皑皑,等,译.北京:北京大学出版社,2016.

28. 陈鹤琴.家庭教育[M].上海:华东师范大学出版社,2006.

29. 茹荣芳.学前教育研究方法(第2版)[M].北京:清华大学出版社,2021.

30. 宋虎平.行动研究[M].北京:教育科学出版社,2003.

31. 郑金洲等.行动研究指导[M].北京:教育科学出版社,2004.

32. 莎兰·B.麦瑞尔姆.质化方法在教育研究中的应用:个案研究的扩展[M].于泽元,译.重庆:重庆大学出版社,2008.

33. Becker, H.S. "Theory: The Necessary Evil." In D.J.Flinders and G.E.Mills (eds.), *Theory and Concepts in Qualitative Research*.New York: Teachers College Press, 1993.

34. 陈向明.教师如何作质的研究[M].北京:教育科学出版社,2001.

35. 秦金亮.学前教育研究方法[M].北京:高等教育出版社.2015.

36. 凯特·L.杜拉宾.芝加哥大学论文写作指南(第8版)[M].雷蕾,译.北京:新华出版社.2015.